蒙古襲来絵詞模本（九大本）

（九州大学附属図書館蔵、箱崎松原を行く竹崎季長一行）

筥崎八幡宮縁起
（筥崎宮蔵、下巻 社頭図）

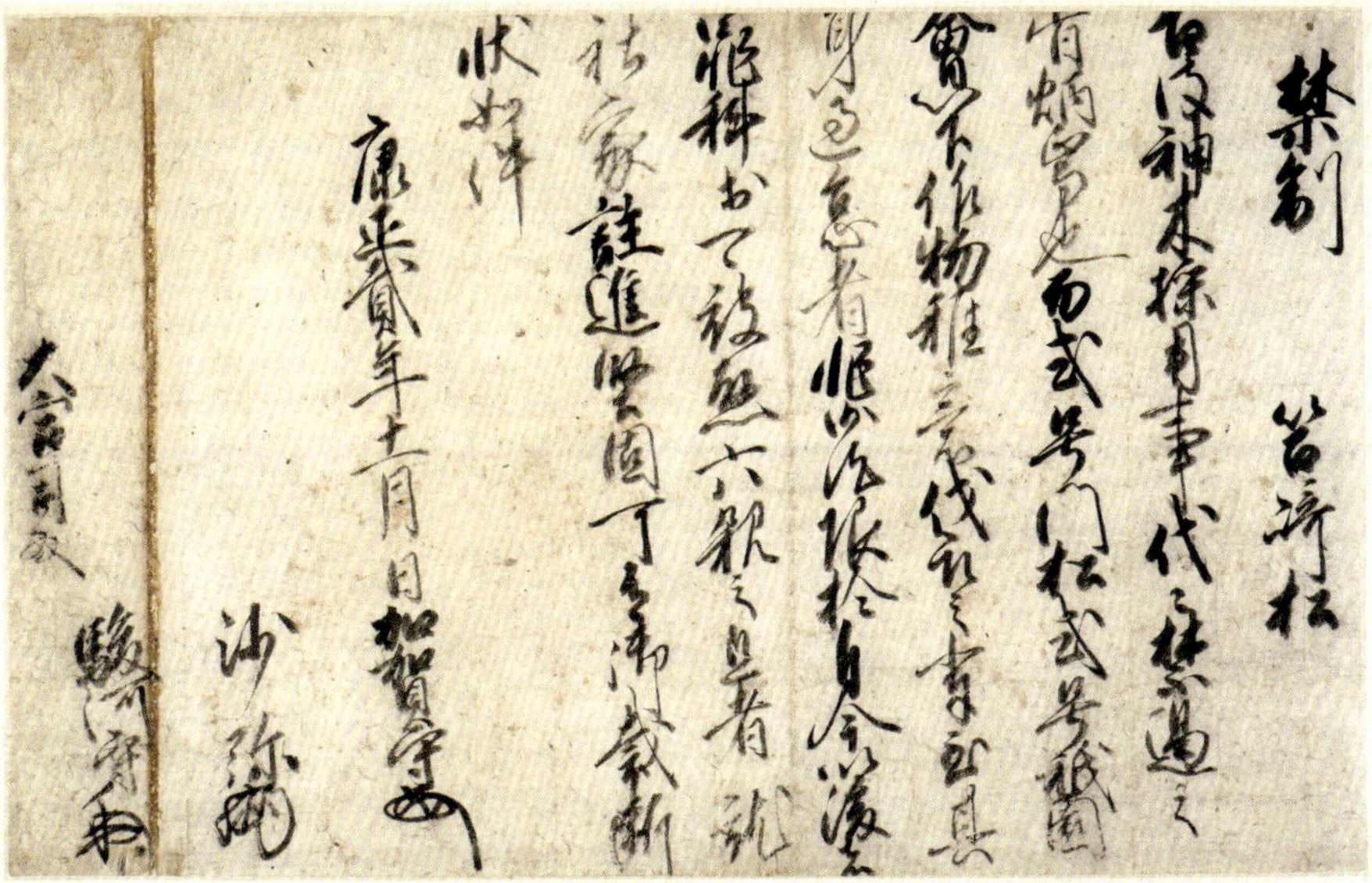

田村文書
（個人蔵、康正２年大内氏奉行人連署禁制）

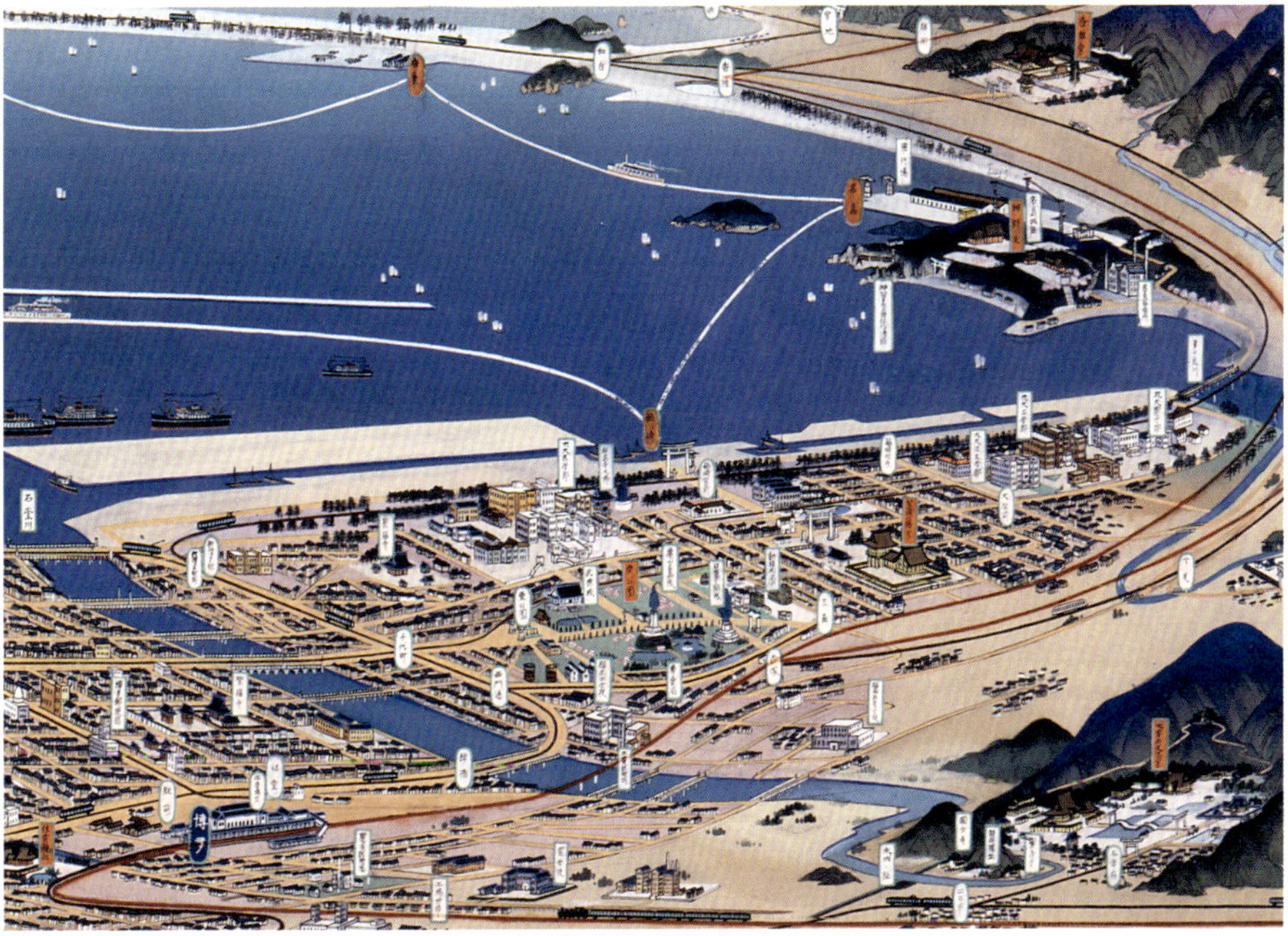

博多観光鳥瞰図
（福岡市博物館蔵、博多箱崎部分）

中近世箱崎概念図

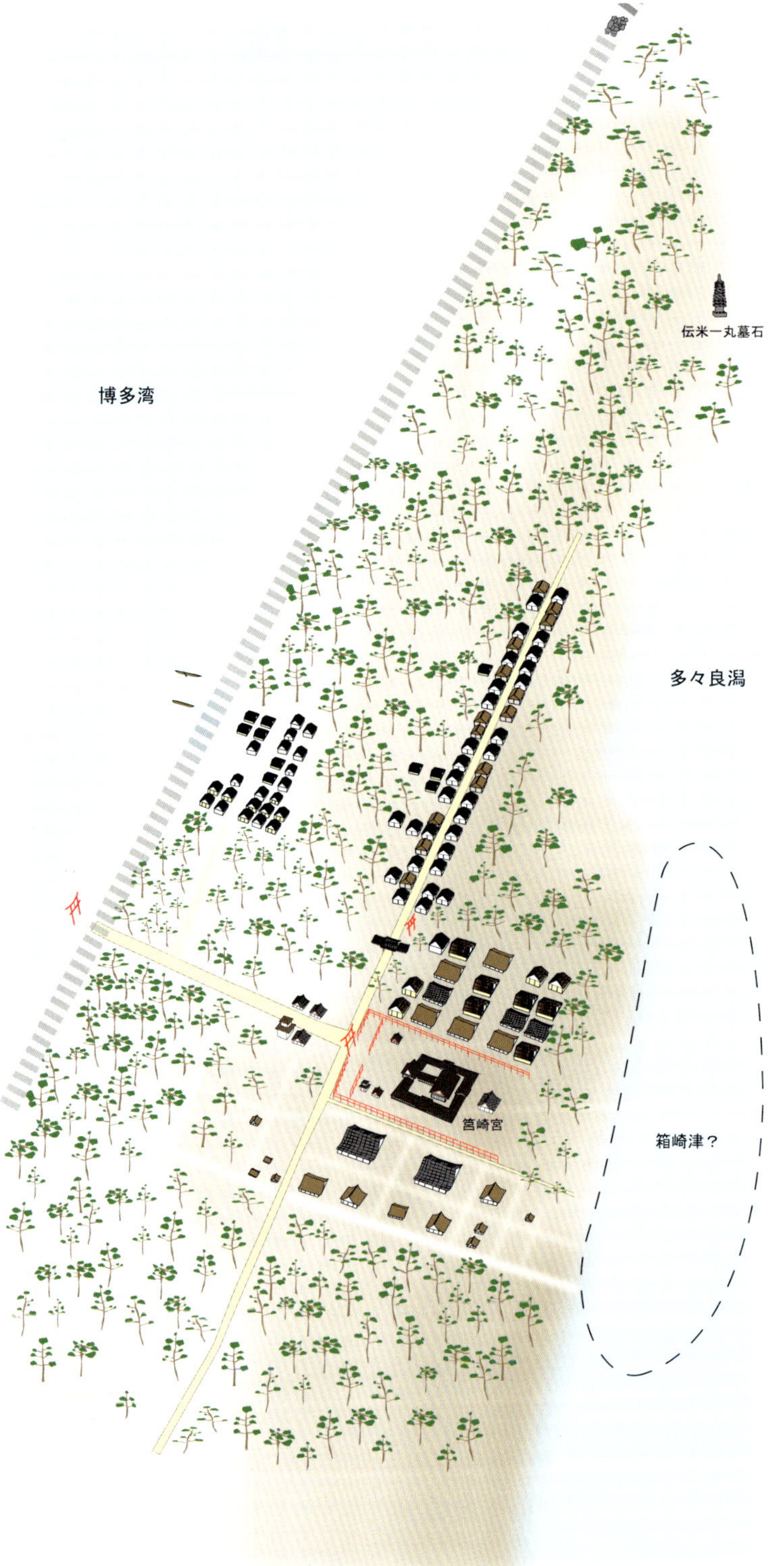

1．本図は中世末から近世前期の箱崎の空間構造を概念的に図示したものであり，実態とは異なる部分があります。個別の建造物についても同様です。

2．本図の破線は元寇防塁の推定線です。これまでの埋蔵文化財調査で確認された石積遺構のうち，元寇防塁の可能性があるもののみ図として描写しています。

3．箱崎の港湾施設は筥崎宮の背後，砂丘の東側に存在したと推測されますが，これまでの埋蔵文化財調査では関係遺構が確認されていないために示していません。

九州史学研究会［編］

アジアのなかの博多湾と箱崎

勉誠出版

アジアのなかの
博多湾と箱崎

Ⅱ…近世　城下町福岡の誕生と都市箱崎の再編

Ⅲ…近現代　近代都市福岡の形成と帝国大学

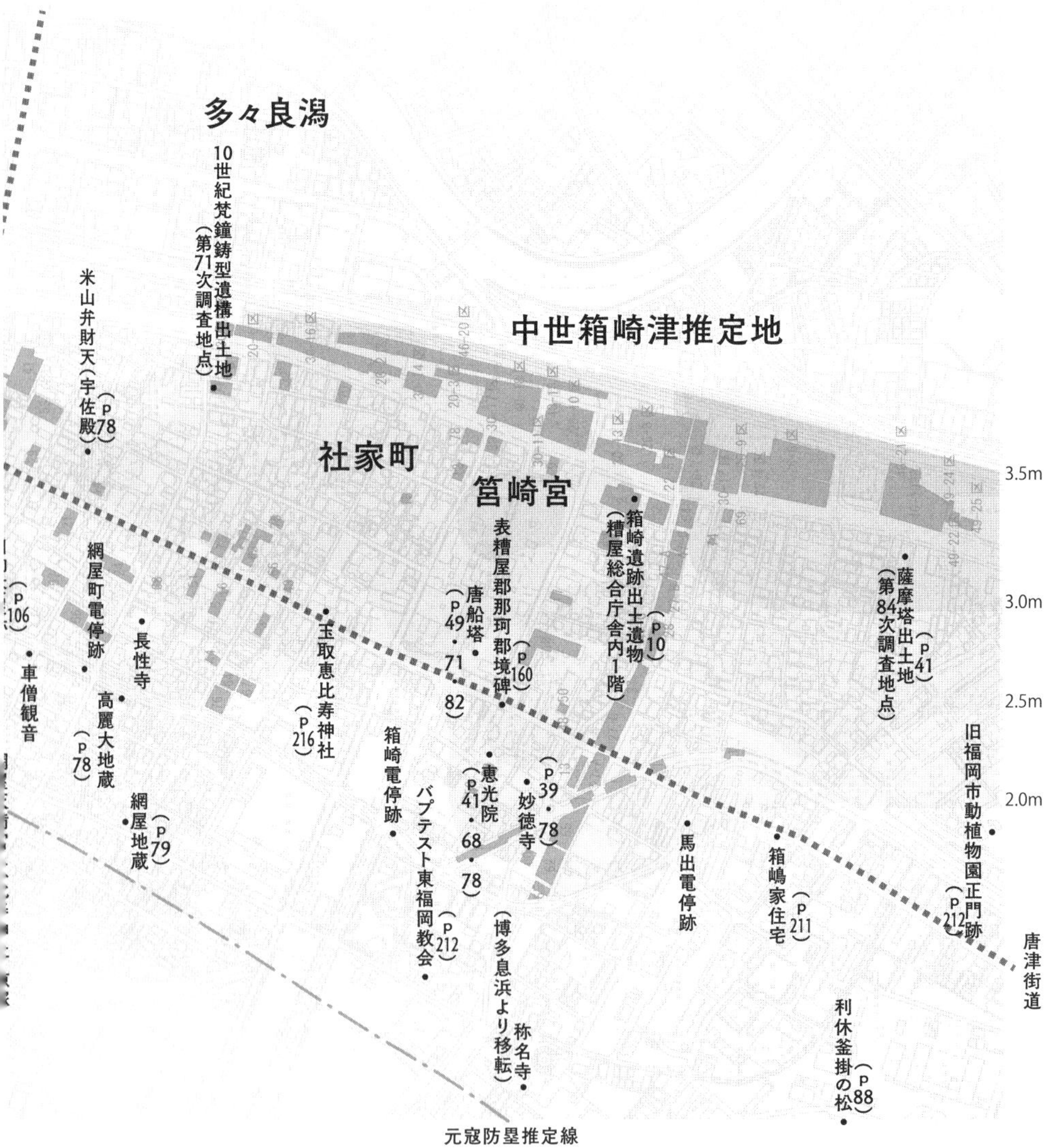
多々良潟
10世紀梵鐘鋳型遺構出土地（第71次調査地点）
米山弁財天（宇佐殿）（P78）
中世箱崎津推定地
社家町
筥崎宮
箱崎遺跡出土遺物（糟屋総合庁舎内1階）（P10）
薩摩塔出土地（第84次調査地点）（P41）
3.5m
3.0m
2.5m
2.0m
網屋町電停跡
（P106）
車僧観音
長性寺
高麗大地蔵（P78）
網屋地蔵（P79）
玉取恵比寿神社（P216）
唐船塔（P49・71・82）
表糟屋郡那珂郡境碑（P160）
箱崎電停跡
バプテスト東福岡教会（P212）
恵光院（P41・68・78）
妙徳寺（P39・78）
称名寺（博多息浜より移転）
馬出電停跡
箱嶋家住宅（P211）
旧福岡市動植物園正門跡（P212）
唐津街道
利休釜掛の松（P88）
元寇防塁推定線

「箱崎関連史跡地図」

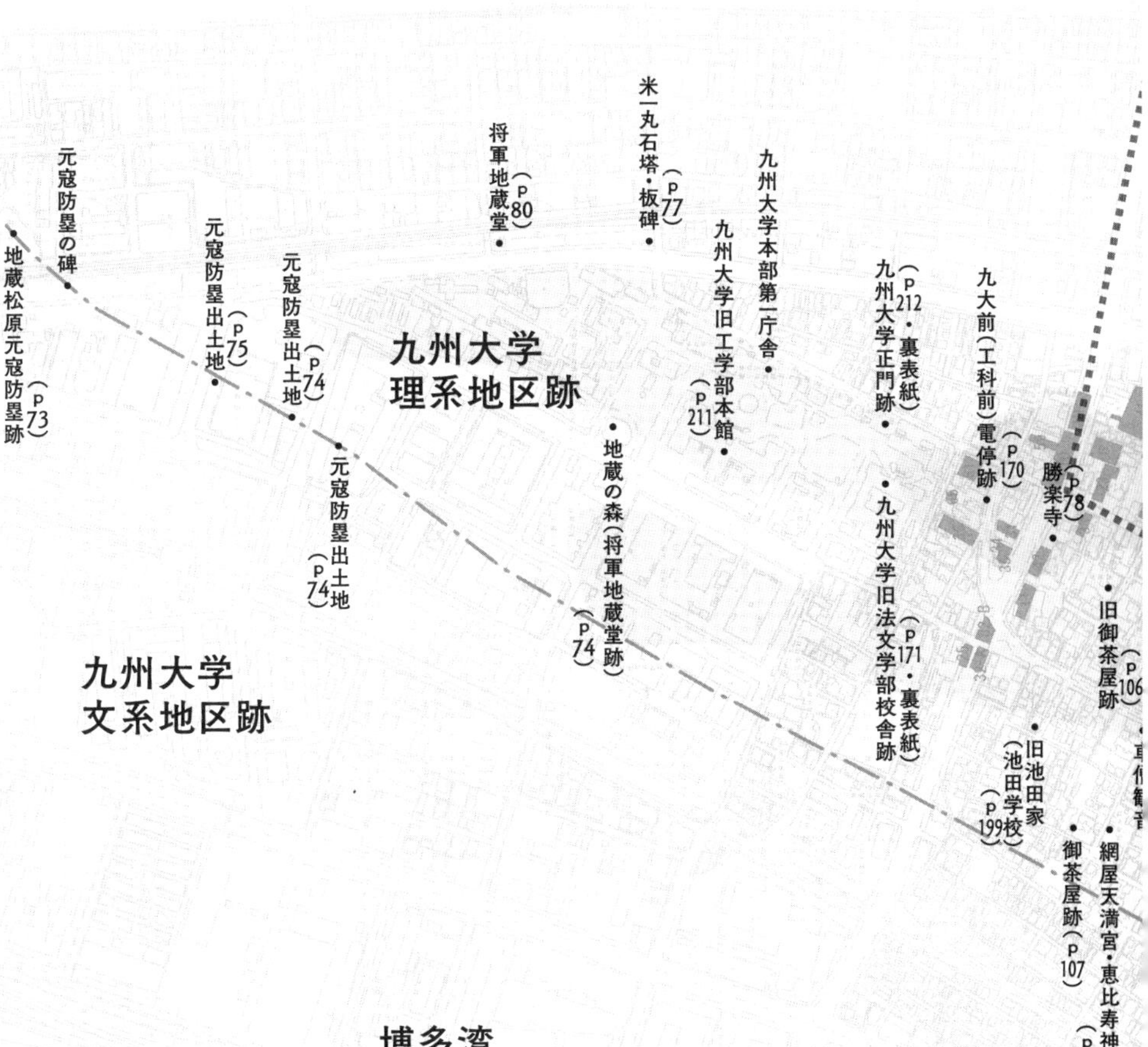

・本図は、箱崎のおもな史跡を示したものである（縮尺の都合上、史跡を網羅することはしていない）。
・数字は、本書で該当の史跡について触れた頁数を示している。

序言——アジアのなかの博多湾と箱崎

伊藤幸司・日比野利信

博多は、中世日本において、日本と異国とを結ぶ最大の国際貿易港であった。東アジア海域においても有数の港町として存在した博多は、日本や異国のひと・モノ・情報などが活発に行き交う都市であった。こうした、国際貿易都市博多のありようは、都市博多のみで完結して成立していたのではなく、都市博多が博多湾沿岸地域と不可分な関係を構築し発展することで成り立っていたと考えられる。

実は、博多には「狭義の博多」と「広義の博多」という二つの意味合いがある。「狭義の博多」とは、いわゆる御笠川（石堂川）と那珂川に挟まれた旧博多部のことで、中世日本最大の国際貿易港があったのもここである。これに対して「広義の博多」とは、博多湾沿岸一帯を示している。しかし、二つの博多は、呼称は同じでも、研究の蓄積という点では大きく異なっている。

中世日本最大の国際貿易都市博多と等置できる「狭義の博多」については、これまでにも一定程度の研究の蓄積がなされてきた。とりわけ、昭和五十二年（一九七七）から始まった福岡市営地下鉄建設にともなう考古学の発掘成果と、文献史学などとが協業する学際研究が進展した結果、多くの個別論文に加えて、川添昭二編『よみがえる中世1 東アジアの国際都市 博多』（平凡社、一九八八年）、小林茂・磯望・佐伯弘次・高倉洋彰編『福岡平野の古環境と遺跡立地』（九州大学出版会、一九九八年）、大庭康時・佐伯弘次・菅波正人・田上勇一郎編『中世都市・博多を掘る』（海鳥社、二〇〇八年）のような優れた概説書も出されている。

これに対して、都市博多以外の博多湾の港町などにかかる研究蓄積は極めて薄いと言わざるを得ない。しかし、当然ではあるが、「狭義の博多」は「広義の博多」を構成する重要な要素であるため、「広義の博多」の歴史は「狭義の博多」たる都市博多の動向と密接に連動して展開していた。日本における国際交流の歴史を語る上で、「狭義の博多」たる都市博多の存在が重要であるのは周知の事実であるが、同時に「広義の博多」たる博多湾沿岸地域の存在も等閑視できないことは言を俟たない。ゆえに、本書では、「広義の博多」という視角により注目していきたいと考えている。そのためにも、まず最初に「広義の博多」たる博多湾沿岸地域の歴史的展開を、アジアとの関わりを中心にして簡単に確認しておきたい。

博多湾は、かつて「博多大津」（『続日本紀』）とよばれ、古代においては筑紫館——鴻臚館を中心に大宰府の外港として位置し、日本や異国の使節を接遇する外交拠点として機能していた。九世紀に入り、東アジア海域において海商の活動が活発化すると、博多湾にも多くの海商が唐物をもって到来するようになる。そのため、日本の遣唐使は派遣されなくなり、鴻臚館も外交の場から、来日する海商のための貿易の場へと変容していった。十一世紀中葉以降、博多湾における貿易活動の場が鴻臚館から博多部に移ると、やがて博多部は中世日本最大の国際貿易都市として絶対的な地位を確立していく。東アジア海域における都市博多の隆盛は、博多湾のなかにある箱崎や今津などの港町の国際性をも高めるものであった。古代・中世の博多湾は、日本におけるアジアへの窓口であり、アジアにおける日本への窓口としての役割をになっていたといえる。国際交流の最前線であった博多湾は、それゆえに、十一世紀の刀伊の入寇や十三世紀の蒙古襲来など、異国の襲撃に際しては防衛の最前線へと変容することもあった。

しかし、十六世紀中葉以降、平戸や長崎など、日本において貿易拠点の多元化が進むと、都市博多の国際的地位は低下し、十七世紀以降、江戸幕府によって、いわゆる「鎖国」政策が導入されると、都市博多及び博多湾の国際性は完全に消失した。近世の博多湾は、ローカル化する一方、筑前五ヶ浦廻船とよばれる巨大な弁才船に乗りこんで日本全国を舞台に活躍する人びとを輩出した。また、筑前国へ入部した黒田氏によって博多湾岸に城下町福岡が建設されると、都市博多や近隣の箱崎もそのなかに組み込まれた。

博多湾の国際性が復活するのは、明治維新以降、国家の近代化を推進し、朝鮮半島や中国大陸への眼差しを強めた帝国日本の登場によってである。城下町福岡に組み込まれていた都市博多は、廃藩置県の後、明治十一年（一八七八）の福岡区の発足を経て、同二十二年（一八八九）の市制施行によって福岡市が誕生したことで、福岡市の一部となった。しかし、博多湾を擁する福岡市の地位は、かつての古代・中世の都市博多及び博多湾のそれとは大きく異なり、官営八幡製鉄所を擁する北九州地域などの後塵を拝するものであった。今日でこそ、日本におけるアジアのゲートウェーを標榜する福岡市であるが、ここに至る道のりは紆余曲折を経たものであり、決して約束されたものではなかったといえる。いずれにせよ、古代・中世における都市博多↓近世における城下町福岡↓近現代における福岡市へとつながる発展の道のりは、都市圏が博多湾全体に広がるなかで実現していったのは間違いない。

このように、「広義の博多」たる博多湾沿岸地域の歴史的展開は、「狭義の博多」たる都市博多の盛衰と連動して展開していただけでなく、今日の福岡の歴史を考える上でも意義深いことがわかる。そこで、本書では、その第一歩として、博多湾のありように注意を払いつつ、博多湾の港町の一つである箱崎に注目したいと考えている。特に、今回、箱崎を取り上げる理由は、箱崎が、現在、歴史的にも大きな転換点に直面し、町の様相が急速に変わろうとしているからである。

都市博多の東側に位置する箱崎は、十世紀初頭に創建された筥崎宮を中核とする町として誕生すると、中世は港町として博多湾の国際性の一翼をになった。しかし、近世に入って国際性を喪失すると、漁村や唐津街道の宿場町を含む箱崎村へと変貌した。近代になると、明治二十二年（一八八九）に町制施行して箱崎町となり、同四十四年（一九一一）に九州帝国大学が開学すると、箱崎は新たに大学町としての側面も持つことになった。箱崎は、古代から近代へ至る時代の変遷とともに、宗教都市、港町、漁村、宿場町、大学町といった多様な顔を持つ重層的な都市として存在していたことになる。こうした豊かな町の特徴は、都市博多にはないものであり、博多湾の港町のなかでも際立ったものといえる。しかも、箱崎はその歴史を語る資料にも相応に恵まれている。筥崎宮をはじめとする関連の文献史料のほか、博多湾の港町のなかでは博多遺跡群に次ぐ発掘調査が行われており、一定程度の考古学の知見も蓄積されているため、研究環境は整いつつある。

さらに、箱崎では、平成三十年（二〇一八）九月末をもって、九州大学が一〇〇年以上続いた箱崎キャンパスを閉鎖し、伊都キャンパスへの移転を完了させた。箱崎は、町の特徴の一角を形づくっていた大学町としての側面を喪失するという大きな分岐点を迎えたのである。

ゆえに、本書では、箱崎の歴史的展開を通時的に考察し、その特質を多角的にあきらかにするために、「アジアのなかの博多湾と箱崎」と題し、文献史学を中心としつつ、考古学、美術史学、芸能史、民俗学など、多分野に跨がって一書を編むことにした。都市箱崎の研究のみならず、福岡の地域史や、国際交流史をはじめとする日本史研究に資するものとなれば幸いである。

なお、本書を編むに際して母体となったのは、旧箱崎キャンパスの九州大学日本史学研究室に事務局を置いていた学術団体・九州史学研究会である。箱崎で誕生した九州史学研究会もまた、大学の移転にともない、箱崎から伊都への移転を余儀なくされた。箱崎に育まれ成長した九州史学研究会が、今回、「アジアのなかの博多湾と箱崎」を編むのは、箱崎へのささやかな恩返しである。

考古学からみた箱崎

中尾祐太

箱崎の歴史は、都市化の代償として明らかになる考古資料によっても徐々に明らかになっている。古墳時代には漁労を生業とする集団がいたことが推定され、筥崎宮創建期には、貿易に関心をもつ大宰府官人の一拠点として展開し、中世になると、博多に連動して都市的な発展を遂げる。以上の歴史的事象の背景には共通して博多湾沿岸に位置するという立地環境があり、これは箱崎の歴史を構成する一つの特徴といえる。

はじめに

福岡市は眼前に玄界灘がひかえるという立地環境をいかして、古来より大陸文化の門戸・結節点としての役割を担い発展してきたという特徴をもち、地中にはその交流を物語る埋蔵文化財が各所に点在している。埋蔵文化財は地中に包蔵されているという特性上、各種の開発行為が及ぶ場合には破壊されることになり、各自治体ではやむを得ず失われる埋蔵文化財に対して発掘調査を実施し、記録保存をすることで後世に残すように努めている。福岡市でも、年々増加する人口に比例するように、盛んな都市開発が推し進められており、それに伴い市域の各所に分布する多くの遺跡の発掘調査を実施している。

小稿で取り上げる箱崎遺跡は一九八三年に実施された福岡市高速鉄道（福岡市営地下鉄）に伴う発掘調査を嚆矢として、様々な要因の開発に伴い多くの調査が実施されてきた。特に、

なかお・ゆうた――福岡市経済観光文化局文化財活用部埋蔵文化財課。専門は日本考古学。主な論文に、「弥生時代の掘立柱建物――福岡平野を中心として」（高倉洋彰編『東アジア古文化論攷』中国書店、二〇一四年）、「韓国大学博物館の考古学展示」（高倉洋彰・安高啓明編『日中韓博物館事情――地域博物館と大学博物館』雄山閣、二〇一四年）などがある。

近年の調査事例は飛躍的にのび、二〇一八年現在での調査次数は八十七次を数える。資料の蓄積は相応のものであり、検出された遺構・遺物から箱崎の歴史を考えることができるほどにもなっている。

以下の本論では、箱崎遺跡にはじめて遺構が出現する弥生時代から、遺跡の最盛期である中世までを対象とし、考古学的な視点から箱崎の歴史を概説したい。

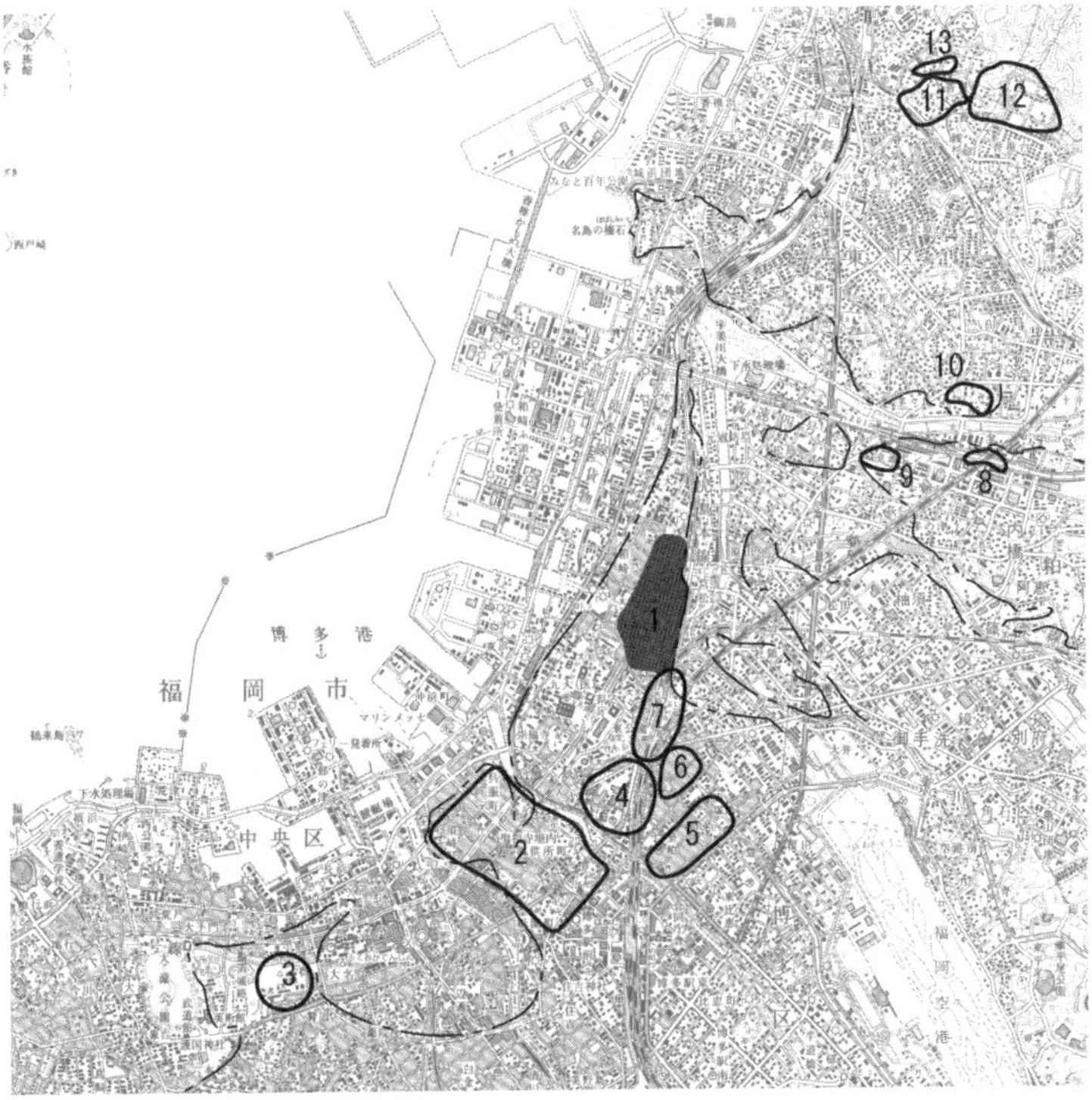

1箱崎遺跡　2博多遺跡群　3鴻臚館跡　4堅粕遺跡　5吉塚遺跡　6吉塚祝町遺跡　7吉塚本町遺跡　8多々良込田遺跡　9多々良遺跡　10顕孝寺　11香椎Ａ遺跡　12香椎Ｂ遺跡　13香椎Ｅ遺跡

図1　博多湾沿岸の主要遺跡と旧地形（1/100,000）
一点鎖線は旧海岸線推定線

一、遺跡の立地と環境

箱崎遺跡は現在の行政区分でいう東区箱崎から馬出にかけて展開している。一帯の基盤となる層は砂丘であり、遺跡を構成する住居や土坑、墳墓などの遺構はこの砂の上に営まれている。しかし、現在、箱崎の街を歩いても、このことを感じることはほとんどないのではないか。それは大小を問わず、あらゆる道路が舗装されているという直接的な要因があるが、それ以外にも、軒を連ねる建物や、都市化に伴い増加しているビルやマンションによって容易に周囲を見渡すことができず、一帯が博多湾に面しているということを実感しにくいということもあるだろう。ところが、現在私たちが歩いているアスファルトや目にする表土の下には比較的浅い部分に砂層が堆積しており、わずか数十センチ掘削しただけで確認することもしばしばである。

一帯の基盤層が砂丘となっているのは、博多湾沿岸の地形の成り立ちが深く関係する。博多湾沿岸には箱崎同様、砂丘が展開するが、これは現在にも残る各河川が運んだ堆積物が博多湾の反時計回りの潮流によって押し戻され堆積した結果形成されたと考えられている。この砂丘が堆積した当時の箱崎は、現在と大きく地形が異なっており、海岸線がさらに内陸側に位置していた他、現在のＪＲ鹿児島本線沿い以東は、現在の宇美川河口付近まで入り江が大きく湾入し、これにより半島状の地形をなしていたと考えられている（図1）。

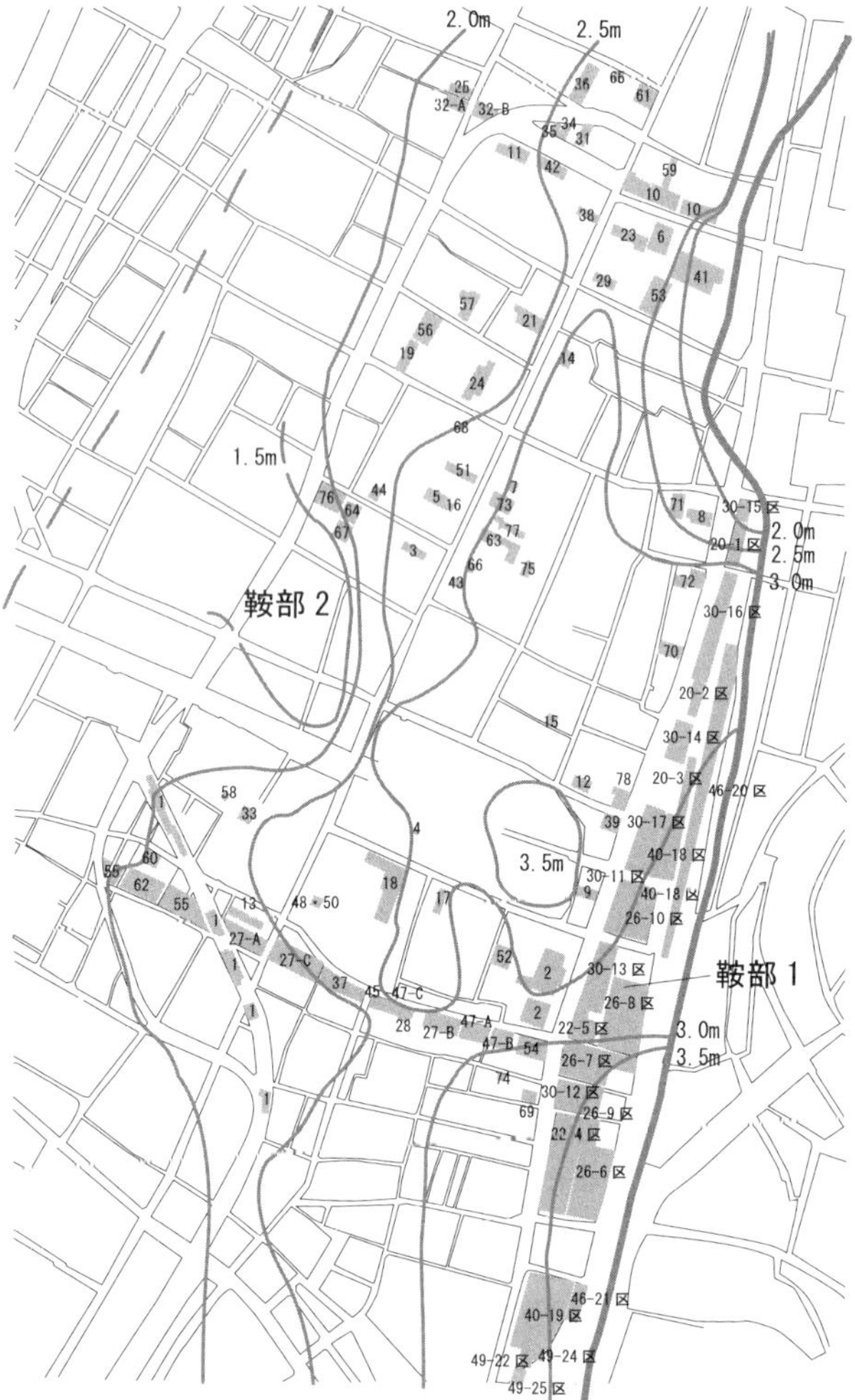

図2　箱崎調査地点別図面（1/10,000）

以上は広い視野でみた箱崎の地形であるが、発掘調査および確認調査の蓄積で箱崎周辺の微地形も徐々に明らかになっている。**図2**は各調査で明らかになった砂丘の標高から旧地形を推定したものである。これをみると遺跡のほぼ中央を頂点として東西にゆるやかに下降する南北方向の尾根線があり、これが現在の街割りにほぼ沿うように筥崎宮付近まで延びていることが分かる。この砂丘の南側は浅い谷状の鞍部を形成しており、これをはさんだ南には、さらに標高二・五〜三メートル前後の安定した高所があったことが明らかになっている。

砂丘の形成・発展の特性上、各所には大小様々な鞍部が存在しており、そのうちいくつかは、遺跡の性格そのものに直接的影響を与えていたと想定されるものがある。その典型例が上述した筥崎宮南側の鞍部（鞍部1）である。これまでの報告、その他で度々述べられているが、博多湾から湾入した入り江を通して遺跡に接触することができる重要な地形となっており、筥崎宮創建前後の遺構は一帯を起点として広がったことが分かっている。

また、この他、近年実施された発掘調査やこれまでに実施された確認調査の結果、上記とは異なる別の大規模な鞍部が存在していたことが明らかになった（鞍部2）。それは、現在の箱崎小学校付近から筥崎宮の北西端にかけて帯状に広がるもので、これは単に低地であるだけでなく、堆積層が河川堆積や湿地堆積にちかいことから、絶えず水の流れがあったことが推定される。詳しくは後述するが、鞍部2の南と北では遺物の出土傾向が大きく異なることから、この地形も重要な役割をもっていたと考えられる。

二、各時期における遺跡の様相

（一）筥崎宮創建以前（弥生時代・古墳時代）

本遺跡で出土する最も古い時期の遺物としては、縄文時代晩期から弥生時代前期に比定される石器や土器片などがある。しかし、いずれも遺構に伴うものではなく、当該期の生活痕跡については未だ不明である。最も古い遺構には弥生時代後期の甕棺墓があるが、単発的に検出されているのみで、この時期前後の住居なども検出されていない。

まとまった集落が形成されるのは古墳時代で、複数の調査地点で竪穴住居、土坑、墳墓（周溝墓・古墳）の各遺構が検出されている。遺構は遺跡東側でのみ確認されており、砂丘の東側の緩斜面を積極的に利用していることが分かる。西側については、この時点では遺構を営めるほど砂丘が発達していなかった可能性もあろう。当該期の遺構分布で興味深いの

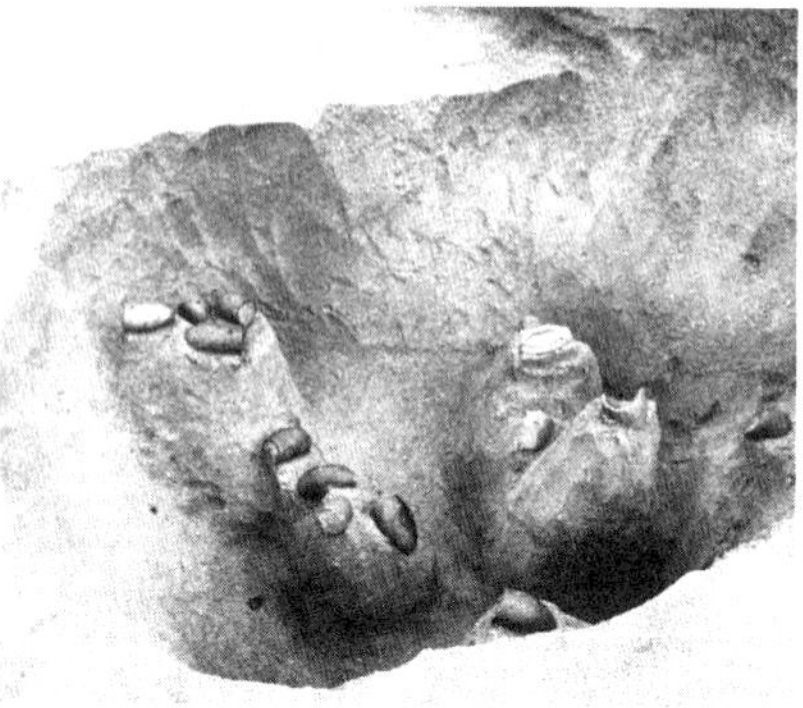

写真1　8次調査地点土坑SK44飯蛸壺出土状況

は遺跡の南北で分布が異なる点で、竪穴住居とみられる遺構は北側に集中しており、四十次調査地点で検出された二基の古墳を含む墳墓は南側のみで確認されている。

遺構の時期は、古墳二基を除けば、比較的限定的で、古墳時代初頭以降に一斉に生活遺構が出現し、古墳時代前期をとおして集落が営まれていたと考えられる。遺構のうち一部については、中期までくだる可能性もあるが、基本的に中期になると集落は断絶するようである。

該期の遺構からは集落の居住集団を考えるうえで興味深い遺物が出土している。それは八次調査地点の土坑および住居から出土した多量の飯蛸壺で、ここから生業活動における漁労の比重の高さを推定することができる。特に、土坑SK44からは、二十四点の飯蛸壺が一括で出土しており（**写真1**）、そのバラエティの豊さから、複数集団間における共同の祭祀の可能性も指摘されている〔田上一九九九〕。なお、こうした漁労具の一括埋納は、同じく博多湾沿岸に立地する堅粕遺跡などでもみられる。

以上のように古墳時代前期を通して存続した集落であるが、上記の古墳造営を最後に生活の痕跡は認められず、一帯の土地利用は数世紀にわたって放棄される。

（二）筥崎宮創建期（十世紀〜十一世紀前半）

古墳時代以降の数世紀の断絶を経て、再び生活遺構が出現するのは、十世紀前半である。遺跡内に所在する筥崎宮の創建は延長元年（九二三）とされており、時期的に符合することから、集落の出現と発展には同宮が深く関与しているものと思われる。

この時期の遺構は決して多くはなく、二十二次調査・二十六次調査・四十次調査など遺跡南東部の限られた調査区でのみ検出されている。出土遺物には特殊なものが多く、当時、交易拠点として機能していた鴻臚館で多く出土する越州窯系青磁碗が複数点出土している他、イスラム陶器、さらに官人が使用していたと考えられる石帯巡方も出土している（**写真**

写真2　26次調査地点出土越州窯系青磁

写真3　40次調査地点出土イスラム陶器片

2・3）。なお、遺構は南東部のみで確認されているが、越州窯系青磁碗は遺跡北部でも十次調査地点を中心に確認されており、該期の遺構が北側にも広がっている可能性も否定はできない。ただし、遺構の広がりは、面的なものではなく、あくまでも点的なありかたをしていたものと思われる。

また、これらの遺構・遺物の出土範囲と重複する範囲で古代の瓦もまとまって出土している。注目すべきは四十七次調のSE241で出土した多量の瓦である〔中村 二〇〇九〕。鬼瓦、軒瓦、平瓦の各瓦が出土しているが、特に平瓦については井筒を巻くように配置されていたと報告されている。瓦のなかにはいわゆる文字瓦も含まれており、文字には「平井」・「佐」・「賀茂」等がある（図3）。これらは大宰府で出土するものとしてよく知られている。また、軒瓦も出土しているが、これらの中には、大宰府出土の瓦と同笵のものもあり、この他、基本的には鴻臚館からしか出土しない瓦も三点確認されている。これらの瓦とともに、〇のなかに「大」の字状の文様を配する瓦が認められる。この瓦は遺跡内で数点確認されているが、博多遺跡群を含む周辺地域においても、基本的に出土することがない[1]。この特殊な瓦については、高麗の瓦との関連性が指摘されている〔上角 二〇一〇・二〇一四〕。遺跡では次代の高麗青磁もまとまった数が出土しており、興味深い。

当該期の遺構は調査の進展に伴い、確実に増加している。このうち二〇一八年に報告された七十一次調査の成果は特筆すべきで、同地点からは遺跡内で初の梵鐘の鋳造遺構が検出された。共伴する遺物には十世紀後半〜十一世紀前半のものがあり、また、鋳型の文様の検討からもこの時期前後に比定されている。供給先は筥崎宮、もしくは神宮寺と想定されており、時期的にみても創建初期のものであることが分かる。このように、調査の進展によって遺跡の中心的存在である筥崎宮に関係する資料も増加している。筥崎宮そのものについては、同宮内における調査事例が少ないため、詳細は不明であるが、遺跡の有無を確かめる確認調査の結果、筥崎宮の北西部一帯においては近世以前の遺構が全く検出されない部分があり、その範囲は長らく宮域内であった可能性がある。筥崎宮は遺跡において極めて重要な役割をもっており、今後の調査では遺構・遺物の整理とともに、このような遺構未検出地点についても意識をする必要があろう。

本時期の遺跡は、上記の遺物が示すとおり、一般的な集落とは異なり、「官的」な性格が強く、かつ貿易に対する強い関心があったことが分かる。この性格は筥崎宮の選地を考えるうえでも重要で、これについては大宰府官人であり、筥崎宮宮司であったという秦氏との強い関連も指摘できよう。しかし、仮に貿易に伴う港湾施設として機能していたとしても決して大規模で主要なものではないと考えられる。

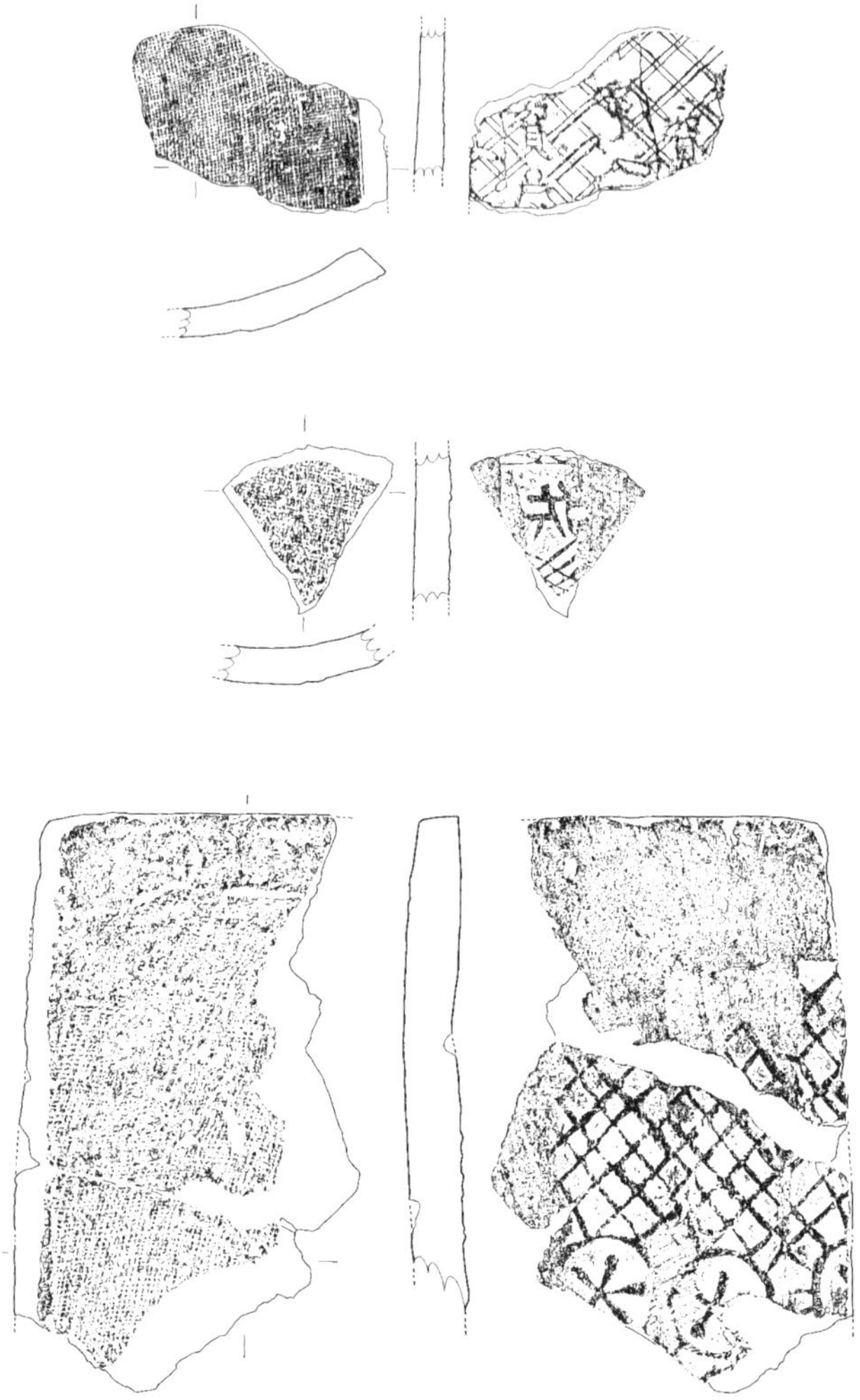

図3　SE241出土文字瓦（1／5）
文字は（上）「賀茂」（中）佐（下）○に「大」の字状の文様

（三）遺跡展開期（十一世紀後半〜十二世紀前半）

　十一世紀後半になると遺構の検出範囲が拡大する。生活遺構の典型である井戸はもちろん、これに伴う土坑も増加し、集落的な様相が強くなる。また、井戸は比較的短期間に同一地点もしくは近接したところで掘削されているものもあり、継続的な土地利用が認められる。周知のとおり、同時期の博多遺跡群では、鴻臚館の衰退に伴い貿易拠点が移動したとされており、この時期前後に急激に都市化することが明らかになっている。すなわち、箱崎遺跡における遺構の増加もこの博多湾沿岸における歴史的事象を反映しているのだろう。

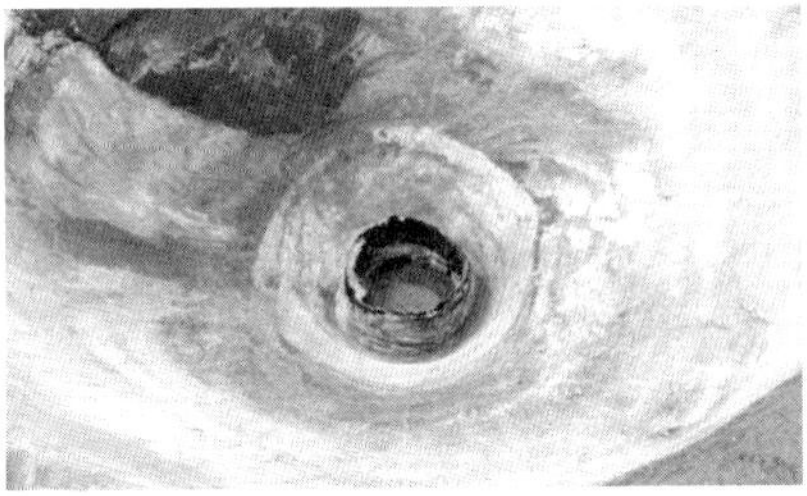
写真4　22次調査地点検出桶組井戸SE58　SE58は13世紀前半代のもの

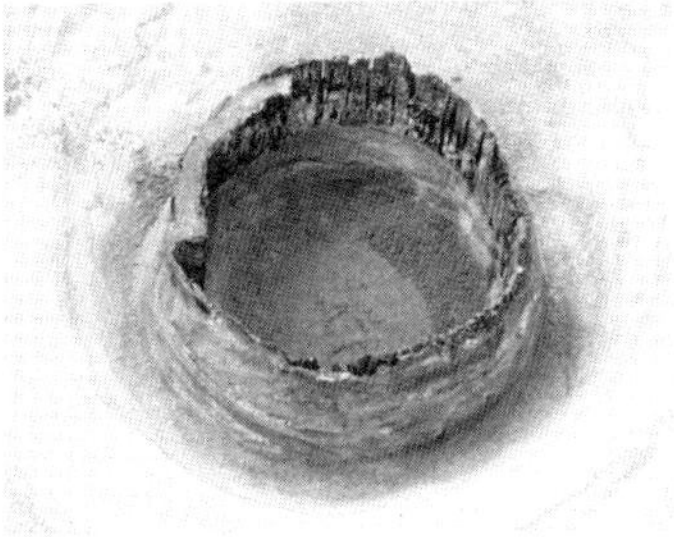
写真5　SE58（写真4）の井筒部分

　この時期に増加する井戸をみると、井筒に桶を利用するものが出現する。周辺遺跡の事例も考慮すると、それまでの井戸は丸太を刳り貫いたもの、もしくは曲物を井筒として使用するのが一般的であったと考えられる。このなかに十一世紀後半〜十二世紀前半の間には桶組井戸（写真4・5）が出現し、以後、桶組井戸が主流となる。桶の利用に関しては、この時期前後の博多遺跡群内では多くみられるが、周辺地域で使用されるのは数世紀遅れることから、桶は当初貿易物資を収容する容器としてもたらされ、それが転用されたものと考えられている。つまり、箱崎は博多とほぼ同時期に桶を使用するようになったということであり、上述した博多湾沿岸における貿易体制の変換に直接の影響をうけた結果であるといえよう。

　同様の影響は、遺物にも顕著に表れている。端的に示すのは貿易陶磁器の出土量で、博多遺跡群で出土する貿易陶磁器の量にはおよばないものの、一般的な中世集落のなかでは突出している。これはまた墨書陶磁器の出土量にも比例しており、周辺遺跡内で比較すると、箱崎遺跡では博多遺跡群に次ぐ量の墨書陶磁器（写真6）が出土している。注目すべきはこれの分布で、墨書陶磁器には出土

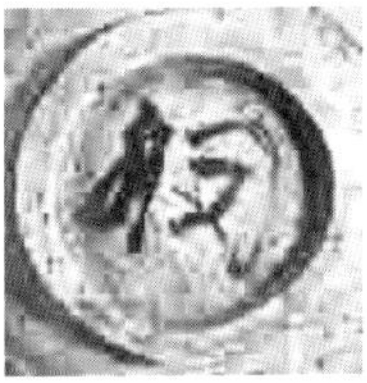
写真6　51次調査地点出土墨書陶磁器　墨書は「綱」

傾向に偏りがみられるが、前代以降の遺跡の中心である遺跡南東部ではなく、遺跡の北西部に特に集中している（図4）。南東部でも一定数は出土しているが、前代からみられる他の特殊遺物のような独占的な出土傾向は見いだせない。なお、本時期の陶磁器は白磁を主体とし、次代は青磁が中心となるが、墨書陶磁器の出土傾向は青磁の時代にも引き継がれる。この遺物の偏りを集団差とするのであれば、その主体は宋商人もしくはそれらに近い集団と考えた方が妥当である。それを示すように墨書陶磁器のなかには中国人名と思われるものもみられる。[2] 特筆すべきは、墨書陶磁器の集中する地点が、立地と環境で述べた鞍部2を境とした北側に顕著なことである。いわゆる「箱崎津」は文献資料や環境的要因から、宇美川河口であったとされており、前代の遺物の出土状況から十世紀以降の港湾的機能は筥崎宮南側の鞍部付近であったと考えられるが、当該期以降の鞍部2付近に同様の性格をみることはできないだろうか。これについては、検討すべき課題が

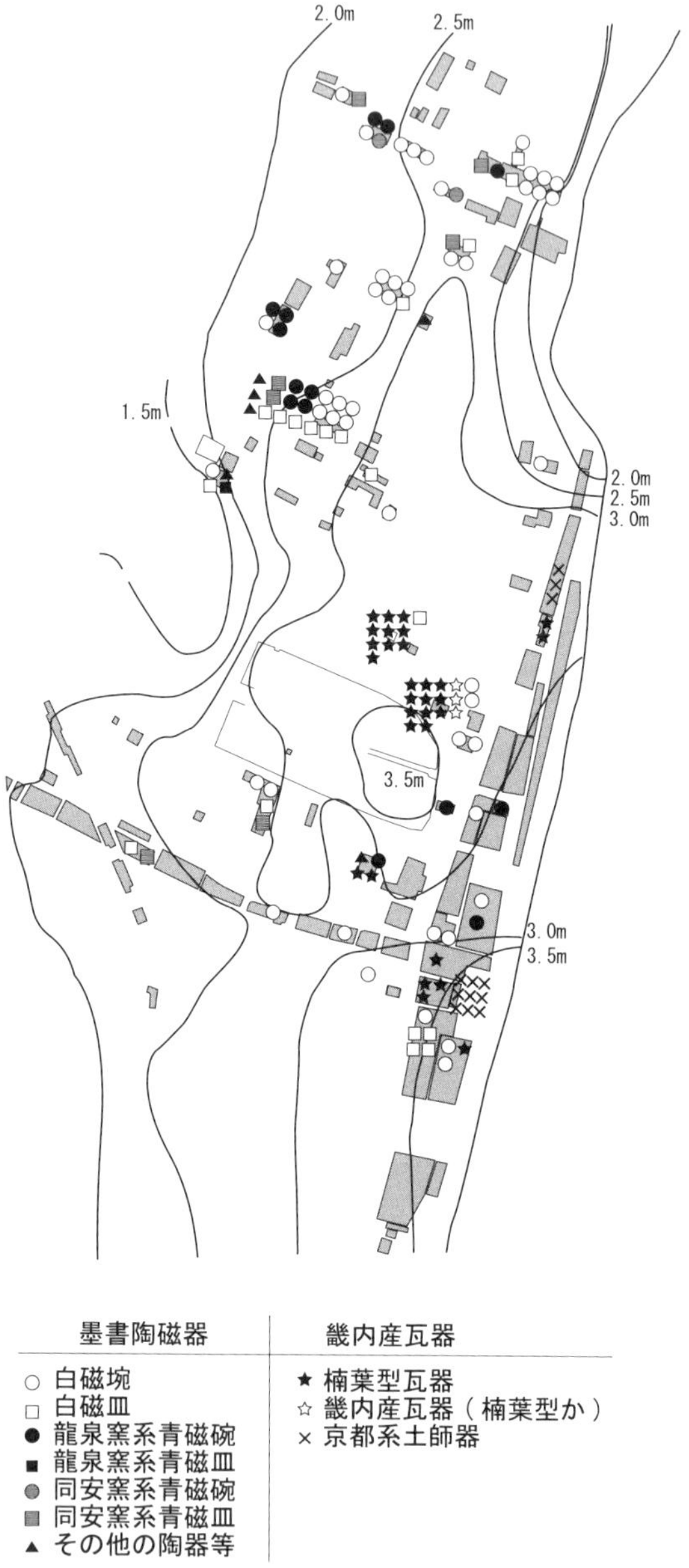

図4　墨書陶磁器・畿内産瓦器出土状況（1/10,000）

多く、試論的に提示しておきたい。

墨書陶磁器同様、分布に偏りが認められるものに畿内産の楠葉型瓦器がある（図4）。この遺物は極めて限定的な出土傾向をみせる遺物とされており、周辺の遺跡をみても、博多遺跡群などを除けばほとんど出土しない。箱崎遺跡で出土する楠葉型瓦器碗は、本時期前後のものに限られるが、本時期は筥崎宮が石清水八幡宮の別宮となった時期でもあり、この歴史的事象が遺物にも表れているのだろう。(3)遺跡で出土する楠葉型瓦器は遺跡の南東部付近に集中するが、特に筥崎宮北側に隣接する十五次・七十八次調査地点に顕著で、遺跡内で出土した楠葉型瓦器の大半は両調査地点から出土している。この出土傾向も集団差の検討という観点からみると、示唆的で興味深い。

本時期は、前代の公的な施設を中心に発展しつつ、これを中心にした集落が次期に都市的発展をするまでの過渡期的な時期として扱われることが多いが、上記のとおり、文献資料に知られる歴史的事象や周辺遺跡の動向とよく合致しており、遺跡の性格や担う役割に大きな変化があった時期でもあった。

（四）遺跡最盛期（十二世紀中頃～十三世紀前半）

本時期になると、生活域が遺跡のほぼ全域に拡大し、ほとんどの調査地点で本時期の遺構が検出されるようになる。生活遺構の代表である井戸は各調査区で偏りなく認められるようになり、このころには一律的な町屋が本格的に形成されたことが推定できる。各調査区の井戸の検出割合をみると、多くの地点で、一〇〇㎡あたり二基以上の井戸が検出されており、なかには五基を数えるものもある。以上から過度な人口の集中と屋敷の継続が認められる。また、本時期になると鉄やガラスを集落内で生産するようになる。遺跡の北側に位置する十次調査や三十八次調査では鋳型、羽口などの鋳造関連遺物やガラス坩堝等の生産関連遺物が出土している。これらと上記の遺構の状況から推定できる人口とあわせて考えると、本時期以降の箱崎遺跡には「都市」としての性格を付与できる。

この時期に生活遺構に伴って急増する遺構に埋葬遺構がある。基本的に他の遺構とともに検出されることからこの時期に普遍的な屋敷墓、およびその延長のものと考えられる。分布でみれば、十世紀以降の遺跡の中心と考えられる遺跡南東部と遺跡北部に分かれるが、頭位方向などに明確な違いは認められない。ところが、存続期間や埋葬形態にわずかな違いが認められ、遺跡南東部では、単独で営まれるものの他に、同時期に一基もしくは二基の墓が同一地点で継続するものがあるのに対し（二十二次・二十六次など）、遺跡の北側では共同

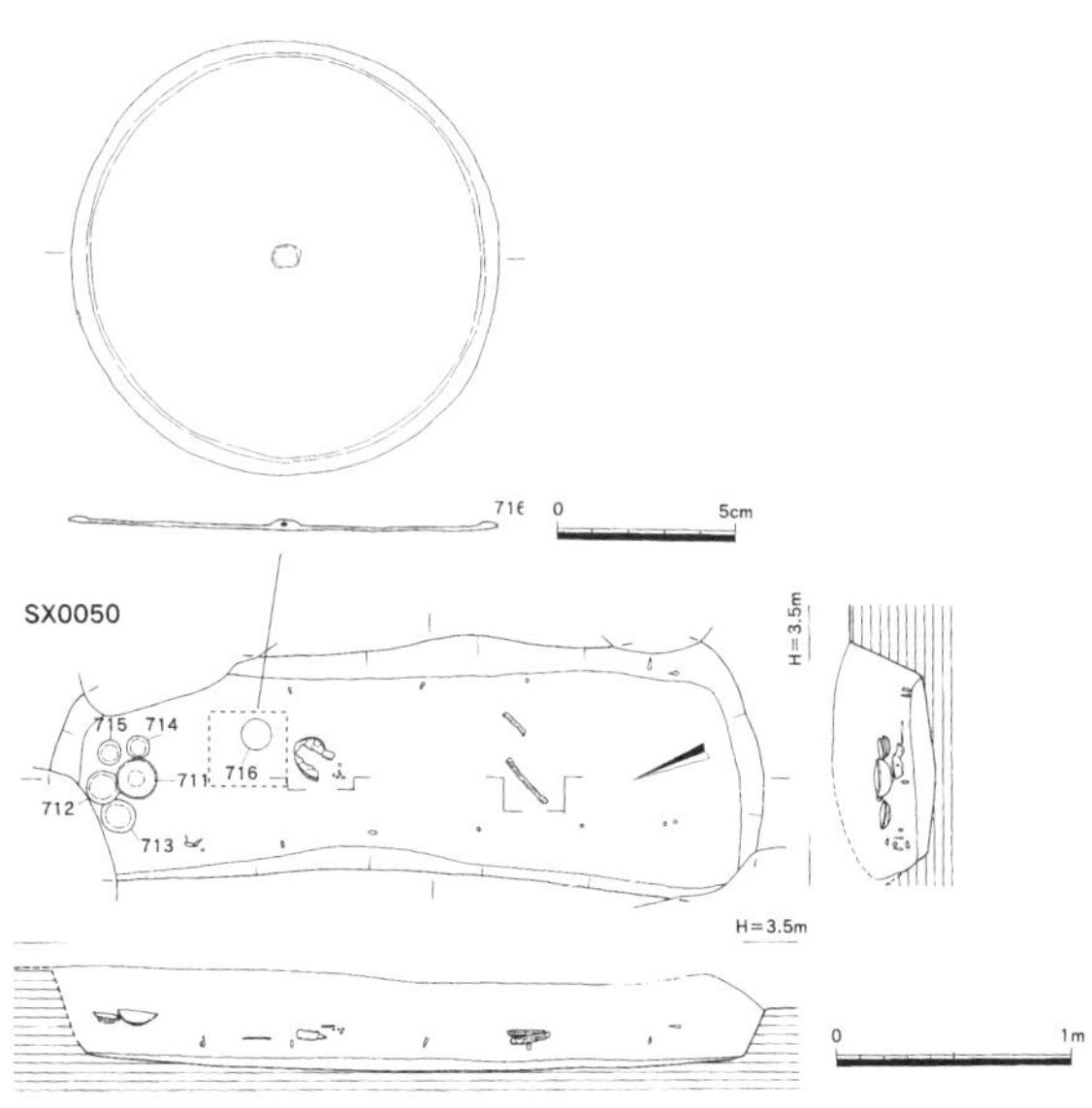

図5　SX005（1/60）および出土鏡（1/4）

墓地とまではいえないにしても、近い場所に同時期の墓が複数営まれるが、単発的で、以後は断絶するという特徴をもつ（二十一次・四十一次）。

度々言及してきたとおり、十世紀以降の遺跡の中心は南東部であったと考えられるが、同一地点における墓の長期的な継続はそれを示すものだろうか。また、このことと直接関係するかは不明であるが、二十二次調査で検出された木棺墓SX0050の副葬品に青銅鏡があり（**図5**）、これを包んでいた織物が平安時代〜鎌倉時代において夏の公家装束に用いられていた「顕文紗」である可能性が指摘されている（片多・比佐二〇〇四）（**写真7**）。屋敷墓に被葬されること自体、一定の身分にあることが推定されるものの、同じく鏡を副葬するものに二十一次調査の木棺墓があるが、この鏡に付着していたのは麻の織物であったとされている。これも身分や集団の差を表しているのかもしれない。

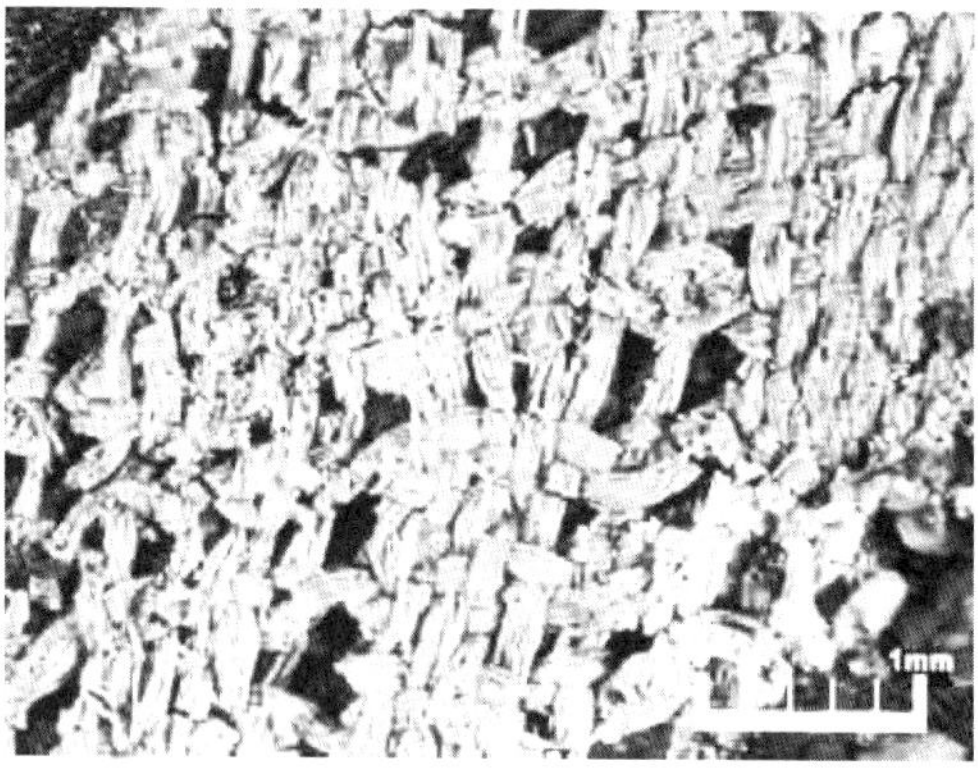

写真7　SX005出土鏡付着織物

さて、集団差については、特に遺跡の北部に関しては墨書陶磁器の分布傾向から宋人の居住の可能性も指摘したが、中国産の遺物の分布に関しては、全く異なる傾向を示すものがある。それは波状押圧文軒平瓦・花卉文軒丸瓦に代表される中国系瓦である。これらの瓦は、博多遺跡群には及ばないものの、箱崎遺跡でもある程度まとまった量が出土しているが、分布が遺跡南東部にほぼ限定される。他の遺物との共伴関係から、本瓦は十二世紀でも後半代を中心に出土する遺物と考えられるが、該期の基準資料である龍泉窯系・同安窯系青磁を中心とする墨書陶磁器は前代同様北側に集中している。この中国から将来した遺物の相反する出土傾向を説明できる資料はなく、今後の課題としておきたい。なお、古代に瓦が大量に出土する地点と、この中国系瓦の出土範囲が重複しており、ひとつの手掛かりになりうるかもしれない。

都市の構成員としては、前代にみられる遺物の集中や本時期にみられる生産関連遺物、また墓に副葬された遺物から様々な集団・身分の人々が想定され、それぞれが一定の単位でまとまりをもちつつ混在していたものと考えられる。『宮寺録事抄』には仁平元年（一一五一）に大宰府官人が博多、箱崎の宋人大追捕を行ったことが記されており、この資料も宋商人の居住域が箱崎にも形成されていたことを裏付けるものである。しかし、遺物の総量や質などあらゆる側面から比較しても、博多にならぶような大規模なものではなかっただろう。

（五）元寇前後（十三世紀後半〜十四世紀）〜室町時代（十五世紀〜十六世紀）

十三世紀後半は前代に引き続き遺跡のほぼ全域に遺構が認められる。ところが、土地の利用に若干の変化が表れるようで、遺跡西側の緩斜面をより積極的に利用していることが分かる。また、遺構の検出数をみると、十三世紀後半をピークとしてその後減少していく様子がうかがえる。この時期の歴史的な重要事項に元寇があり、集落のありかたに少なからず影響を与えたものと考えられる。文永の役では筥崎宮が焼失したとされているが、それを示すように遺跡の各所では焼土層や被熱した陶磁器が出土する（佐藤 二〇一三）。以上の理由から、箱崎遺跡はこれ以降、衰退の一途をたどるかのように捉えられるきらいがあるが、これは本時期に積極的に利用される西側の調査実績が少ないことや、西側に位置する調査地点が東側に比べて狭隘なことに起因する遺構・遺物の絶対数に依拠しているからである。井戸の絶対数ではなく検出の割合からみれば必ずしも激減したとはいえず、遺跡の西側においてはむしろ増加している地点すらある。特に近年実施された調査のなかで遺跡の中央〜西側に立地する地点では本時期以降の遺構が多数検出されている。特に顕著なものは七十六次調査で、後世の開発行為によって浅い遺構はほとんど残存していないが、井戸が十六基、土坑が五基検出されている〔杉山編 二〇一七〕。特に井戸の検出数は突出しており調査区一〇〇㎡あたりの井戸の検出数は四基を超える。この井戸の集中は前代における遺構集中地点と同等の割合を示す。

また、至治三年(一三二三)に沈没したとされる韓国新安沖の沈没船から出土した「筥崎宮」銘木簡は、継続した対外交流の一拠点であったことを示しており、当該期の輸入陶磁器も一定数が出土している。

十五世紀以降の遺構は、既往の調査でも報告されているものが少なく、この結果によれば、当該期の遺構は極めて少ないといわざるを得ない。これについても前代と同様の理由が考えられ、必ずしも集落が断絶したわけではない。事実、一次調査では、十四世紀末〜十五世紀以降の建物が複数回の建て替えを行いながら長期的に継続したことが明らかになっている。ただし、いずれにしても現状の成果からみれば、土地の利用の仕方においては大きな変化があったことは間違いないなく、中世後半以降の実態は今後の調査の進展に期待したい。

おわりに

文献史分野からのアプローチで様々な転変が知られているが、考古学的な知見は今まで殆ど知られていなかった。(中略)今後の周辺部の調査の進展によって、文献資料の裏付け等が進むであろうし、より具体的な人々の生活の様相が明らかにされるであろう。

以上は、箱崎遺跡第一次調査の報告書の冒頭に記された一文である〔池崎編 一九八八〕。本稿で論じてきたことは基本的に考古学的な成果のみに依拠したものであるが、資料の蓄積によって特に古代〜中世前半期までについては、考古資料の分析によって様々なことが明らかになったといっても過言ではないだろう。また、この成果の中には文献資料の「裏付け」になるものも少なくない。中世後半については未だ不鮮明な部分はあるものの、近年の調査では当該期の資料も増加している。このように調査の進展に伴い箱崎の歴史およびそれを主導した「人々の生活の様相」は徐々にではあるが確実に「明らかに」なっているといえる。

都市化の一途をたどる福岡市では、今後も様々な開発行為が及ぶのは必須で、それは箱崎も例外ではない。はじめに述べたとおり、調査が実施されるということは、すなわち文化財が失われるということである。一次調査で提起された問題意識を念頭においた調査・研究の継続が望まれる。

注

（1）吉塚本町一次調査の包含層から出土した瓦片は、同瓦の可能性がある。

（2）中国人名および「綱（首）」の墨書は、墨書陶磁器が集中する博多遺跡群、鴻臚館、香椎B遺跡、箱崎遺跡でしか出土していない。

（3）橋本久和氏は、博多遺跡群で多量の楠葉型瓦器碗が出土することに、権門勢力による貿易掌握を背景にしたものとし、権門勢力として摂関家や石清水八幡宮を想定している〔橋本一九九七〕。

引用・参考文献

荒牧宏行編 二〇一八『箱崎53――箱崎遺跡第71次調査報告』福岡市埋蔵文化財調査報告書第一三四三集

池崎譲二編 一九八八『博多――高速鉄道関係調査（4）』高速関係埋蔵文化財調査報告Ⅶ 福岡市埋蔵文化財調査報告第一九三集

榎本義嗣 二〇〇三「福岡市所在の箱崎遺跡について」中世都市研究会二〇〇三年九州大会資料集

榎本義嗣編 二〇〇四『箱崎17――箱崎遺跡第22次調査報告（1）』福岡市埋蔵文化財調査報告第八一一集、福岡市教育委員会

片多雅樹・比佐陽一郎 二〇〇四「箱崎遺跡第22次調査出土青銅鏡付着繊維の調査について」（榎本義嗣編『箱崎17――箱崎遺跡第22次調査報告（1）』福岡市埋蔵文化財調査報告第八一一集）

上角智希 二〇一〇「Ⅸ．福岡市内出土の平瓦」（上角智希編『元岡・桑原遺跡群17』福岡市埋蔵文化財調査報告書第一一〇三集）

上角智希 二〇一四「九州で平瓦一枚作りが普及しなかった理由――円筒桶と長板叩き板のセットによる平瓦作り」（高倉洋彰編『東アジア古文化論攷』中国書店）

佐藤一郎 二〇一三「箱崎遺跡――古代末から中世にかけて」（福岡市史編集委員会編『自然と遺跡からみた福岡の歴史』新修福岡市史――特別編）

杉山富雄編 二〇一七『箱崎51――箱崎遺跡第76次調査報告』福岡市埋蔵文化財調査報告第一三一八集

田上勇一郎編 一九九九『箱崎7――箱崎遺跡第8次調査の報告』福岡市埋蔵文化財調査報告書第五九一集

中村啓太郎編 二〇〇九『箱崎36――箱崎遺跡第47次・第55次調査報告』福岡市埋蔵文化財調査報告書第一〇四六集

橋本久和 一九九七「畿内産瓦器碗と九州北部の交易形態」『中近世土器の基礎研究Ⅻ 基本資料の再検討と今後への展望』

柳田純孝 一九八四「元寇防塁と博多湾の地形」（中山平次郎著、岡崎敬校訂『古代乃博多』九州大学出版会）

図版・写真の出典・所蔵

図1　国土地理院発行の5万分1地形図に加筆
地形推定線は、柳田純孝「元寇防塁と博多湾の地形」（中山平次郎（著）岡崎敬（校訂）『古代乃博多』九州大学出版会、一九八四年）による。

図3　中村啓太郎編 二〇〇九『箱崎36――箱崎遺跡第47次・第55次調査報告』福岡市埋蔵文化財調査報告書第一〇四六集から転載

図5　榎本義嗣編 二〇〇四『箱崎17――箱崎遺跡第22次調査報告（1）』福岡市埋蔵文化財調査報告第八一一集から転載

図2・4　筆者作成

写真1～7　福岡市埋蔵文化財センター

古代の箱崎と大宰府

重松敏彦

古代における箱崎の歴史を、大宰府との関連に注目しつつ検討した。特に筥崎宮およびその神宮寺を中核とする宗教的空間としてのあり方、また日宋貿易という対外交易に関わる場としてのあり方を中心として、「箱崎遺跡」における最新の発掘調査の成果もふまえながら論じた。

はじめに

本稿では、古代箱崎の歴史を大宰府との関連に注目しつつ検討する。ここでは、特に古代の箱崎という地の、宗教的空間としての位置づけ、また対外交易に関わる場としての位置づけをみてみようと思う。しかし、箱崎についての文献史料は、筥崎宮にかかるものを除けば、必ずしも多くはないというのが現状である。

一方で、箱崎地区を対象とする発掘調査は「箱崎遺跡」として、福岡市によって継続的に行われており、さまざまな成果が得られている。佐藤一郎氏は、箱崎遺跡について、発掘調査報告書を基本としつつ、自らの見解もまじえて、次の七期に区分している〔佐藤一郎二〇一三〕。

Ⅰ期：平安時代中期（十世紀～十一世紀前半）
Ⅱ期：平安時代後期（十一世紀後半～十二世紀前半）
Ⅲ期：平安時代末～鎌倉時代前半（十二世紀後半～十三世紀前半）
Ⅳ期：鎌倉時代後半（十三世紀後半）
Ⅴ期：南北朝時代（十四世紀）

しげまつ・としひこ——太宰府市公文書館研究員。専門は古代大宰府を中心とした地域史研究。主な著書に、『太宰府市史』古代資料編（共著、太宰府市編集委員会編、太宰府市、二〇〇三年十二月）、『大宰府古代史年表　付官人補任表』（編著、川添昭二九州大学名誉教授監修、吉川弘文館、二〇〇七年二月）、論文に「『大宰府の七世紀史』覚書」（『太宰府市公文書館紀要　年報　太宰府学』一一号、二〇一七年三月）などがある。

VI期：室町時代前半（十五世紀）
VII期：室町時代後半（十六世紀）

本稿が対象とする範囲は、この時期区分でいえばおおよそI期・II期の時期であり、その発掘調査成果もふまえて、古代箱崎の歴史を垣間見てみることにしたい。

一、「箱崎」という地名と筥崎宮

（一）地名としての箱崎

古代の史料において、「箱崎」(1)という地名はいったいいつ頃からみえるのだろうか。そのあたりから、箱崎の歴史を繙いていくことにしよう。

箱崎に隣接する「博多」については、『続日本紀』天平宝字三年（七五九）三月庚寅（二十四日）条、大宰府が言上した「不安」四箇条の第一に

（前略）拠二警固式一。於二博多大津及壱伎、対馬等要害之処一、可下置二船一百隻以上一以備中不虞上。而今无二船可レ用、交闕二機要一。不安一也。（後略）

とみえる「博多大津」がその初見史料であるが、箱崎の地名はそれほど遡っては確認できない。ただし、林文理氏によれば、博多の用例には広狭二つがあり、この史料にみえる奈良時代の用例は広義の「博多」、すなわち博多湾全体を指すものと考えられ〔林文理二〇一八〕、とすれば、箱崎の地もこの博多に含まれる可能性がある。林氏はまた、「広く史料に当たらなければならないが、狭義の「博多」の地名は、平安時代後期の一一世紀になって現れるものと思われる。」ともいわれ、その例として藤原高遠の私家集『大弐高遠集』に、「いまはとてはかたにくたるひ、たちのきくのおもしろかりしをみて（いまはとて、博多に下る日、館の菊のおもしろかりしをみて）」をあげている。高遠の大宰大弐在任期間は、寛弘二年（一〇〇四）～同六年である。この見解は、箱崎という地名の登場と関連して、ひじょうに興味深い問題を含んでいると思われるが、ただし、これが狭義の博多を意味しているかは、必ずしも明確ではないのではなかろうか。

そこで、ここで地名としての箱崎の登場を確認してみよう。『拾遺和歌集』巻第一〇　神楽歌に

箱崎を見侍て　　　重之
幾世かに語り伝へむ箱崎の松の千とせの一つならねば

とみえる、源重之の歌が、その早い例ではないか、と思う。重之は生没年不詳であるが、この歌は十世紀後半、筑紫に下向したときに詠んだものと考えられる。

しかし、これも『拾遺和歌集』のなかで、神楽歌に部類されていることからみれば、単に地名としてだけではなく、の

ちにみる筥崎宮との関わりを考慮しなければならないのかもしれない。また、林氏が博多の例としてあげられた『大弐高遠集』にも、「つくしにくたるとてよめる長歌（筑紫に下るとて詠める長歌）」に「はこさき」が詠み込まれている。このようにみると、実は狭義の博多の登場と、箱崎という地名の登場には関連があると考えることができるのではないか。つまり、広義の博多から、箱崎が区別されていくことによって、狭義の博多が成立するといえるのではあるまいか。そう考えてよければ、林氏があげた『大弐高遠集』の「はかた」が、狭義の博多を意味するという見解も首肯できるものとなろう。

（二）筥崎宮

ところで、箱崎の歴史を考えようとするときには、やはり筥崎宮の存在をぬきにして、それを語ることはできないだろう。筥崎宮は、応神天皇・神功皇后・玉依姫命を祭神とする八幡宮である。

筥崎宮縁起以二神亀三年乙丑一、造二穂浪宮一云々。

延長元年癸未造二-立筥崎宮一。依二託宣一、自二穂浪宮一遷二此宮一。

延喜廿一年六月廿一日、於二観世音寺西大門一、若宮一御子、七歳女子橘滋子仁志就御天、去レ地七尺上天託宣曰、（中略）于レ時講師遣一記レ之。即伝二-覧大弐藤原雅幹一不レ論二左右一、被レ言二-上於公家一、任二官符旨一、少弐真材朝臣造二-立件新宮一。其宮（官カ）符状云、託宣之旨、為レ禦二来寇一、加之外賓通接之境也。営二其宮殿一、殊尽二美麗一者、延長元年癸未歳、従二大分宮一遷二御仏経一已畢。仍奉レ号二筥崎宮一矣、

延長二年二月廿五日重記レ之、

ここに引用した「筥崎宮縁起」はその末尾の記載から、延長二年（九二三）の成立とされる。これによれば、筥崎宮の創建は、冒頭に「延長元年癸未、筥崎宮を造立す。託宣に依り、穂浪宮よりこの宮に遷す。」とあるように、延長元年、穂浪宮（末尾の記述では大分宮とみえる）からの遷座、とされている。また、延喜二十一年（九二一）の託宣を背景に、大宰少弐藤原真材がその造立にあたったとも記す。しかし、神社の縁起という性格上、縁起そのもの成立の年紀には信をおきがたいと思われ、したがってそれに記された創建の年代も、そのままでは認めがたい。ただ、延長五年に完成・奏上された『延喜式』巻第一〇　神名下に

西海道神一百七座

大卅八座

小六十九座

筑前国十九座大十六座、小三座

（中略）

那珂郡四座並大

八幡大菩薩筥崎宮名神大　　住吉神社三座並名神大

（後略）

とあり、筥崎宮の名がみえることから、延長五年までには創建されていたことは確実と考えられ、「筥崎宮縁起」の記す創建年代と大きな懸隔はない。また、筥崎宮に関連する史料として、大江匡房が著した「筥崎宮記」（『朝野群載』所収）がある。

筥埼宮記　　　帥江納言

筥崎宮在二西海道筑前国那珂郡一。蓋八幡大菩薩之別宮也。伝聞、埋二戒定恵之三篋一、故謂二之筥崎一。其処之為レ体也、北臨二巨海一、西向二絶域一。為レ防二異国之来寇一、垂二跡此地一。潮汐之声、常満二宮中一。坤艮卅余里、乾巽七八許里、敢無二他木一、只青松而已。長短次序、敢不二参差一、造化之功也。年中恒例、仏事神事、有司存焉。五月騎射、八月放生会、以レ之為二重事一。災験威神、言語道断、非二紙墨之所一レ及。康和二年、有二三綵幡一、出レ自二御殿一、乗レ虚飛揚。尋二其本体一、応神天皇之神霊也。我朝始書二文字一、代二結縄之政一。即創二於此廟一。論二其聖化一、誰不二受賜一。其母神功皇后為レ討二新羅一、幸二於此道一、長降二敵国一、毎レ年進二八十艘調庸舟一。三韓入貢、百済来朝。仲哀天皇即是大菩薩之考廟也。称二之三所一。尋二其内験一、昔現二於行教和尚衣上一。非レ画非レ字、写二弥陀三尊之像一。然則本国之宗廟也。異二他神霊後世之依怙一也。期二彼迎接一、五畿七道、何国何土、不レ奉レ崇二此神宮一。不二啻我朝一、徳及二遐方一、高麗之国、接レ境不レ犯。若有二異心一、瘴烟競起。長元之間、起レ兵欲二来侵一、忽有二地震一、所レ造之舟船、皆破壊。豈非二掲焉之験一乎。

大江匡房は、承徳元年（一〇九七）と嘉承元年（一一〇六）の二度、大宰権帥に任じられているが、二度目の時には現地に赴任していない。初度の時には、翌年、大宰府に赴任して、康和四年（一一〇二）まで在任している。「筥崎宮記」には、康和二年（一一〇〇）、三綵幡が本殿を出て、虚に乗じて飛揚したので、その正体を調べてみると応神天皇の神霊であった、という記述があり、これは匡房の権帥在任中のことである。こうした点から、『大宰府・太宰府天満宮史料』巻六は、康和二年是歳条に「大宰権帥大江匡房、筥崎宮記を作る。」という綱文を掲げ、その成立を康和二年に比定している。

さて、この「筥崎宮記」によれば、筥崎宮は八幡大菩薩の別宮であり、この地に戒・定・恵の三箱を埋めたことから、

「筥崎」と称したとある。これは、先に引いた「筥崎宮縁起」にも

昔我天下国土乎鎮護世利時、戒定恵之筥乎、彼松原乃地仁所埋置、仍其内名乎波筥崎号奈利

とみえ、箱崎という地名の起源を示しており、かつ、この地名が筥崎宮の創建と深い関わりをもつものであったことも示しているといえよう。

さらに匡房は、この場所の地勢について、北は大海に臨み、西は遠く離れた外国に向かうといい、異国の来寇を防ぐためにここにあって、宮中には常に潮汐の音が満ちており、さらに周辺には青松のみがあると記している。この松原がひろがるという風景は、先の源重之の和歌にも通じるところがあり、やはり箱崎という地名が筥崎宮とわかちがたく結びついていることを窺わせる。また佐藤氏によれば、この筥崎宮創建に始まるI期（十〜十一世紀前半）における箱崎遺跡は、筥崎宮南東部の南北三〇〇メートル、東西一〇〇メートルの範囲に分布、越州窯青磁、石帯、瓦などが出土しており、官衙あるいは官人居住域という性格とみられるという〔佐藤一郎 二〇一三〕。このことは「筥崎宮縁起」に、大宰少弐藤原真材がその造立にあたったと記されていることとともに、筥崎宮が大宰府との深い関わりのなかで創建されたことを物語るといえよう。さらに、平成二十六年（二〇一四）に実施された箱崎遺跡第七一次調査は注目すべきものであった。筥崎宮から北側へ約三〇〇メートルの地点で、梵鐘鋳造遺構が確認されたのである。出土した竜頭・撞座の鋳型、土器などから、十世紀代の遺構と推測されている。すでにみたように「筥崎宮縁起」によれば、その創建は延長元年（九二三）と伝えられるから、時期的にこれに近い遺構とみられるのである。また、筥崎宮に近接した位置にあることから筥崎宮、またはその神宮寺に供給された梵鐘を鋳造した可能性が高いとされる。さらに、調査地点周辺から、大宰府出土のものと同じ文様をもつ瓦が出土していることから、ここでも筥崎宮と大宰府官人との結びつきの強さが確認できるというのである〔福岡市教育委員会 二〇一八〕。

ところで、『後拾遺往生伝』上に収められる上人安尊伝には次のようにみえる。

上人安尊者、筑前内山住僧也。雖レ有二行業一不レ被レ知レ人。読誦秘二音声一鈴無レ聴。昼謬好二博奕狂乱之戯一、夜竊成二坐禅経行之勤一。如無レ智者似二無行人一。然而可レ憐者必憐可レ救者必救。人皆異レ之呼曰二安尊如来一。齢及二暮年一相謂曰、久積二行業一偏期二往生一。而当山者魔縁相競臨終有レ疑。忽辞二山中之草菴一已占二筥崎之松窓一。其

後専修二六時之行法一更無二一時之休息一。此時始顕二秘密之行一誠知二堅固之勤一。至二臨終日一沐浴浄潔屈二請衆僧徒一勤二修念仏一自持二香炉一行道合殺起居軽利無レ有二病気一。合殺事終唱二弥陀讃一。其声異レ常其心不レ乱。讃頌之間奄以気断見聞之人莫レ不二驚歎一。推二其年紀一予当二応徳寛治之暦一矣。

これによると、安尊は筑前国内山寺の住僧であった。この内山寺は、有智山寺、あるいは竈門山寺とも呼ばれる、竈門神社の神宮寺である。安尊は、修行を積んでいるが、人には知られず、昼はあざむいて、「博奕狂乱之戯」を好み、夜、ひそかに「坐禅経行之勤」をなすという異色の僧であった。晩年に至って、竈門山は「魔縁、相競い、臨終に疑いあり」として、山中の草菴を離れて、「筥崎之松窓」に遷ったと記されている。応徳・寛治年間頃（一〇八四～一〇九四）のことという。

ここで注目すべきは、安尊が「臨終に疑いあり」として、竈門山・内山寺を去ったのち、臨終の場として「筥崎之松窓」を選んだ、という点であろう。その後のこととして、「専らに六時の行法を修し、さらに一時の休息もなし。この時始めて秘密の行を顕し、誠に堅固の勤めを知る」とあるのは、箱崎における修行のさまを記したものとみるべきであろう。これは、筥崎宮の創建、神宮寺の併置などをふまえた箱崎という地の、宗教的空間としての位置づけを示したものといえるのではなかろうか。

二、古代の箱崎と大宰府
——対外関係を中心に

（一）古代対外関係史と大宰府

私見によれば、大宰府は「日本律令国家における対外的機能、軍事的機能の一端を担い、かつ西海道を統轄（管内支配機能）した、最大の地方官衙」と定義できると思う。すなわち、大宰府の役割としては、対外的機能、軍事的機能、および管内支配機能の三つがあったということである。

その対外的機能の一端は、養老職員令69大宰府条に定められた「蕃客」（外国使節に対する管理・監督）、「帰化」（帰化志願者に対する管理・監督）、「饗讌」（外国使節に対する饗宴）という大宰帥に課せられた職務にみることができる。また、軍事的機能は、天智天皇二年（六六三）の白村江敗戦後に筑紫大宰に付与されたもので、それは水城の築造とその管理、大野城・基肄城の築城とその管理、烽の設置とその管理、および防人の管理であったと考えられる。いまひとつの管内支配機能は、西海道（九国三島、のち九国二島）を統轄する役割であり、その内実を推し量る指標として、財政、人事、公文勘会などがあげられている。この管内支配機能については、令文には明確な規定は存在しないが、歴史的に付与されてきた機能を、明文化せずにそのまま継承したものとされる〔八木充一九八四〕。また、この三者のうち、もっとも重視されたのは対外的機能と考えられ、軍事的機能も含めて、こうした機能を遂行するために、管内支配機能が付与されたものとみられる。

大宰府の対外的機能のうち、「蕃客」「饗讌」については、おもに新羅からの国家使節（新羅使）に対して行われた。しかし、新羅使の来航は、奈良時代末に途絶してしまう。その後、大宰府はもうひとつの「帰化」という職務を準用しつつ、新羅や唐・宋との交易に大きな役割を担っていくことになるのである。

平安時代における日本の対外関係史研究は、ここ二十年ほどの間に大きく進展したといえる。それまで定説とされていた学説の徹底的な再検証が行われ、個々の事象に対する実証的な研究も飛躍的に進んだのである。そのひとつに大宰府を舞台とする対外交易の問題も含まれていた。そこでここでは、箱崎、筥崎宮と大宰府との関係について、対外交易を軸としながら検討してみたい。

十世紀以降における日本の対外関係史研究、特に対外交易の面で通説的な位置を占めてきたのは森克己氏の研究である。森氏はその展開過程を次のように想定されている〔森克己一九八五〕。

（1）寛平・延喜年間、中央政府により海外往来禁止（渡海禁制）や外国商船の来航制限（年紀制）などの対外貿易統制が行われた。これは対外交易に対する「極めて消極的なる方針であった」と評価される。

（2）こうした事態に対して、やがて商客等の中央政府との公的貿易忌避、また貴族たちの遠物愛好や官吏の不正行為などをおもな要因として、中央政府の管理をのがれた「密貿易」という形態が現れる。

（3）さらに十一世紀には、この密貿易は「荘園内密貿易」へと発展していく。この形態は、「貴族階級及び社寺が、その熾烈なる遠物愛好の物質的欲求の命ずるがままに、政府の管理下を離脱し、自己の荘園地内に於て、政府の干渉を避け、私的貿易を開始したこと」を意味するもの、とされる。

森氏は、このように整理したうえで、荘園がこうした貿易に進出する過程において、九州に外国商船の寄泊港が発生した、と述べて、その実例として、博多津、筥崎八幡宮領、宗像神社領、大山寺領、観世音寺領、安楽寺領を取り上げて検討しており、ここに「荘園内密貿易」の寄泊港のひとつとして筥崎八幡宮領があげられている。しかし、この森氏の見解について、山内晋次氏は、森氏が「荘園内密貿易」の論証材料とされた十・十一世紀の史料を逐一再検討して、これが成立し難いこと、したがって少なくとも十二世紀前半まで国家による貿易管理が行われていたことを明らかにされたのである〔山内晋次二〇〇三〕。

(二) 対外交易と箱崎

ここで、筥崎八幡宮領に関してふれておくと、森氏が十世紀における論証材料としてあげられたのは、『権記』長保元年(九九九)七月二十日条にみえる次の記事である。

八幡宮申㆘仁聡貢㆓献於彼宮物㆒使修行僧捕搦之由㆖文、奉㆓左府㆒。

森氏は、著書にはこの史料を掲げておられないが、「一体筥崎八幡宮は古くより石清水八幡宮と本末関係を結び、対外関係上の重要地帯に存在し、夙くより貿易市場に進出したらしいことは、長保元年七月宋商朱仁聡が石清水八幡宮に対して、献納品を進めていることからも推察される。」と述べ、それに付した割注にこの条を記されている(ただし、十九日条とあるのは誤り)。しかし山内氏の指摘のとおり、この記事からは筥崎宮の関わりや、その海外交易への関与をうかがうことはできない。またこの記事は石清水八幡宮が、朱仁聡が同宮への貢献物の使であった修行僧を捕搦したことを申文によって言上し、藤原行成がその申文を左大臣藤原道長へ進めた、と解され、朱仁聡が石清水八幡宮に貢献物を進めた、という点も確実であるとはいえないのではなかろうか。いずれにしても、宗像神社領など、その他の事例をあわせ考えても、山内氏の「荘園内密貿易」の存在を疑問視する見解は首肯できる。

また、『今昔物語集』巻二六に収められた「鎮西貞重従者、於淀買得玉語第十六」(新古典文学大系『今昔物語』五、六六頁〜)は、次のような書き出しで始まる。

今昔、鎮西ノ筑前ノ国、□ノ貞重ト云、勢徳ノ者有ケリ。字ヲバ京大夫トゾ云ケル。近来有ル筥崎ノ大夫則重ガ祖父也。

其貞重ガ、□ノ輔ノ任畢テ上ケルニ、送リニ京上ストテ、宇治殿ニ参ラセム料、亦、私ニ知タル人ニモ志サント、唐人ノ物ヲ六七千疋計借テケリ。其質ニ、貞重、吉キ大刀十腰ヲゾ置タリケル。(後略)

これによれば、貞重は権勢も財力もある人物で、字を「京大夫」と称し、「筥崎大夫」則重の祖父であったという。「京大夫」という字といい、任をおえた官人を送るついでの京上に際して、宇治殿(藤原頼通)への献上物を準備したことといい、京との深いつながりをもっていたことが窺える。『小右記』寛弘二年(一〇〇五)四月七日条に

(前略)前筑前守高規朝臣申二上大弐許一之書状云、帥去月十五日申時薨。貫首座定(秦歟)重宅者。宇佐宮降レ誅歟、最可レ畏。(後略)

また『御堂関白記』寛弘六年(一〇〇九)九月十九日条に

庚午、従レ内罷出、有二聴政一云々。遣二大宰一請印官符、藤原憲道・同保相・秦定重・散位平政和等召符、又止二大弐理務一符、又文信愁状内廿箇(条カ)事定符等也。此間可レ行二小(少)弐永道府政一者、

という記事がある。これらをあわせ考えると、貞重は、秦定重と同一人物と考えられ、筥崎宮の神官であり、かついわゆる「府官」[2]のひとりであったとみられる。

『今昔物語集』において、いまひとつ注目すべき点は、貞重が藤原頼通への献上物や都にいる個人的な知り合いへの贈り物として、唐人(宋人)より、唐物を銭にして六、七〇〇〇疋分も借りていることであろう。ここからは、貞重と宋商人との親密な関係がみてとれる。貞重は、筥崎宮の神官でもあったとみられるが、先の山内氏の見解に従えば、こうした関係は府官という立場でのものであったといえるのではないか。『小右記』の記事に、前大宰帥平惟仲が「定重宅」で薨じた、とあるのは、貞重と大宰府官長との関わりの深さを象徴しているといえるのである。

一方、林文理氏は、十一世紀半ばの鴻臚館廃絶以降[3]における日宋貿易の形態について

(1)荘園内貿易・密貿易説(森克己氏)
(2)住蕃貿易説(亀井明徳氏)
(3)大宰府管理貿易の継続説(山内晋次説)

の三説に整理されたうえで、当該期の貿易形態を荘園公領制に対応した「博多における権門貿易」と捉えるのが相応しい、という見解を示された。そして、先の山内氏の見解に対しては、

また山内氏のように、一見大宰府の貿易管理が継続していたようにもみえるが、本質的には日宋貿易は大宰府の府官層をも巻き込んだ私貿易(民間貿易)の形態をとり、単独ないし複数の権門勢家による貿易が行われていたと考えておきたい。博多は大宰府管理下の国家的港から諸権門の共同港湾へと性格を変えながら、対外交易港としての地位を一貫して維持していたといえる。

と述べられている〔林文理 一九九八〕。

こうしたあり方を端的に示す事象のひとつと考えられるの

が、いわゆる「筥崎博多大追捕」であろう。すなわち、文治二年（一一八六）八月十五日付中原師尚勘文案（「宮寺縁事抄筥崎」、『鎌倉遺文』一―一五七）には、次のような記載がみえる。

□（中原師）尚勘状　筥崎宮造営事

八幡筥崎宮検校法眼道清言上

　任二大宰府実検文一調二進神宝一可レ令レ勤二行御願仏神事一例事

（中略）

仁平元年九月廿三日庚申、於二官庭一対二問大宰府目代宗頼・大監種平・季実・筥崎宮柱（権カ）大宮司経友・兼仲等一。是彼宗頼以二検非違所別当安清・同執行大監種平・季実等一為二使張本一、引二率五百余騎軍兵一、押二混筥崎・博多一、行二大追補（捕）一。始レ自二宋人王昇後家一、運二取千六百家資財雑物一、乱二入当宮一、打二開大神殿若宮殿宝蔵等一、令レ押二取新造御正体神宝物一之間、死穢出来。六月晦祓、七月七日御節供、次第神事闕怠。八月御放生会、汚穢神殿不二造改一者、於二何所一可二勤仕一哉。且被レ下二宣旨於宰府一、令レ造二替汚穢神殿等一、勤二行恒例神事一、且召二上濫行并与力輩一、任レ法可レ被レ行二罪科一之由、筥崎宮神官言上。仍被レ対二問両方一也。

（中略）

右文簿所レ住（注）、粗以勘録。如二大宰府実検文一者、軍兵等乱二入彼宮一、拝殿廻廊射二立箭一、神人供僧被二刃傷一。打二破神殿宝蔵一、捜二取神宝仏供一。追二補（捕）神官所司之住宅一、運二取店（唐）坊在家之資財一云々。仁平之例已足非拠（ママ）。

（中略）

文治二年八月十五日

　主税頭兼大外記中原朝臣師尚勘申

仁平元年（一一五一）九月二十三日、大宰府官廷において、大宰府・筥崎宮双方の関係者に対問が行われた。召喚されたのは大宰府目代宗頼、大監種平・季実、および筥崎宮権大宮司経友・兼仲であった。この勘文によれば、事件の概要は次のようなものであった。

目代宗頼は検非違所別当安清、同執行大監種平・季実らに、五〇〇余騎の軍兵を率いて筥崎・博多に押し込み大追捕を行わせた。宋人王昇後家をはじめ、一六〇〇家もの資財・雑物を運び取り、さらには筥崎宮に乱入し、大神殿・若宮・宝蔵などを打ち開いて、新造のご神体、神宝物などを押し取ったのである。この大追捕の原因としては、大宰府と筥崎宮との日宋貿易における利権争いがあったと推測することができよう（林文理 二〇一八）。ここにみえる宋人王昇が、筥崎宮の日宋貿易に関与していたかどうかは明らかではないが、鎌倉時代には神人などとして、筥崎宮に所属する宋商人がいたことからすれば〔川添昭二一九八八〕、その可能性も考えられよう。また、大追捕の対象となった場所を「筥崎・博多」としていることは、この記事が『宮寺縁事抄』筥崎宮造営に引かれていることを考慮に入れたとしても、重要といわねばならない。『平家物語』巻八に「箱崎の津」がみえることもあわせ考えれば、日宋貿易の拠点としての箱崎のあり方を示したものといえよう。

さらに、この記事は、「唐坊」に関わるものとしても注目されている。渡邊誠氏は、この対問を記した大宰府実検文の取意文に「神官・所司の住宅を追捕し、店坊・在家の資財を運び取る、と云々」とあるが、ここにみえる「店坊」は「唐坊」と読むべきとして、この記事をいわゆる「唐坊」に関する史料のひとつとしたのである〔渡邊誠二〇一二〕。この唐坊も、箱崎・博多のいずれに所在したものかは明らかではないが、それが箱崎にも展開していたとの推測は充分に可能であろう。

むすびにかえて

以上、二節にわたって古代箱崎の歴史を繙いてきた。冒頭にもふれたように、本稿においては、箱崎の宗教的空間としてのあり方、また対外交易の場としてのあり方に注目しつつ、論じてみたのである。ただし、ことに対外交易に関する近年における研究の蓄積はきわめて厚く、ふれるべくしてふれることのできなかった論考も数多い。諸賢のご海容を乞う次第である。

注

(1) ハコザキの表記は、筥崎宮という宮の名には「筥崎」、地名などは「箱崎」と記すのが原則らしいが、実際は混用されているという(日本歴史地名大系『福岡県の地名』平凡社、二〇〇四年、「箱崎」の項)。ここでは、筥崎宮については「筥崎」とし、その他については、史料表記に従う場合を除いて、「箱崎」の表記を用いることとする。

(2) 神官とは、本来、大宰府官人の総称であったが、十世紀末～十一世紀初頭には、大宰府官人のうちの監(第三等官)・典(第四等官)、および監代、典代などの下級官人層を指す語となったと推測される。

(3) 福岡市による鴻臚館跡の発掘調査の結果、その存続時期は十一世紀半ばまでと考えられるようになった。文献史料でいえば、『扶桑略記』永承二年(一〇四七)十一月十九日条に「大宰府捕㆓進大宋国商客宿房放火犯人四人㆒。依㆓宣旨㆒禁獄。」とあり、ここにみえる「大宋国商客宿房」が鴻臚館を指しており、この時放火されてそのまま廃絶したのではないか、とみられている。

参考文献

川添昭二 一九八八「鎌倉初期の対外関係と博多」（箭内健次編『鎖国日本と国際交流』上巻、吉川弘文館）

佐藤一郎 二〇一三「箱崎遺跡――古代末から中世にかけて」（福岡市史編集委員会編『新修 福岡市史』特別編 自然と遺跡からみた福岡の歴史 第Ⅲ部第6章、福岡市）。

林文理 一九九八「博多綱首の歴史的位置――博多における権門貿易」（大阪大学文学部日本史研究室編『古代中世の社会と国家』清文堂）

林文理 二〇一八「国際交流都市博多――「博多津唐房」再考」（木村茂光・湯浅治久編『旅と移動――人流と物流の諸相』〈生活と文化の歴史学10〉、竹林舎）

福岡市教育委員会 二〇一八『箱崎53――箱崎遺跡第71次調査報告』（福岡市埋蔵文化財調査報告書第一三四三集）

森克己 一九八五『新訂 日宋貿易の研究』国書刊行会

八木充 一九八四「那津官家と筑紫大宰」古都大宰府を守る会編『大宰府の歴史』一（西日本新聞社）

山内晋次 二〇〇三『奈良平安期の日本とアジア』吉川弘文館

渡邊誠 二〇一二『平安時代貿易管理制度の研究』思文閣出版

中世の箱崎と東アジア

伊藤幸司

十世紀前半の筥崎宮の誕生によって形成された都市箱崎は、博多湾岸の港町の一つとして、中世日本最大の国際貿易港博多の貿易機能を補完する重要な存在であった。都市博多の海商たちは筥崎宮と密接な関係をもちつつ、アジアとの貿易活動を展開していたため、箱崎には異国の人やモノなどがあふれていた。

一、博多湾のなかの箱崎

箱崎は、博多湾と多々良川河口の多々良潟とに挟まれて形成された細長い砂州上に誕生した都市である。都市箱崎において、その中核となっていたのが筥崎宮であり、箱崎は筥崎宮の誕生を画期として発展していったと考えられる。筥崎宮は、十世紀前半に筑前国穂波郡の大分宮《だいぶ》を遷座して創建されたといわれている。延長五年（九二七）の『延喜式』巻一〇の神名帳に「那珂郡（筑前国）　八幡大菩薩筥崎宮一座　明神大」との記載があることから、少なくともこれ以前には存在していたことがわかる。筥崎宮の遷座は、石清水八幡宮―宇佐弥勒寺と大宰府官人の動きによって実現した。その背景には、大宰府官人の大陸貿易への志向があったとされているが、それ以上に重要なのは、当時の日本社会のなかに新羅来寇への危機感があり、それを祈攘する「異賊降伏」の側面もあったことである（川添　一九八一・六二頁）。

中世の箱崎津の場所は、博多湾岸沿いにあった箱崎松原のほうではなく、その反対側にあたる多々良川河口の湾入部に

いとう・こうじ――九州大学大学院比較社会文化研究院准教授。専門は東アジア交流史、日本中世史。主な著書に、『中世日本の外交と禅宗』（吉川弘文館、二〇〇二年）、『東アジア海域叢書11　寧波と博多』（共編著、汲古書院、二〇一三年）、『日明関係史研究入門』（共編著、勉誠出版、二〇一五年）、『寺内正毅と帝国日本』（共編著、勉誠出版、二〇一五年）などがある。

存在していたと考えられている〔柳田 一九八四〕。近年の発掘成果を踏まえた考古学的見地によれば、筥崎宮東側の宇美川に面したところに港があったと考えられている〔榎本 二〇〇八〕〔佐藤 二〇一三〕〔中尾 二〇一八〕。この場所は、中世段階では多々良川河口が大きく湾入したところにあたり、従来から考えられていた箱崎津の推定地と一致する（図1・2）。箱崎津は、中世日本最大の国際貿易港博多を支える博多湾の港町であった。十一世紀中葉以降、貿易の場が鴻臚館から博多津に移り、博多津には唐房（唐坊）とよばれる宋人居留地が形成されていく。博多津唐房の宋海商は博多綱首とよばれ、日宋貿易を主導的ににになうなかで、硫黄、銅、材木、砂金などの日本産物を輸出し、多くの大陸文物を移入した。ただし、国際貿易港博多は、博多津唐房のある都市博多のみで成り立っていたわけではない。国際貿易港博多の機能・ポテンシャルは、都市博多の市場規模・資本力・人材力などを中心としつつも、博多湾に点在する志賀島、香椎、箱崎、姪浜、能古島、今津、北崎などの港町と相互に補完

図1　手前が宇美川、左側で多々良川と合流している。2つの川に挟まれた地域はかつての多々良潟。

図2　現在の多々良川河口。左から流れこむのが多々良川、真ん中右寄りから流れこむのが宇美川。二つの川に挟まれた中洲の町並みは、中世期ではすべて多々良潟であった。

関係を形成することで展開されていたからである。箱崎にも、国内外から博多湾に集積される大量の貿易物資を保管する施設があった。また、後述するように、筥崎宮に対しては、多様な海商がさまざまな形態で関係を形成しており、都市箱崎の経済力に寄与していたと思われる。中世の箱崎は、博多湾における港町のなかにおいて、都市博多に次ぐ存在感があったと考えられる〔伊藤二〇一八〕。

二、筥崎宮の支配をめぐって

『今昔物語集』巻二六では、都の人も驚くような莫大な富を得ていた筥崎大宮司・秦定重の姿が記されている。しかも、大宰帥平惟仲は大宰府の貫首（集団のなかでの最上首の意）であった秦定重の邸宅で死去していることから、大宰府と秦氏との親密な関係もうかがうことができる。秦定重の孫にあたる則重は、筥崎宮の神官でありながら、大宰大監ともなっていた〔太宰府市史編集委員会二〇〇三・八三七~八四四頁〕。秦氏は、博多湾の港町である箱崎の筥崎宮を拠点としつつ、大宰府の府官として、日宋貿易に関わっていたと推測されている。

保延六年（一一四〇）、筥崎宮・香椎宮および大宰府の大山《だいせん》寺《じ》の大衆・神人《じにん》が、大宰府を焼き打ちした事件（『百練抄』保延六年六月二十日条）を契機として、筥崎宮や香椎宮は一時的に大宰府の支配下に入った。この時期、仁平元年（一一五一）には、大宰府検非違所が五百余騎の軍兵を率いて、宋人王昇後家以下一六〇〇家の資財雑物を運び取り、筥崎宮に乱入するという筥崎・博多大追捕がおこっている（「宮寺縁事抄」）。これは、追捕側に筥崎宮権大宮司経友・兼仲がいることから、日宋貿易をめぐる筥崎宮内の主導権争いに大宰府が関与したのではないかとされている〔川添一九八一・六四頁〕。また、博多津唐房にいたと思われる宋人王昇後家とともに箱崎・筥崎宮がセットで追捕されていることからも、箱崎・筥

図3　筥崎宮

崎宮（図3）が博多津唐房の宋海商と関係が深かったことをうかがわせている〔石井 一九八八〕。

筥崎・博多大追捕を記す「宮寺縁事抄」筥崎造営事・文治二年八月十五日付け中原師尚勘状では、大追捕を「宋人王昇後家より始めて、千六百家の資財雑物を運び取り」筥崎宮に乱入した、あるいは筥崎宮に乱入し「唐坊在家の資材を運び取る」と記載している。ここに登場する「唐坊」を箱崎にあったとする説がある〔服部 二〇一三〕。ただし、大追捕は箱崎と博多を対象としたものであり、一六〇〇家の「在家」に「唐坊」たる「宋人王昇後家」が含まれることを考慮すれば〔渡邊二〇一二・二八六頁〕、唐坊は博多津唐房と考えても問題ないように思われる。近世期、貝原益軒が『筑前国続風土記』のなかで箱崎に大唐街とよばれる唐人町があったと記して以降、大唐街は箱崎にあったとする認識が広まった。しかし、大唐街が箱崎にあったとする解釈は、貝原益軒が中国側史料を誤読したものであり、大唐街（いわゆる唐房）は博多にあったと指摘されている〔佐伯 一九八八〕。ただし、箱崎に唐坊がなかったからといって、箱崎には宋人がいなかったということにはならない。おそらく、箱崎にも宋人はいたであろうが、博多津唐房のような宋人居留地を形成するほどではなかったと理解するのが妥当ではないかと思われる。

ところで、その後、大宰府の支配から摂関家領を経て、実質的に平氏の管理下おかれていたと思われる筥崎宮の周辺では、栄西が、後に筥崎大宮司の秦氏の氏寺・今山妙徳寺となる筥崎今山別所に貿易経営の拠点を構えて、重源が推進する南宋の阿育王山の舎利殿建立事業の材木輸出に関わったとされる〔渡邊 二〇一〇・二〇〜二一頁〕。栄西にとって箱崎の地は、都市博多の宋海商との結びつきを確保できる絶好の場であったといえる。しかし、文治元年（一一八五）に筥崎宮は石清水八幡宮に返付された。栄西は、文治三年（一一八七）に二度目の入宋を果たし、建久二年（一一九一）に天童山千仏閣の修造事業を請け負って帰国するが、箱崎の良弁という僧侶との対立もあり、箱崎の地を離れ、貿易経営の拠点を石清水八幡宮の影響のない香椎に設けた〔渡邊 二〇一〇・二一〜二二頁〕。

三、筥崎宮に帰属する博多綱首

日宋貿易の実態は、中国大陸の江南地域と博多とを結ぶ博多綱首と、輸入された唐物を日本各地に輸送・販売、あるいは輸出する日本産物を博多へ集積する有力寺社の神人や寄人《よりうど》のような交易集団との、連携や分業体制によって展開しており、その両者を統括・調整していたのが中央の権門勢家と博多周辺の寺社などの現地勢力であったとされる〔林 一九九八〕〔渡邊二〇一二・第九章〕。宋人と日本人との間で貿易物資の委託取引をうかがわせる史料もあり、日宋貿易とは委託取引の連鎖で成立していた可能性が高いとされている〔榎本二〇〇六・第五章〕。博多周辺の有力寺社の一つであり、日宋貿易との関わりもあった筥崎宮は、博多津唐房を拠点にして日宋貿易を主導していた博多綱首たちからすれば、輸入した唐物を国内流通へ乗せるためにも、密接な関係を構築するメリットがあった。そのため、博多綱首のなかには筥崎宮の神人として帰属関係を結ぶものがいた。

博多綱首が筥崎宮の神人として登場するのは、文治元年（一一八五）に筥崎宮が石清水八幡宮に返付されて以降であり、史料からは張光安、謝国明、張興、張英らの名前が確認できる。このうち張光安は、「八幡神人」とよばれる一方、「大山寺神人」「大山寄人」ともよばれた海商である。大山寺は、八幡別宮とされる大宰府の竈門宮の神宮寺で、有智山《うちやま》寺あるいは内山寺ともよばれた。当初、石清水八幡宮の強い影響下にあったが、長治二年（一一〇五）以降は比叡山延暦寺の支配下となり、博多綱首と連携して「大山船」とよばれる貿易船を派遣していた〔渡邊二〇一二・第九章〕。また、謝国明も筥崎宮に帰属しつつ、宗像社領小呂島《おろのしま》の給主として得分権（地頭職か）をもち社役を勤仕する関係をもっていた〔川添一九八七〕。博多綱首は、複数の有力寺社に帰属することによって、日本国内の多様なネットワークへの接触を図っていたことがわかる。一方、正応二年（一二八九）の「筥崎宮造営材木目録」（「石清水文書」五四号、『新修福岡市史』資料編②、以下同）によれば、犬防といわれた筥崎宮大神殿の玉垣は博多近隣の堅糟《かたかす》西崎の所役で維持されていたが、その領主は「御分通事」よばれた博多綱首張興と、鳥飼二郎船頭という日本名をもった博多綱首張英であった。張英のように日本名をもつ宋海商はいたようで、「筑前国薄（博）多津唐房大山船龔三郎船頭房」（永久四年「両巻疏知礼記奥書」）とよばれる大山寺ゆかりの博多綱首龔三郎や、宋朝生まれの陳七太（後述）などがいたほか、謝国明も太郎を名乗り（『聖一国師年譜』天福元年条）、日本人と思われる女性と結婚して息子もいた（「毛利家蔵手鑑文書」「宗像大社文書」）。

筥崎宮には、建保四年（一二一六）のときには、宋人の献上した二部の唐本一切経があったという（「石清水文書」四号）。同六年（一二一八）には、筥崎宮から貢祖を免除された田地二六町を与えられた宋人がおり、その対価として宋人は筥崎宮に唐鞍・唐絹等の唐物を上納する義務を負っていた（『鎌倉遺文』二五三三号）〔川添一九八一・六四頁〕。現在でも筥崎宮

図4　恵光院門前にある層塔

図5　恵光院の南宋仏
（〔福岡市博物館 2014〕
より転載）

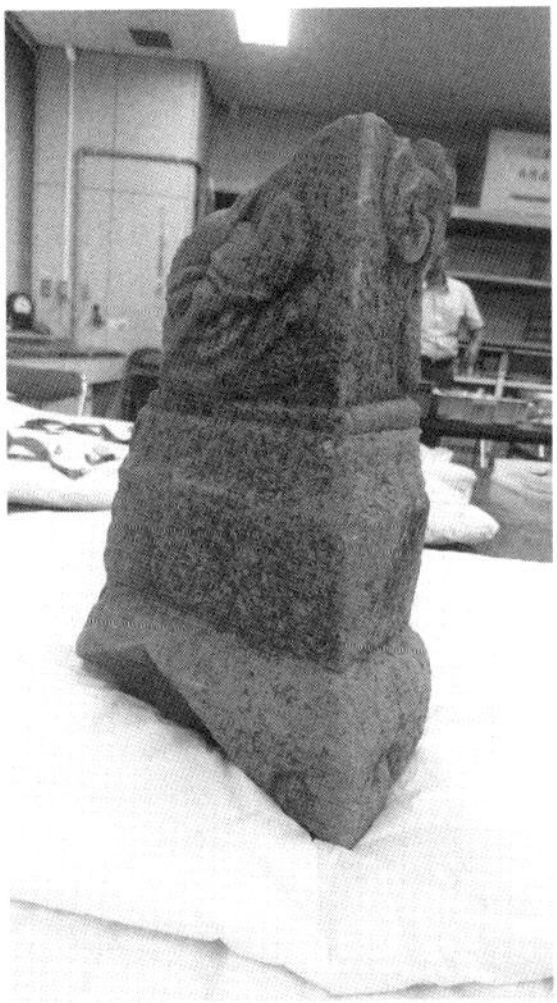

図6　筥崎宮近辺で発掘された
薩摩塔（福岡市蔵）

の周辺には、宋海商ゆかりの大陸文物と思われる層塔や南宋仏が恵光院（神仏習合時代の筥崎宮の仏物を引き継ぐ）に伝わり、さらには薩摩塔の一部も発掘調査で発見されるなど、筥崎宮が博多綱首を糾合する存在であったことをうかがわせている（図4・5・6）。

四、張光安殺害事件

建保五年（一二一七）、大宰府から派遣された使者が、筥崎宮社家雑掌とともに、海商秀安から免物や運上物として唐物を収取・差し押さえしようとしたところ、秀安は神埼庄留守と結託して、これを拒否しようとした。これに対して、翌年、筥崎宮が両者を捕らえて処罰するように訴えた。同年九月には、筥崎宮留守行遍とその子息光助らが博多津において大山寺神人博多船頭張光安を殺害したため、大山寺の本寺である延暦寺衆徒が朝廷に嗷訴するという事件が発生した。延暦寺は、石清水八幡宮の権別当兼筥崎宮検校である宗清（行遍はその代官）の引き渡しと、「墓所の法理」にもとづいて張光安殺害の地である博多津と、筥崎宮の延暦寺領化を主張した（『太宰府・太宰府天満宮史料』建保六年九月二十一日条、是歳条）。情況からすれば、秀安と張光安とは同一人物、あるいは秀安は光安の関係者と推測されている（佐伯 一九八八）（渡邊 二〇一二・第九・十章〕。結局、朝廷は殺害の下手人を禁獄することで両者の争いに決着をつけた。翌年には、神埼庄の庄官が張光安の死所である博多管内とその所領を神埼庄のものとするよう訴えたが、朝廷の対応は不明である。

いずれにしても、張光安は八幡神人でありながら、この事件では大山寺神人として筥崎宮側によって殺害されている。張光安は、博多綱首として筥崎宮・大宰府・大山寺・神埼庄と各々取引する関係にあったが、その過程で発生したトラブルによって取引関係者から殺害されたことになる。そして、それが大山寺の本寺である比叡山延暦寺と、筥崎宮の支配者である石清水八幡宮とのトラブルに発展したのである。

五、筥崎宮と承天寺

筥崎宮と密接な博多綱首としては、鎌倉中期に活躍した謝国明がもっともよく知られている。謝国明は、社役を奉仕するなど筥崎宮とは帰属関係にあった。円爾を開山として博多に承天寺《じょうてんじ》を開創する際、謝国明は筥崎宮領であった野間・高宮・原村（平原《ひらばる》か）を購入し、承天寺へ寄進することで新寺の経済的基盤を確立した。毎年正月十一日、承天寺とその末寺の僧侶たちが筥崎宮に参拝するという、筥崎《はこざき》諷《ふ》誦《ぎん》（聖一国師賽式）（図7・8・9）が現在でも継続しておこなわれている。その理由は、南宋からの帰途、海難に遭遇した円爾が、筥崎宮の加護で救われたことに対するお礼参りということになっている〔筑紫 一九三二〕。八幡神を航海神として崇敬した入宋僧・入元僧たちにとって、筥崎宮は航海安全を祈念する神であった。ただし、実際は、承天寺が創建時に筥崎宮領を寄進してもらったことに対するお礼参りの可能性もある〔川添 一九八七〕。そもそも、承天寺が創建された都市博多の東端という場所は、筥崎宮の影響力が大きく及ぶ地域であった。都市博多の東側（石堂口）と東南側（辻堂口）は、筥崎宮が所領として掌握していたからである。博多の町の一部をかすめる形で社領那珂西郷を領有していた筥崎宮は、博多の東南・東の出入口という要衝を支配していたことになる。このありようは戦国期に弱体化するが、博多の都市民の筥崎宮に対する信仰は産土神《うぶすながみ》として、その後も継続した〔佐伯 二〇一二〕。

また、筥崎宮に帰属していた博多綱首張英（鳥飼二郎船頭）ゆかりの鳥飼は筥崎宮領であり、近隣には円爾が開山し、承天寺の末寺となっている海蔵寺がある（『筑前国続風土記附録』）。箱崎、博多の事例とおなじく、博多湾岸における筥崎宮と承天寺の密接さを物語るものといえよう。

承天寺は開創以来、隣接する聖福寺や、息浜《おきのはま》の妙楽寺とともに、中世末期まで博多における国際貿易の拠点として君臨した〔伊藤 二〇〇二a〕。博多湾の主要な港町には承天寺の末寺が存在し、港湾機能の一部をになっていたように、都市博多を中心とする博多湾の承天寺ネットワークが、承天寺の対外的機能の一端を支えていたのである〔伊藤 二〇〇二b〕。

六、蒙古襲来と箱崎

箱崎津は、水軍などの軍事的な拠点として存在していた〔佐伯 二〇〇一〕。文永の役に際して、竹崎季長が箱崎津に参集し、箱崎松原のなかを博多に向けて移動する場面から『蒙古襲来絵詞』が始まっているのも、箱崎津の軍事的な性格を

図7　承天寺伽藍

図8　謝国明坐像（承天寺蔵、〔大庭ほか 2008〕77頁より転載）

図9　筥崎諷誦

物語っている。

　文永の役（一二七四）では、モンゴル軍の戦火によって筥崎宮も被災した。その際、筥崎宮の神官等は、ご神体を宇美八幡宮に避難させようとしたが、入れることができずに、「上山極楽寺」に安置した。文永の役では、モンゴル軍の統率が乱れ、矢が尽きたことなどから、すぐに退却し博多湾から姿を消した。しかし、こうした情況に対して『八幡愚童訓』では、筥崎宮から三十人ほどの白装束の人が登場し、矢先を揃えてモンゴル軍を攻撃すると、モンゴル軍は博多湾へ逃れたが、神軍の威徳によって大風で吹き沈められたと語られている。八幡神の神威の喧伝のために作られた『八幡愚童訓』に記されることなので真実とはいえないが（大風雨は実際にあったものの、それがモンゴル軍の撤退理由ではない〔石井二〇〇〇・五六〜五七頁〕）、蒙古襲来という歴史的事実を巧みに利用しようとする筥崎宮の姿をみてとることができる。

　文永の役後、被災した筥崎宮は亀山上皇の理解を得て復興の造営が進められた。亀山上皇は、国家安泰を祈念して、紺紙に金泥で「敵国降伏」と記した宸筆も筥崎宮に寄進している（「宮寺縁事抄」）。現在、筥崎宮の楼門に掲げられる「敵国降伏」の扁額は、筥崎宮に伝えられる宸筆の文字をかたどったものであり、三韓征伐をしたという神功皇后を祀る筥崎宮のシンボル的な光景となっている。また、筥崎宮の境内にある奉安殿には、二十世紀初頭に福岡市の東公園に設置された銅像亀山上皇立像の鋳型を取るために作成された木像（高さ六メートル、重さ約一トン）も安置されている〔國生二〇一一〕。蒙古襲来を契機として語られる、筥崎宮と亀山上皇との密接な関係を示すものといえよう（図10・11・12・13）。

　鎌倉幕府は、文永の役後、博多湾岸に石築地を構築し、九州の御家人に対して本格的に異国警固番役を賦課した。箱崎

図10　「敵国降伏」の扁額を掲げる筥崎宮楼門

図11　筥崎宮奉安殿の亀山上皇木像

図12　筥崎宮に奉納された蒙古碇石

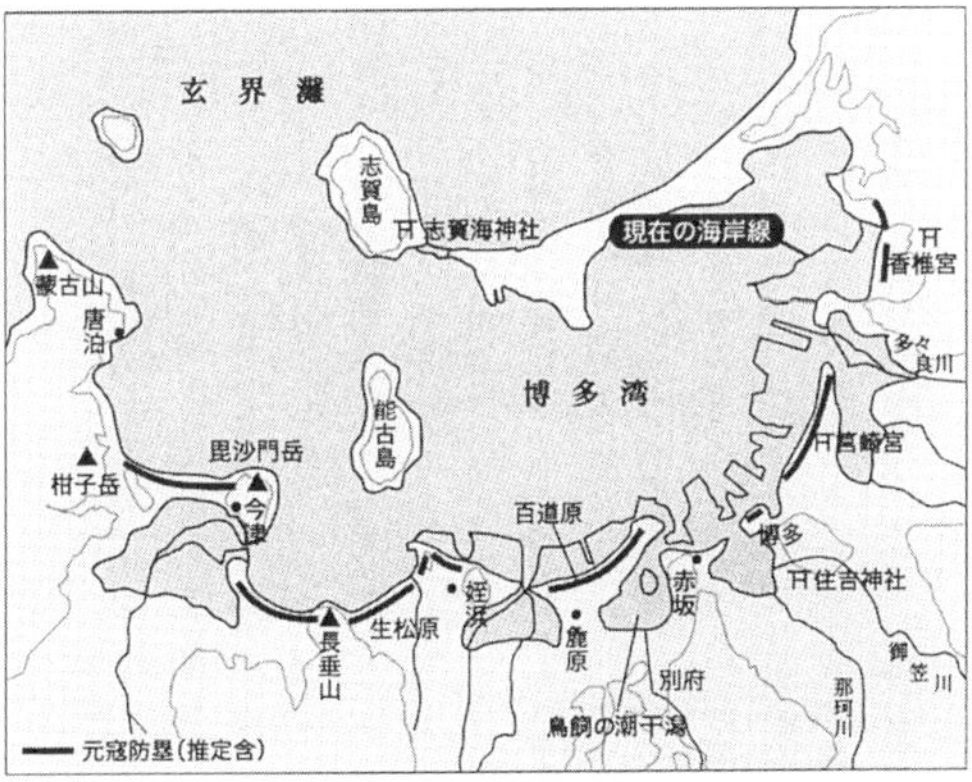

図13　博多湾と元寇防塁（〔堀本2010〕より転載）

地区の石築地は、現在の箱崎松原から地蔵松原沿いに設置されたが、それを築造したのは薩摩国の御家人である。箱崎の石築地は、大正年間に砂州の先端部分にあたる筥松地区で発見された後〔武谷 一九二二〕、平成末期の九州大学箱崎キャンパスの移転にともなう発掘調査でも新たに遺構が発見されている。また、十五世紀に箱崎松原を訪れた宋希璟《ソンヒギョン》の『老松堂日本行録』によれば、「倭人言う、辛巳東征の時、高麗人戦亡の地なり」と記されている。辛巳年＝弘安四年（一二八一）であることから、弘安の役において、箱崎松原の石築地を挟んで日本軍とモンゴル・高麗軍の攻防があったことがわかる。また、箱崎地区の異国警固番役は、嘉元二年（一三〇四）に制度変更があるまでは、石築地と同様、薩摩国の御家人が担当した（「比志島文書」）。異国警固番役は、鎌倉幕府滅亡まで継続されたため、鎌倉後期の箱崎には常に一定数の九州の御家人が滞在していたことになる。

　二度の蒙古襲来後の博多湾における警戒態勢は、異国警固番役のみではなかった。弘安十年（一二八七）、少弐経資は多々良潟に乱杭六本を打ちこむよう指示をしている（「中村令

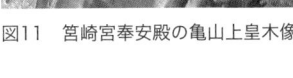

図14　白藤江の木杭
（〔九州国立博物館2013〕より転載）

図15　白藤江河口付近発掘現場
（〔九州国立博物館2013〕より転載）

三郎所蔵文書」）。これは、軍船で博多湾から多々良川へ遡上され、軍事的拠点としての機能がある箱崎津を襲撃されないようにするための防禦策、あるいは多々良川へ侵入したモンゴルの軍船を壊滅させるための仕掛けと考えられる。おそらく箱崎津は、蒙古襲来の際、博多湾から多々良川へ侵入したモンゴルの軍船によって襲撃されたのではなかろうか。少なくとも、多々良川をモンゴルの軍船が遡上する可能性があったからこその対応策であったことは間違いない。

じつは、河川に杭を打ってモンゴル軍を撃退した実例がある。一二八八年、ヴェトナム（大越）の陳朝を襲撃したモンゴル軍は、昇竜（現在のハノイ）を占拠するものの、次第に劣勢に立たされたため、白藤江《バクダンジャン》を下って退却しようとした。ヴェトナム軍は、あらかじめ白藤江を調査し、干潮時に、航行可能な水路が限定される地点を選んで杭を打ちこんでいた。川底に設置された杭は、満潮時には航行の障害とならないが、干潮時には船の往来ができなくなるよう仕掛けられていたのである。白藤江を使って退却するモンゴル軍の船団を、ヴェトナム軍は干潮の時間を計算しながら杭を仕掛けた地点に誘い込んだ。そして、干潮になり、杭に阻まれて航行することができずに立ち往生するモンゴルの軍船をヴェトナム軍が襲撃し、モンゴル軍は壊滅に追いこまれた。現在、白藤江の戦いにおいて、ヴェトナム軍が設置した数本の木杭が発掘調査によって発見されている。木杭は、長さ約二メートル半に及ぶ巨大なものである（九州国立博物館二〇一三）。おそらく、多々良川河口の多々良潟に打ちこまれた乱杭も、おなじようなものであったと考えられる。日本とヴェトナムと地域は違えど、モンゴルという共通の脅威に対して同じような対応策をしている点で非常に興味深い事例といえる（図14・15）。

七、東福寺・承天寺・筥崎宮造営料唐船

一九七六年、韓国全羅南道新安郡の海域で一艘の沈没船が発見された。海底からは、尖った船底と太い竜骨をもつ全長約三〇メートルほどのジャンク船とよばれる木造船とともに、陶磁器一万八六〇〇余点、銅銭約二八トン（約八〇〇万枚）、紫檀木一〇〇〇本余をはじめとする大量の貿易物資が引き揚げられた。沈没船は、積荷に付けられていた木簡などから、至治三年（一三二三）六月頃に中国大陸の慶元府（寧波）を出発して博多に向かっていた日元貿易船であった。蒙古襲来以降、日本と元とは政治的には緊張関係にあったが、海商や僧侶の往来などの経済的・文化的な交流は、数度の途絶期間を挟みながらも続けられていた。

新安沈没船は、元応元年（一三一九）に火災で焼失した京都東福寺の再建の資を求めるために、東福寺と東福寺末寺の博多承天寺、筥崎宮らが参入して仕立てられた東福寺等造営料唐船であった。日元貿易の利潤をもって東福寺を再建するという使命を帯びて、南山士雲が東福寺から承天寺へ下向しており、承天寺が末寺として本寺の再建活動に協力するという構図がみられる。一方、承天寺も元応二年（一三二〇）の博多火災で焼失した可能性があり、承天寺にとってもみずからの再建の資を求める意味合いがあったといえる。また、筥崎宮も延慶三年（一三一〇）の火災で焼失したまま再建が進まないという情況にあったため、関係の深い承天寺が進める貿易船に、筥崎宮の勧進聖教仙が参与した。新安沈没船から引き揚げられた木簡には、「筥崎奉加銭（花押）▢」（表面）、「拾貫文教仙勧進聖」（裏面）（長さ一九・八一センチ）と書かれるような教仙木簡七点と、これに類すると思われる「主士幣物」木簡一点がある。新安沈没船は、日元貿易船の実態を物語る好例であるだけでなく、東福寺、承天寺、筥崎宮がおこなった貿易の規模を知り得ることができる唯一の事例であり、非常に重要である（川添一九九三）（村井一九九五）（佐伯二〇〇三）（図16）。

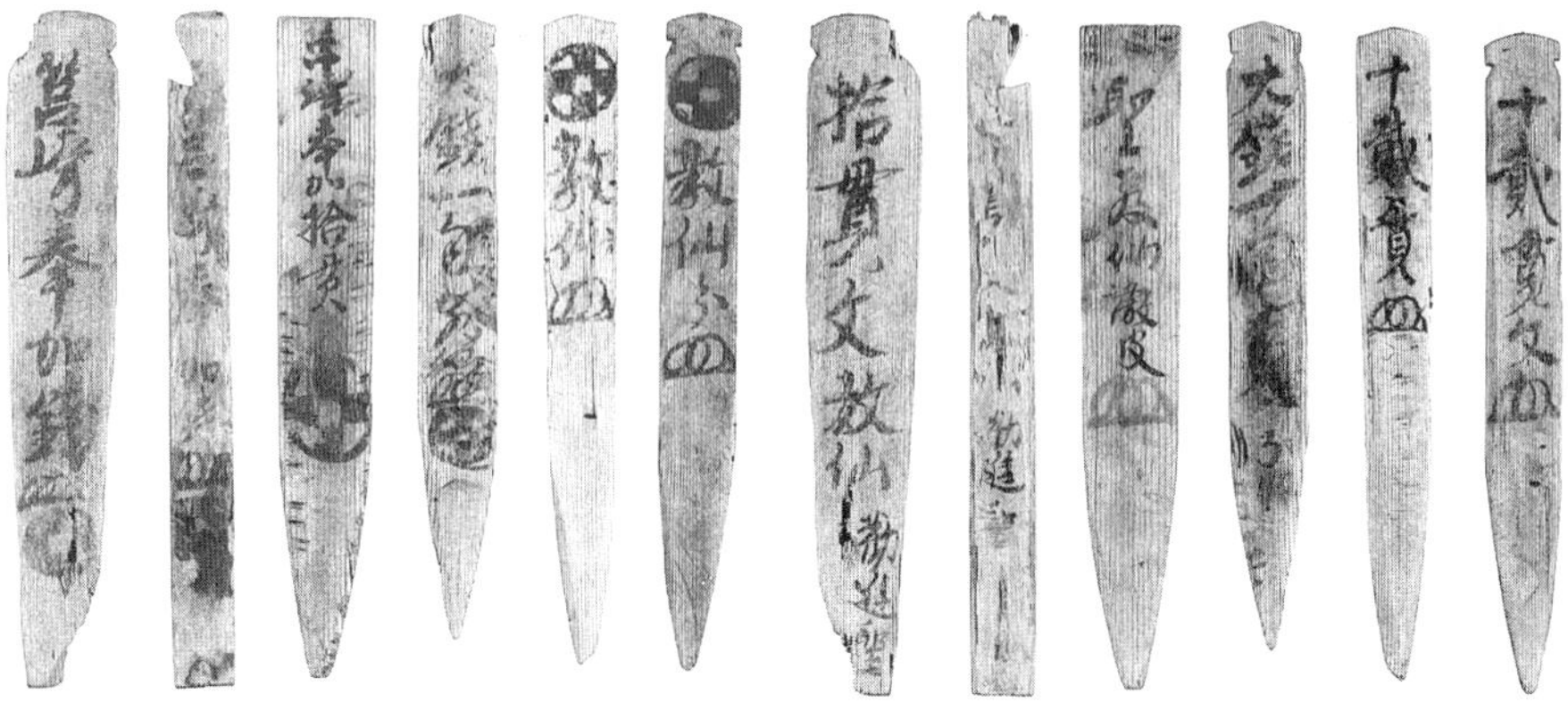

表面　　裏面

図16　新安沈没船の筥崎宮関連銘木簡（〔韓国文化公報部文化財管理局 1983〕より転載）

八、箱崎の被擄人

十四世紀中葉以降、活発化した倭寇は、朝鮮半島から中国大陸に及ぶような広範囲を襲撃した。倭寇は、食糧のみなら仏教文物や美術品など多様なモノを掠奪したほか、人間も拉致していた。倭寇によって拉致された人を被擄人《ひりょにん》という。被擄人は、市場などで人身売買されたため、日本社会にも広く存在していた。とりわけ、博多湾岸には被擄人が多くいたと推断される。都市博多が玄界灘地域における最大の人身売買市場であったため、各地から博多湾岸に被擄人が集められていたと思われる。また、日本の権力者たちは、こうした被擄人を回収し、高麗・朝鮮や明へ送還することで相手側の歓心を買い、有利な通交貿易を確立しようとした。例えば、応永元年（一三九四）七月、九州探題今川了俊は被擄人男女六五九人を朝鮮へ送還している（『太祖実録』三年七月庚戌条）（川添一九九六）。いかに多くの被擄人が日本社会にいたのかということを示す例といえよう。

　こうした被擄人は箱崎にもいたと思われる。それを物語るのが謡曲「唐船」であり、その概略は次の通りである。

　寧波における中国と日本との船争いにより、祖慶官人が日本に拉致され、筑前の箱崎殿のもとで牛馬の野飼《のがい》として働かされていた。一三年が経った頃、中国に残してきた二人の子供が数多の宝物で父の身柄を買い戻すために寧波からやってきた。箱崎殿に父の帰国を懇願したところ、箱崎殿は祖慶官人の帰国を許した。しかし、一三年の間に、祖慶官人は箱崎で日本人の女性と結婚して二人の子供をもうけていた。祖慶官人は、日本で生まれた二人の子供の同行も願うが、箱崎殿は、日本で生まれた子供たちは、自分が長く召し使う者なので、中国への帰国は許さないという。祖慶官人は、中国の二人の子供と日本の二人の子供との間で板挟みとなって思い悩み、進退窮まって海に身投げをしようとする。これを箱崎殿が憐れみ、祖慶官人に日本の子供の同行も許したため、父子五人は喜びいさんで中国へ出発した。

祖慶官人の姿は、日本社会における被虜人のありようの一端を示している。彼は、箱崎殿に買われて牛馬の野飼の仕事をさせられていたが、同時に家族を持つことも許されていた。中国の子供が、箱崎殿に金品を渡すことで父親の身柄を確保できたのも、被虜人という祖慶官人の身分の性質を示している。なお、箱崎殿は筥崎宮大宮司をモデルとした架空の存在であろうし、謡曲であるから真実をそのまま伝えているとは思えない。しかし、謡曲「唐船」が応永末年から永享初年頃には存在していたことを考えれば〔西野 一九七二〕、その語りは十四世紀後半から十五世紀前半における倭寇と被虜人をめぐる一定程度の歴史を背景にしていると考えられる〔秋山 一九三五〕〔佐伯 一九八八〕（図17）。

図17　筥崎宮境内にある謡曲「唐船」にちなむ唐船塔

ところで、この謡曲「唐船」の内容でもう一つ興味深いのは、箱崎殿が、当初は日本で生まれた二人の子供の同行を許さなかったという点である。箱崎殿の行動は、まさに出生地主義にもとづく考え方といえる。じつは、箱崎殿のような考え方は中世日本において決して珍しいものではなかった。

建久二年（一一九一）二月十九日、後鳥羽天皇が藤原宗頼を九条兼実のところへ派遣し、大宰府から朝廷に届けられた解《げ》の内容を示し、兼実に意見を求めた（『玉葉』）。解の内容は、「宋朝の商人」楊栄・陳七太らが宋の国内で狼藉を働いたので、宋の朝廷が「今後、宋の国内で事件を起こして本国に逃げ帰った「和朝の来客」は、日本側に通告して宋に出頭させよ」という命令を下したという。このことは大事なので、我が方でその楊栄らを重科に処して、そのことが宋朝の耳に入るようにしてはどうかというものであった。これに対して、兼実の意見は次のようであった。

…此の事已に大事なり。早く彼の両船頭を召し誡《いまし》めらるべきなり。しかるに楊栄においては、我が朝において生まるる所の者なり。仍て科断すること疑い無し。陳七太においては、宋朝において生まるる所と云々。先例を云うに此の如きの者は、自由に科断せられざるかと云々。…

つまり、九条兼実は、日本生まれの楊栄は日本側で処罰できるが、宋生まれの陳七太は日本側で勝手に処断できないのではないかと漏らしているのである。兼実の理解は、まさに出生地主義にもとづくものといえよう（村井 二〇一四・一一三〜一一五頁）。このように、中世日本では出生地を重要視する考え方が存在していた。近代以降、国籍という概念が登場し、日本は血統主義にもとづいて日本国籍を決定しているが、中世日本では血統主義ではなく出生地主義が根付いていたことがわかる。

九、箱崎商人の朝鮮通交

中世前期における筥崎宮と博多綱首の関係と同じように、中世後期においても筥崎宮と海商の関係は継続していた。その代表が、筥崎宮の油座神人として活躍した博多商人奥堂《おくのどう》氏である（佐伯 一九九八）。奥堂氏は、都市博多の博多浜にある方一町の屋敷に居住し、畠一町五段半をもつ商人といわれている。応仁度遣明船では、一号船（幕府船）の千貫文衆として奥堂右馬大夫と奥堂五郎次郎、五百貫文衆として奥堂右馬大夫の名が確認できるなど、一族が日明貿易に関与していた（『戊子入明記』）。都市博多を拠点にしながら筥崎宮にも帰属しつつ、日中貿易に関与するという姿は、中世前期の博多綱首のありようと重なる。

箱崎には、朝鮮通交をする箱崎商人がいた。丁亥年（一四六七）、筥崎宮に帰属する「筑前州筥崎津寄住臣藤原孫右衛門尉安直」という人物が、朝鮮へ使者を派遣し、漂流人を送還している（『世祖実録』十三年七月丁亥条、『海東諸国紀』）。同じ年には、やはり筥崎宮に帰属する「筑前州筥崎津寄住藤原兵衛次郎直吉」が朝鮮人漂流民を送還している（『海東諸国紀』）。この時期の朝鮮へは、世祖の王権を賛美することを目的とした瑞祥祝賀使が日本から大量に派遣された。いわゆる「朝鮮遣使ブーム」とよばれる現象がおこった背景には、簒奪することで国王となった世祖が、みずからの王権を荘厳化するような瑞祥の発生を喧伝したことに乗じて、偽の瑞祥祝賀使を大量に派遣し、朝鮮から利益を得ようとする対馬宗氏の思惑があった〔長二〇〇二〕。そのため、ほとんどの瑞祥祝賀使は実態がない偽使であった。箱崎商人である藤原安直と直吉も、実際に朝鮮通交をおこなったのか否かはわからない。ただし、彼らは実在した箱崎商人である可能性が高い。なぜなら、『海東諸国紀』によれば、箱崎在住の藤原直吉は博多商人佐藤信重の兄の息子だとされている。佐藤信重は、博多富商定清の娘婿で、大友領博多息浜の代官をになった実在する博多商人（息浜商人）である。朝鮮との関係も深く、文明二年（一四七〇）には年一船の歳遣船定約を結び、翌年には受職人にもなっている〔佐伯ほか二〇〇六〕。しかも、博多商人が琉球国王使名義の使節（偽琉球国王使）をフレキシブルに創出できるように画策し、朝鮮側に割印制を導入させた佐藤信重は〔橋本二〇〇五・第二章〕、いわば博多における偽使派遣勢力の代表格であったといえる。こうした博多息浜商人佐藤重信の親戚が箱崎にいたとしても何ら不思議ではない。

【博多息浜商人佐藤信重略系図】

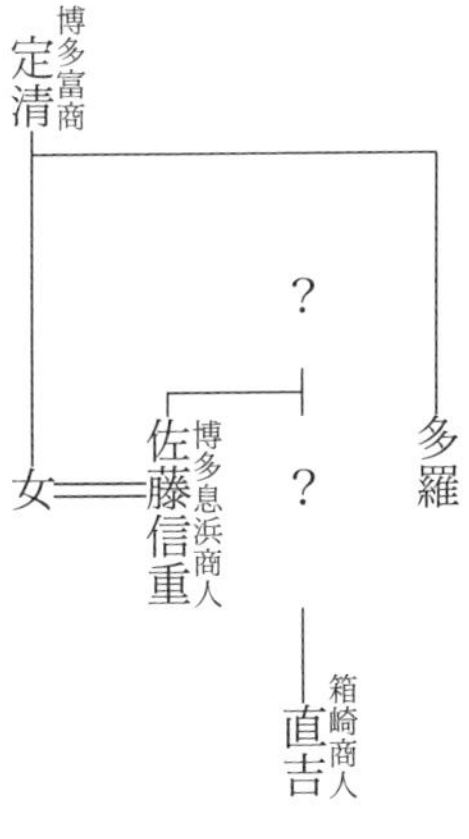

箱崎をめぐる商人には、箱崎商人と思われる藤原安直や藤原直吉と、都市博多を拠点とする博多商人がいた。博多商人には、筥崎宮の神人として宗教的に結びつく奥堂氏がいる一方、箱崎商人である藤原直吉と族的結合を形成する佐藤信重のようなものがいた。こうした貿易商人の存在が、都市としての箱崎の経済を活性化させたであろうことは想像に難くない。そこで、箱崎の経済規模を端的に示す次の史料を確認しておく。

『正任記』文明十年十月十七日条

一、京都の御礼物已下の御用のため、筥崎地下より千貫文、当津博多より千貫文進納すべきの由、各先ず請文を捧ぐと云々。

文明十年（一四七八）、大内政弘は「筥崎地下」と博多に、各一〇〇〇貫文を賦課したことがわかる。一〇〇〇貫文は、筑前一国の年貢の半分、段銭の三分の一に相当するという（佐伯一九八四）。箱崎は、都市博多とともに、一〇〇〇貫文の負荷に耐えうるだけの資本力をもっていたことがわかる。こうした箱崎の姿は、都市博多を除く博多湾岸の港町のなかでも抜きん出た存在であったことを示している。それゆえ、戦国末期、都市博多が戦乱によって焦土化し、都市機能を一時的に喪失するなか、天正十五年（一五八七）豊臣秀吉が北部九州へ下向し九州が平定されると、彼は箱崎に拠点を構えて、箱崎において九州大名の所領配分をおこない、キリシタン禁令を発したのである。

引用・参考文献一覧

秋山謙蔵 一九三五「倭寇の支那人掠奪と謡曲唐船」『日支交渉史話』内外書籍株式会社
石井　進 一九八八「『宮寺縁事抄』にあらわれた博多」『神道体系月報』七四
石井　進 二〇〇〇『鎌倉びとの声を聞く』日本放送出版協会
伊藤幸司 二〇〇二a『中世日本の外交と禅宗』吉川弘文館
伊藤幸司 二〇〇二b「中世後期外交使節の旅と寺」中尾堯編『中世の寺院体制と社会』吉川弘文館
伊藤幸司 二〇一八「港町複合体としての中世博多湾と箱崎」『九州史学』一八〇
榎本義嗣 二〇〇八「箱崎」大庭康時ほか編『中世都市・博多を掘る』海鳥社
榎本　渉 二〇〇六「宋代市舶司貿易にたずさわる人々」羽田正編『港町の世界史③港町に生きる』青木書店
長　節子 二〇〇二「朝鮮前期朝日関係の虚像と実像」『年報朝鮮学』八
川添昭二 一九八一「古代・中世の博多」『中世九州の政治と文化』文献出版
川添昭二 一九八七「鎌倉中期の対外関係と博多」『九州史学』八八・八九・九〇
川添昭二 一九九三「鎌倉末期の対外関係と博多」大隅和雄編『鎌倉時代文化伝播の研究』吉川弘文館
川添昭二 一九九六「九州探題今川了俊の対外交渉」『対外関係の史的展開』文献出版
九州国立博物館編 二〇一三『大ベトナム展公式カタログ ベトナム物語』TVQ九州放送、西日本新聞社
國生知子 二〇一一「「元寇紀念碑」の建立」『市史研究ふくおか』六
佐伯弘次 一九八四「中世後期の博多と大内氏」『史淵』一二一
佐伯弘次 一九八八「大陸貿易と外国人の居留」川添昭二編『よみがえる中世1 東アジアの国際都市 博多』平凡社
佐伯弘次 一九九八「中世の奥堂と綱場」『博多研究会誌』六
佐伯弘次 二〇〇一「軍事的拠点としての中世箱崎津」『博多研究会誌』九
佐伯弘次 二〇〇三『日本の中世9 モンゴル襲来の衝撃』中央公論新社
佐伯弘次 二〇一二「中世都市博多の総鎮守と筥崎宮」『史淵』一四九
佐伯弘次ほか 二〇〇六「『海東諸国紀』日本人通交者の個別的検討」『東アジアと日本』三

佐藤一郎 二〇一三「箱崎遺跡」『新修福岡市史 別編 自然と遺跡からみた福岡の歴史』福岡市
武谷水城 一九二二「多々良以東元寇防塁有無に就ての補足」『筑紫史談』二五
太宰府市史編集委員会編 二〇〇三『太宰府市史』古代資料編、太宰府市
筑紫頼定 一九三二「八幡筥崎宮と聖一国師」『都久志』四
中尾祐太 二〇一八「考古学からみた箱崎と博多湾」『九州史学』一八〇
西野春雄 一九七一「ウシヒキの能」『銕仙』二〇八
橋本 雄 二〇〇五『中世日本の国際関係』吉川弘文館
服部英雄 二〇一三「チャイナタウン唐房」『新修福岡市史 別編 自然と遺跡からみた福岡の歴史』福岡市
林 文理 一九九八「博多綱首の歴史的位置」大阪大学文学部日本史研究室編『古代中世の社会と国家』清文堂
福岡市博物館編 二〇一四『九州仏』特別展「九州仏」実行委員会
文化公報部文化財管理局編 一九八三『新安海底遺跡：資料篇』大韓民国・ソウル、同和出版公社
堀本一繁 二〇一〇「蒙古襲来と博多」高橋慎一朗編『史跡で読む日本の歴史6 鎌倉の世界』吉川弘文館
村井章介 一九九五「中世における東アジア諸地域との交通」『東アジア往還』朝日新聞社
村井章介 二〇一四『境界史の構想』敬文舎
柳田純孝 一九八四「元寇防塁と博多湾の地形」中山平次郎『古代乃博多』九州大学出版会
渡邊 誠 二〇一〇「後白河法皇の阿育王山舎利殿建立と重源・栄西」『日本史研究』五七九
渡邊 誠 二〇一二『平安時代貿易管理制度史の研究』思文閣出版

筥崎宮と荘園制

貴田　潔

およそ中世が始まる荘園制形成期のなかで、筥崎宮はどのような社会関係のなかに位置づけられるのだろうか。本稿では中央の意向と地域社会の合意という二つの視点からその荘園制的領有構造の成り立ちを探る。そして、両者の媒介として機能した大宰府との関わりを色濃く描き出す。

きだ・きよし——静岡大学人文社会科学部准教授。専門は日本中世地域社会史、荘園・村落史。主な論文に「在地の寄進・売買からみた未認可〈免田〉の創出——一四世紀の肥前国光浄寺〈免田〉寺領を素材として」（『古文書研究』六八号、二〇一〇年）、「環有明海地域における海辺寺院の存立——肥前国藤津荘故地にみる竹崎島と観世音寺の関係から」（『民衆史研究』八七号、二〇一四年）、「中世における不動産価格の決定構造」（『岩波講座日本経済の歴史　第一巻　中世』岩波書店、二〇一七年）などがある。

はじめに

本稿では、中世という時代がおよそ始動する荘園制形成期に焦点をあて、九州北部の有力神社としての地位を占めてきた筥崎宮の成り立ちの像を、絡み合う社会の諸関係のなかで捉えてみたい。

中世を通じて石清水八幡宮の支配下にあった筥崎宮の荘園制的領有構造に関しては、一九七〇年代の段階で総括的に描き出した有川宜博氏の優れた研究がある〔有川宜博　一九七一〕。但し一方で、近年ではいわゆる立荘論〔川端新　二〇〇〇など〕を起点に、荘園制形成の歴史的意義が改めて問われており、そうした二〇〇〇年代以降の議論に照らして、筥崎宮の問題も適切に捉えることが必要とされる。

それでは、どのような問題が本稿の課題となりうるのか。

第一に、立荘論をめぐっては、荘園制形成の要因を過度に中央の主導に求めすぎるという点から、守田逸人氏の強い批判がある〔守田逸人　二〇一六a・b〕。氏は在地諸階層の動向を軽視せず、荘園制を社会編成の問題として理解する立場をとる。こうした議論の展開を受け止めれば、筥崎宮の場合でも中央の政治権力に連なる都鄙関係だけなく、同時に地域社会との関係が探られなければならない。

第二に、こうした中央の政治権力と地域社会をつなぎ、荘園制形成の媒介として重要な位置を占めたであろう大宰府の問題がある。特に、院―都督（大宰府長官）―目代という人的なつながりを評価した小川弘和氏の研究〔小川弘和 二〇一六〕を手がかりに、大宰府と筥崎宮の関係を考えたい。そのなかで、これまで十分に検討されてこなかった大宰府管内の筥崎宮免田の広範な存在にも触れる。

一、荘園制形成期の筥崎宮と地域社会

本節では、筥崎宮をめぐる荘園制的領有構造について、内乱を中心とする政治的状況とともに、地域社会との関係のなかでその形成のあり方を論じてみたい。

（一）平安期の筥崎宮と宇佐宮・石清水八幡宮

そもそも有川氏の整理によると、延喜二十一年（九二一）の託宣にもとづき、延長元年（九二三）に筑前国大分宮が筥崎の地に移され、筥崎宮は成立した。

また、筥崎宮には筥崎塔院が存在した。飯沼賢司氏によれば、筥崎塔院は最澄が構想した六宝院の一つであり、本来宇佐宮の分を筥崎宮内に建造したものだった。実際には最澄の死後の承平七年（九三七）に筥崎塔院は建造された。さらに、治安四年（一〇二四）に宇佐宮弥勒寺講師元命の門徒へ筥崎塔院の師資相承が認められたという〔飯沼賢司 一九九三〕。

ところで、飯沼氏は十世紀前半の宇佐宮と石清水八幡宮の関係について、元命の主導にもとづく両宮の統合を強調している。そして、宇佐宮の支配下から出発した筥崎宮もそうした両宮の緊密な関係のなかに位置づけられるべきだろう。

例えば、保延六年（一一四〇）に石清水八幡宮別当任清は神人たちの濫行により筥崎宮の執行を停止されたが、彼は弥勒寺検校も勤めた人物である（石清水祠官系図―『続群書類従』第七輯上）。この時、筥崎宮は大宰府の支配下に編入され、府社としての性格を強めるものの、宇佐宮・石清水八幡宮との関係はその後も継続していく。

（二）筥崎宮の石清水八幡宮別宮化と治承・寿永の乱

続いて、荘園制形成期の問題を理解するにあたって、筥崎宮が石清水八幡宮の別宮となされたことから考えよう。文治元年（一一八五）に本家の近衛基通から石清水八幡宮へ筥崎宮が寄進された。有川氏は次の摂政家政所下文（史料1）と院宣（史料2）をその論拠としている。

そもそも当時、近衛家は宇佐宮の本家としての立場にあり〔小島鉦作 一九六六・田中健二 二〇〇四〕、近衛家―宇佐宮―筥

崎宮という重層的な関係が構築されていた。つまり、こうした関係にもとづき、近衛基通は筥崎宮を寄進したのである。

【史料1】（石清水文書二―二三号、福岡市史編集委員会編『福岡市史』資料編　中世2、福岡市、二〇一四、以下同）

殿下下文筥崎事文治元

（近衛基通）
摂政家政所下　筑前国筥崎宮所司等

可下早以二当宮一為中石清水別宮上事(1)

右、依二院宣一所レ被二寄進一也者、所司等宜二承知一、依レ件用レ之、故下、

（一一八五）
文治元年十一月八日　　案主中原

別当右中弁藤原朝臣（花押）「光長」（裏書、以下同）　大従右衛門少志惟宗（花押）

（五名の署名を下略）　（三名の署名を下略）

【史料2】（石清水文書二―二四号）

筥崎宮事、召二取摂政家下文一遣レ之者、依二御気色一、執達如レ件、

十一月十四日　　右少弁（花押）

（藤原）（追筆、以下同）
「定長」

八幡別当法印御房

（一一八五）
「文治元年」「慶清」

史料1の下文は「院宣により」筥崎宮を石清水八幡宮の別宮とするものであり、さらに三日後の史料2の院宣に「摂政家下文」を「召し取」るという文言が見えるように、この別宮化は後白河院の主導でなされた。

有川氏の議論につけ加えるべきことは少ない。但し、史料1と史料2の関係が、上杉和彦氏の論じた国司庁宣とその副状としての院宣の関係に極めてよく似る点には注意したい〔上杉和彦一九九六〕。

上杉氏によれば、鳥羽院政期に入ると、国司庁宣の副状としての院宣が出現するという。具体的な手続きとしては、まず①院の意志を伝える院宣によって、国司に庁宣の発給が指令される。次に②発給された庁宣には、さらに副状として別の院宣が添えられ、権利が付与される受給者のもとへ送られる。以上の手続きから、国司への指令を可能とする当該期の院権力のあり方を論じられた。

さて、史料1は「院宣により」とあるように、後白河院の意向を踏まえた摂政家政所下文である。また、「摂政家下文を召し取り」受給者の慶清へ「遣わ」した史料2は、副状としての院宣の機能を果たしている。国司庁宣を摂政家政所下文に置き換えると、摂政家近衛基通に対する院宣の指令・伝達という史料1・史料2の手続きは、国司に対する①②とほぼ同様である。

但し、院宣の指令によって摂関家の下文が発給され、これに別の院宣が副状として受給者のもとに送られた事例は、管見の限り、史料1・史料2のほかに確認できなかった。仮に存在したとしても、国司に対する院宣のほど多くないだろう。このように考えると、後白河院の意向を近衛基通に伝え、筥崎宮の別宮化を実現した史料1・史料2の手続きは極めて特異である。この事例に限れば、国司への指令が可能な院宣の機能は摂関家に対してまで拡張されている。

少し視点を変えて、文治元年（一一八五）の近衛基通の立場をみてみると、かつて平氏政権に近かった彼は治承・寿永の乱の影響から政治的な劣勢に立たされていた。十一月二十四日には源頼朝の代官として北条時政が軍勢を率いて入京する。史料2が発給された同月十四日の段階では既に後白河院から基通へ摂政の辞職が勧められていたという〔樋口健太郎二〇一八〕。

つまり、近衛基通の側からすれば、内乱の影響に伴い、当時、政治的権威が大きく低下していた。後述するように、院政期の近衛家は宇佐宮大宮司宇佐公通を介して、筥崎宮など九州地方の権益と結びついていた。だが、文治元年（一一八五）の石清水八幡宮への寄進によって、筥崎宮は近衛基通―宇佐公通のラインから切り離された。そして、こうした荘園制的領有構造の再編に、院権力の指令を示す院宣が用いられていることは注目に値する。

（三）荘園制形成期の筥崎宮と地域社会

しかし、荘園制の形成は中央からの視点のみによって説明できるものでなく、やはり地域社会の諸階層の動向とともに論じられる必要がある。こうした現地からの視点に立つと、筑前国益富名の不輸化をめぐる史料3は興味深い。建久元年（一一九〇）の解《げ》である。

【史料3】（石清水文書二号）

在京所司等解　申請　本家裁事
　言上　二箇条
一、（第一条）欲下被レ任二前庄号時例一定行上益富不輸所当米事
　町別
　　所当米三斛宮本斗定
　　検田米五斗
右謹検二案内一、於二益富名田一者、為二半不輸領一、年来□于国方、町別米一石七斗・段宿米五斗・官米絹二疋□二東、所レ令二弁済一也、爰于半不輸益富依レ有二内免□一、以二御年貢米一遣二国方一、所レ令二弁替一也、令二不輸一之時、□御依怙者、止二不足米一、仏神事用途之外、御年貢米□（不カ）レ可レ被レ召也、但以二去治承年中之比一、前本家

関白殿(近衛基通)御時、宇佐大宮司公通宿祢奉行之日、奏聞 公
□(家)［　　　　　　］之間、為二不輸庄号一、
任二神□(官カ)・供僧・地頭・弁済使等評定旨一、于町別単米三
石検□五斗被レ定畢、而間国衙訴訟、為二喧嘩一上、乱逆
折□被レ倒也、今当 本家御時、神慮令レ然、可レ為二不
輸神□(領)一由所レ令レ成レ献也、
一、(第二条)益富不輸間忽可レ被レ下二実検使一由風聞事、
右、同検二案内一、尋二傍庄例一、先官使帯二 宣旨一下向
□(之カ)後、取二宰府施行一、打二固牒(牓)示一、立券言上之後、自二
庄□(家カ)一遣二実検使一之事、普通習也、抑公通宿祢雖レ申二
□(請カ)官宣旨一、不レ令二実検一、只如二先例一、行二検田一、任二評
定一、町□(別カ)三石五斗所当米令二弁済一畢、今 御沙汰之時
神□□(慮令カ)レ然、可レ為二不輸神領一由、雖レ申二賜国庁宣一、未
レ賜二 □(宣カ)旨一、以レ何如二不輸庄号一、忽可レ被レ下二遣別実
検使一哉、□(神カ)官・所司・供僧・地頭・弁済使等、定成二
恐怖思一者歟、□成熟不輸儀歟、尤垂二 御還迹一、可レ被
レ止二実検使一□(也カ)、能々可レ有二御計一事也、
以前二箇条、言上如レ件、抑廻二神官・所司安堵
方一□勤二行仏神事一、又存二 本家御依怙一所レ致不輸
［　　　　　　］洲大小神
祇冥衆罰可二罷蒙一也者、為レ被二裁下一□□(言上カ)如レ件、以解、

建久元年(一一九〇)八月廿五日

権上座大法師
都維那大法師
修理別当法師
修理検校法師(1)

有川氏によれば、史料3は筥崎宮の在京所司らが本家（石清水八幡宮）に提出した解として理解されている。そして、内容としては、これまで半不輸領であった益富名の不輸化が論点となっている。

まず、この解がこれまでの経緯として挙げるのは、宇佐公通の前例である。第一条によれば、宇佐大宮司であった彼は、治承年間に朝廷へ奏聞し、「不輸庄号」として神官・供僧・地頭・弁済使の評定にもとづき、町別三石五斗の所当米・宿米賦課を定めた。しかし、国衙側の反発により、失敗に終わったという。

ところで、「前本家　関白殿」の時代に宇佐公通は「奉行」として奏聞したというが、「前本家　関白殿」とは先の近衛基通である（前田英之二〇一七）。治承三年（一一七九）に彼は平氏政権のもとで関白に就任した。近衛家は宇佐宮の本家としての位置にあり、不輸化を望む公通の奏聞も近衛家とのつながりを背景としていた。

さらに、宇佐公通自身も平氏政権に接近した人物としてよく知られてきた（工藤敬一 一九九二）。こうした人的なつながりを踏まえれば、文治元年（一一八五）の寄進（前掲史料1）によって筥崎宮が平氏政権に連なる近衛基通―宇佐公通のラインから切り離されなければならなかった理由も明白である。

宇佐公通と国衙の対立は「訴訟」として始まったものの、「喧嘩」「乱逆」という表現からすれば、益富名の不輸化をめぐる係争は武力を伴う抗争へと発展したのだろう。公通が主導した益富名の不輸化の失敗は、内乱期の政治的状況のなかで理解したい。

次に、建久元年（一一九〇）当時に目を移すと、こうした失敗の前例を踏まえて、在京所司らは再度の不輸化を望んでいる。但し一方で、第二条の事書に見えるように、当時の不輸化への動きに関して、本家から実検使が直ちに派遣されるかもしれないことを、所司らは強く懸念している。その背景としては、傍線部のような「普通の習い」を挙げる。つまり、不輸化の手続きに関する慣習である。

この慣習によれば、一般的な荘園の不輸化（「傍庄の例」）では、次の手続きを踏む。官宣旨を帯した官使が下向した後、大宰府の施行状が発給され、榜示が打ち固められる。これを受けて現地から立券言上した後、荘園領主の側から実検使が派遣されるという。

しかし、今回の不輸化の動きのなかで、在京所司らはこうした慣習的な手続きが踏まえられていないことを疑問視する。国司庁宣は得られたものの、官宣旨は発給されておらず、それなのに本家の側から実検使が派遣されようとしているという。こうした動きに対して、筥崎宮の神官・所司・供僧だけでなく、地頭・弁済使も「恐怖の思い」をなしているのだと批判する。

それから、宇佐公通の前例では、不輸化に際して官宣旨の交付を申請したが、「実検」は行われなかった。先例の通りに「検田」を行い、神官・供僧・地頭・弁済使の評定にもとづき、町別三石五斗の所当米・宿米が賦課されただけだったという。この史料のなかで、立券後の手続きとしての「実検」と、単なる土地調査である「検田」は次元の異なるものとして明らかに区別されている。

なお、史料3からの流れで、続く建久二年（一一九一）には後白河上皇院宣が発給された（石清水文書二四八号）。この院宣では、大府宣と国司庁宣に依拠した益富名の不輸化が通達されている。

それでは、ここで本節の論点を整理しておこう。第一に文治元年（一一八五）の石清水八幡宮別宮化には、平氏政権に近かった近衛基通―宇佐公通のラインから筥崎宮を切り離す意図があり、内乱に伴う中央の政治的状況とともに読みとれなければならない。

一方で第二に、益富名の事例では、地頭や弁済使らの意向が地域社会のなかで強い影響を与えていた。そして、宣旨の発給と大宰府の施行を踏まえた上での立荘の手続きには、「普通の習い」と表現されたように、荘園制の形成を地域のなかでオーソライズする社会的な慣習として定着していた側面もあった。在地諸階層の合意と国家レベルの認可という二つの要素は、筥崎宮領が社会的に編成されていく上でともに不可欠なものだった。

二、筥崎宮免田の形成と大宰府

前節では中央からの視点と地域からの視点の双方をもって、筥崎宮における荘園制的領有構造の形成を理解すべきことを述べた。こうした双方向からの視点に立った場合、次に中央の政治権力と地域社会の両者を媒介するものの存在を考えなければならない。

そうした荘園制形成の媒介として、当然、大宰府の存在は視野に入ってくるだろう。そもそも少なくとも十二世紀には筥崎宮は府社としての性格を有していたし、史料3では大宰府の施行を踏まえた立券が地域社会の慣習（「普通の習い」）として位置づけられていた。さらに、同宮の神宮秦氏が十世紀末から府官としても史料上に姿を見せることも知られており、大宰府との強い人的な結びつきが窺われる〔川添昭二一九七〇〕。

そこで、大宰府と筥崎宮の関係をより深く知るために、本節では免田の問題を取り上げる。免田とは本年貢や公事を免除され、かわりに寺社などの給主へ特定の役の勤仕が義務づけられた田地である。筥崎宮もまた給主として、領域的な荘園群だけでなく、大宰府管内の各国に散在的な免田を有していた。

従来、こうした免田制については、筆者も含めて一国内の問題として論じる研究が多かった〔貴田潔二〇一〇〕。しかし、筥崎宮免田の事例は一国内の視点におさまらない。院権力や大宰府の関与を想定せねば説明できない問題として捉えてみたい。

（一）筑前国における筥崎宮免田の存在

まず、膝下の筑前国にも筥崎宮へ宛てられた免田が存在しており、地方寺社の人的ネットワークの基盤として機能していた。次の史料4では、首羅山に坊舎を構える栄舜という僧侶が、門弟の栄重に筑前国久原郷の「筥崎宮講経免田」一町五反を彼の坊地とともに譲与している。

写真1　現代の首羅山遺跡。本谷地区基壇調査時の状況（福岡県久山町久原、写真：久山町教育委員会提供）。

【史料4】（石清水文書一八八号）

（端裏書）「法橋栄舜の栄重ニ譲手継案文」

譲与　筥崎宮講経免田事

合

大般若免田壹町宮田　牟多田在久原内 此内新法花講田伍段

右、件講経免田、法橋栄舜之相伝私領也、而安楽房栄重依レ為二門弟一、限二永代一所二譲与一実也、全不レ可レ有二他妨一、仍為二後日之譲（証カ）文一、譲状如レ件、

寛元五年丁未（一二四七）二月廿日

法橋上人位栄舜在判

又須良山（首羅山）之内常実房之本坊地壱段在判

嫡弟二御灯阿闍梨栄久在判(2)

首羅山は現福岡県久山町に存在した筑前国の山林寺院であり、筥崎宮から一〇キロメートルほど北東方向の低山に位置する。なお、近年では首羅山遺跡の調査・保存も進み、大陸文化の影響を濃厚に受けた博多湾周辺の地方寺院としても認知される〔江上智恵二〇一四、**写真1**〕。

史料4に見えるように、大般若講・新法華講など筥崎宮の法会は首羅山など近隣寺院の僧侶の参加を伴いつつ実施された。そして、地域社会のなかで広く設定された免田は、寺社相互の人的ネットワークを経済的に支えていた。

写真2　朽井村の故地景観。かつて肥前国衙近郊に位置し、嘉瀬川扇状地に村域が広がっていた。但し、現代では宅地化や圃場整備が進む（佐賀県佐賀市大和町久池井）。

（二）大隅国・肥前国における筥崎宮免田の存在

さらに、筥崎宮免田は膝下の筑前国だけでなく、広く九州地方の諸国にあったことが断片的に知られる。以下に事例をあげよう。

例えば、大隅国にも筥崎宮免田が存在した。建久八年（一一九七）大隅国図田帳写によれば、菱刈郡の入山村や曽野郡の筒羽野には筥崎宮の浮免が設定されていた（桑幡家文書―『鎌倉遺文』九二四号）。但し、筒羽野に関しては「筥崎浮免田、四十余丁をもって、十五丁に押し募る。残りは国務に随わず、恣《ほしいまま》に弁済使これを私用す」と注記される。筥崎宮免田が弁済使の恣意のもとに置かれていたことになるが、筒羽野は島津荘寄郡に含まれる地名であり、「国務」という表現からも本来の国衙との関係の深さが読みとれる。

肥前国でも文永三年（一二六六）の検注帳案に筥崎宮免田が見える。国衙領の基肄北郷・基肄南郷・山田東郷に「筥崎宮釘貫免」「筥崎宮仁王講免」が置かれていた（龍造寺文書―『鎌倉遺文』九五四七号）。なお、国衙付近では朽井や下河原・西河原の田畠も、筥崎宮領として十三～十四世紀の史料に現れる（高城寺文書―同一〇八六六号、河上神社文書―同二六五四五号、**写真2**）。

このように大隅国・肥前国などでも筥崎宮免田が広く設定

されていた。そして、両国で免田の存在が判明するのはいずれも国衙領であり、まずは大宰府や国衙との関係が想定されるべきである。

(三) 保延元年（一一三五）大江国通願文にみる大宰府との関係

こうした観点から注目したいのが、保延元年（一一三五）大江国通願文である（石清水文書六九号）。国通は当時の大宰府目代であり、後述の通り、大宰府管内での彼の政治的活動がよく知られる。

大江国通願文は長文であるため、概略のみを示そう。冒頭には「転読し奉る　筥崎宮宝前長日大般若経のこと」とあり、彼は筥崎宮での大般若経の転読のために、結衆六口に対して供田六町を寄せた。そして、この願文のなかで、国通は自身の経歴とともに筥崎宮に対する供田の寄進の意志を次のように述べる。

筥崎宮の八幡大菩薩は「管内の尊神、海西の鎮守」であり、栄華を祈る者は栄華を興し、官位を求める者は官位を得るという。私（大江国通）は肥前守の後、次いで「都府の長相」（大宰府目代）となった。それに際して筥崎宮の社務も兼掌するようになった。これまで官分から割いた供料米を筥崎宮に宛ててきたが、私自身が「氏人」や「長相の徒」（目代）の立場として社領を寄せたことはなかった。そこで、「当宮の吏務」として供田六町を寄せたいのだと。

さて、この大江国通という人物については、川添昭二氏の研究がある。保延元年（一一三五）当時、太宰府の長官には権帥として藤原顕頼がおり、国通はその目代としての地位にあった。そして、顕頼は白河・鳥羽両院の寵臣であったという〔川添昭二一九九六〕。

加えて、近年では鳥羽院政期の都鄙関係のなかでの院―都督（大宰府長官）―目代という人的なつながりが注目される。こうした人脈とともに肥・筑地域の荘園制が形成されたと考えられるようになっている。つまり、院権力の意向が大宰府管内の現地へ伝えられる際に、目代の大江国通は地域の権益を編成していく上での〝エージェント〟の役割を果たしていたという〔小川弘和二〇一六〕。

こうした大江国通の立ち位置を踏まえれば、彼はあくまで「都府の長相」（大宰府目代）として社務を兼掌していた。鳥羽院と都督藤原顕頼の意向から乖離したところで、国通と筥崎宮の関係が作られたわけではあるまい。

保延元年（一一三五）の願文に見えるように、国通は筥崎宮への「供田」の施入を積極的におこなった。これを筥崎宮免田につながるものと想定することに無理はなかろう。なお、彼は肥前国河上社へも同三年（一一三七）に免田九町（長日大般若免六町・竈門大般若免三町）を寄進している（川添昭二一九九六）。

そして、五年後の保延六年（一一四〇）には、前節でも触れた通り、神人の濫行から石清水八幡宮の任清の執行が停止され、筥崎宮は府社としての性格をさらに強めた（有川宜博一九七二）。

つまるところ、大宰府管内の国衙領に寺社免田が設定されていく背景として、大宰府そのものの役割は軽視できない。さらに、そうした免田の設定をめぐる決定構造は管内のみに収まるものでなく、目代大江国通のような人物を介して、院権力の意向にも接続していたと評価すべきだろう。

（四）鎌倉期の筥崎宮免田の興行運動と大宰府

このような筥崎宮免田の存在からは、大宰府を媒介としつつ京都に連なる都鄙関係が視野に入ってくる。この問題をより広く理解するため、時代の下った鎌倉中期における筥崎宮免田の興行にも触れたい。

さて、ここで紹介する免田興行の運動は、文永二年（一二六五）に筥崎宮が焼失したことに始まる（石清水文書三五号・同二四五号）。この年、筥崎宮は再建の働きかけのため神輿を上洛させようとしたが、この上洛は後嵯峨院の院宣により制止された（同三六号）。その後、安芸国・筑前国が造営料所に宛てられる同十一年（一二七四）まで再建は停滞していたようにも見える（同一二号・同一三号）。

だが、そうした時期にも絶えず再建は目指され、公家政権への積極的な働きかけがおこなわれた。免田の興行もこのような運動のなかで理解される。次は文永五年（一二六八）後嵯峨上皇院宣である。

【史料5】（石清水文書二三四号）

（端裏書）「□（院）宣案　筥崎□□□□　文永五」

行清法印申筥崎宮□（諸）□（免）田間事、解状副神官解文被レ遣レ之、早任二申請一、可レ被二宣下一之由、依二御気色一、執達如レ件、

文永五
六月廿六日　　　権大納師継（言脱）(3)

頭中将殿（久我具房）

筥崎宮検校行清の訴えにより、この院宣は「宣下」（宣旨発給）があるようにと、頭中将久我具房に伝える。これを受けて、六月二十九日付で亀山天皇宣旨（石清水文書二四三号）、七月二日付で官宣旨（同二四五号）が発給された。つまり、免田興行をめぐるこれら一連の文書は、後嵯峨院からの指令（史料5）を起点としていた。

七月二日付の官宣旨についても、冒頭部分のみを掲げよう。

【史料6】（石清水文書二四五号）

左弁官下大宰府
応下任二八幡宮神官・所司申請一、停二止甲乙人領知一、
為一本所進止一、宛二行器量輩一、令上致二仏神事合期勤一、
堂社諸免田事、

注目すべきはこの官宣旨の宛所である。様式上では大宰府に宛てられており、筥崎宮免田に対して甲乙人の支配を停止し、器量の人に知行させることが命じられた。〝筥崎宮の支配は大宰府の管轄にある〟という政治的認識は鎌倉期まで確かに存在していた。

以上のように、本節では筥崎宮の経営基盤としての免田に注目した。筥崎宮免田は大宰府管内に広く存在し、かつ院権力と結びついた大宰府の主導によって形成された可能性が高い。そして、鎌倉中期における社家の運動もそうした形成期の歴史を前提としていた。そのために、京都の公家政権への働きかけを通じて、社殿の再建と免田の興行が目指されたのだろう。

むすびにかえて

本稿では荘園制形成期の筥崎宮を、社会の諸関係のなかに位置づけるために議論を進めてきた。

文治五年（一一八五）の石清水八幡宮別宮化で見たように、筥崎宮をめぐる荘園制的領有構造の形成は中央の政治的状況に大きく影響された。一方で、益富名の不輸化をめぐっては神官・所司・供僧だけでなく、地頭や弁済使らを含む地域社会の合意が重視された。

ところで、筥崎宮の場合、こうした中央と地域をつなぐ媒介として機能したのは、大宰府であった。また、そうした荘園制成立期の歴史から、文治五年（一一八五）に石清水八幡宮の別宮となった後も、大宰府と筥崎宮の関係が完全に解消されることはなかった。

本稿の最後に、乾元二年（一三〇三）大府宣を紹介する。大宰府と筥崎宮の関係をめぐって、後代の鎌倉末期の認識に触れてみたい。

【史料7】（石清水文書三七号）

筥崎宮神宝事、都督一任一度被二調進一者旧規也、仍被
レ寄二附益富府米一之処、近年無沙汰之由、有二其聞一、為
レ神為レ世太以不レ可レ然、早遂二神宝実検一可レ被二注進一
之旨、大府宣所レ候也、仍執達如レ件、
乾元二年（一三〇三）四月十二日　左衛門尉弘重
謹上　平井大夫殿

ここで登場するのは、建久元年（一一九〇）に不輸化が図られた、あの益富名である（前掲史料3）。同名では府米が寄

進された経緯があり、大宰府の都督（長官）の任期中における神宝調進が「旧規」と認識されていたという。史料7では、近年、そうした調進がなかったために、早く実検を遂げ注進すべき旨が大府宣として命じられた。

都督の任期中に神宝を調進するという「旧規」も、やはり院政期以来の大宰府との結びつきを歴史的背景としていたのだろう。

筥崎宮をめぐる自他認識の中核には、府社として位置づけられてきたという強い記憶があった。こうした荘園制形成期の記憶は、過去の規範として中世社会のなかで長く生き続けることとなった。

注

（1）『福岡市史』は「修理検校絵師」とするが、東京大学史料編纂所配架の写真帳（石清水文書、請求記号六一七一・六二―一七五、以下同）で確認する限り、「修理検校法師」が適当である。

（2）『福岡市史』は「二祈祷」とし、また『大日本古文書』家わけ第四石清水文書は「二法橋」とするが、写真帳で確認する限り、「二御灯《（燈）》」が適当である。

（3）『福岡市史』は「権大納言師継」とするが、写真帳で確認する限り、「権大納師継」が適当である。

参考文献

有川宜博 一九七一「石清水八幡宮における筥崎宮領の支配」『九州史学』四七

飯沼賢司 一九九三「権門としての八幡宮寺の成立」（十世紀研究会編『中世成立期の歴史像』東京堂出版）

上杉和彦 一九九六「中世的文書主義成立に関する一試論」（『日本中世法体系成立史論』校倉書房、初出一九八七年）

江上智恵 二〇一四「北部九州の中世山林寺院跡・国史跡首羅山遺跡について」『日本歴史』七九五

小川弘和 二〇一六『中世的九州の形成』高志書院

川添昭二 一九七〇「筥崎の大夫」『福岡地方史談話会会報』一〇

川添昭二 一九九六「来島文書と肥前大島氏」（『中世九州地域史料の研究』法政大学出版局、初出一九八五年・一九八六年）

川端新 二〇〇〇『荘園制成立史の研究』思文閣出版

貴田潔 二〇一〇「地方寺社の存立と地域社会への結合」『歴史学研究』八六四

工藤敬一 一九九二「内乱期の大宮司宇佐公通」（『荘園公領制の成立と内乱』思文閣出版、初出一九七二年）

小島鉦作 一九六六「近衛家領としての豊前国宇佐宮」『成蹊大学政治経済論叢』一六（三）

田中健二 二〇〇四「宇佐宮における本家近衛家の家領支配について」（一宮研究会編『中世一宮制の歴史的展開』下巻 総合研究編、岩田書院）

樋口健太郎 二〇一八『九条兼実』戎光祥出版

前田英之 二〇一七「平家政権と宇佐宮領」（『平家政権と荘園制』吉川弘文館、初出二〇一三年）

守田逸人 二〇一六a「荘園制成立期の社会編成と「地域」形成」（荘園・村落史研究会編『中世村落と地域社会』高志書院）

守田逸人 二〇一六b「中世成立期の社会編成と富の生成・分配の構造」『歴史学研究』九五〇。

付記 本稿の内容は科学研究費（若手研究(B)、研究課題「前近代の平野部地域における景観史と災害史の融合的研究」二〇一七～二〇一九年度予定）の成果の一部を含む。

◎コラム◎

箱崎の仏教彫刻

末吉武史

明治維新を迎えるまでの筥崎八幡宮には神宮寺としての五智輪院弥勒寺（座主坊）をはじめ、境内及び周辺には多数の仏教建築や社僧の坊が林立し、八幡神の本地仏をはじめ様々な仏像が安置されていた。しかし、明治政府が出した一連の神仏分離令により仏教関係の建築は撤去され、残念なことに多くの仏像・仏画・経典・仏具等が箱崎鯨須磨《くじらすま》にて焼却されたという。ただ、そうした中で五智輪院の賢秀をはじめとする一部の社僧の努力により破却を免れた仏像等が馬出《まいだし》村の恵光院《えこういん》に移されたことは誠に幸いであり今もそれらは大切に守り伝えられている。

ここでは恵光院に伝わる筥崎宮ゆかりの仏教彫刻について紹介したい。

一、恵光院の仏像

恵光院は瑠璃山医王寺と称し、江戸時代初期の寛永年間に福岡藩二代藩主黒田忠之によって創建された真言宗寺院である。明治の廃仏毀釈の中でも奇跡的に存続し得たのは筥崎宮社僧の位牌を安置する結縁寺であったためであるが、述べたように筥崎宮の旧仏を移座したため、今も本堂内陣には多くの仏像がひしめくように安置されている。

現在、恵光院の本尊として仏壇中央に安置されているのは**薬師如来坐像**（像高七八・一cm）である。結跏趺坐して両手を膝の上に重ねて薬壺《やくこ》を載せる等身大の像で、構造はクスノキ材による一木造。両手首先や頭部などに後世の修理の手が入っているが、体躯はゆるやかな曲線で構成され、衣文も浅く刻まれていることから制作時期は平安後期に遡るとみられる。恵光院の本尊となる前の伝来は不明ながら幾度もの修理を経て守り伝えられてきた状況が偲ばれる。

脇壇の**毘沙門天立像**（像高一五七・六cm）は筥崎宮毘沙門堂の本尊であったもので、後に「敵国降伏《てきこくごうぶく》」の勅額を掲げる

すえよし・たけし――福岡市博物館学芸員。専門は仏教美術史。主な論文に、「福岡・恵光院燈籠堂の石造十一面観音像――南宋彫刻の可能性と図像の検討」（『福岡市博物館研究紀要』二二号、二〇一二年）、「福岡・長谷寺十一面観音立像と九州の古代彫刻」（『佛教藝術』三四九号、二〇一六年）などがある。

筥崎宮楼門に安置されたとも伝える。ほぼ直立して右手に檄《げき》を持ち、左手を高く上げて宝塔を捧げる姿で、現状では岩座に立つが本来は邪鬼を踏んでいたものであろう。構造はクスノキ材による一木造で、甲の形式や穏やかな体躯表現などから平安後期の制作と認められる。

不動明王坐像（像高一二四・五cm／福岡市指定文化財）も平安後期の制作とみられ、もと筥崎宮護摩堂の本尊であったが神仏分離により護摩堂とともに恵光院に移された像である。右手に剣、左手に羂《けん》索《さく》を持ち、火炎の光背を背負って憤怒の形相をあらわす姿は迫力があるが平安仏らしい抑制のきいた品格も併せ持つ。多くの堂塔を擁して繁栄した筥崎宮に相応しい巨像と言えよう。

弥勒如来坐像（像高六九・七cm／福岡市指定文化財、**図1**）は筥崎宮弥勒寺の本尊として安置されていたもので、左手を地に着ける触地印《そくちいん》は五十六億七〇〇〇万年後に成仏する弥勒の姿をあらわしている。構造はヒノキ材の寄木造で、細やかに刻まれた螺髪や丸く穏やかな面貌など全体に平安後期の様式を示すが、頬の張りが強く衣文に写実的な感覚が加わるなど一部に新しい時代の要素も認められる。鎌倉初期の制作であろう。

　本堂地下の位牌堂に安置されている**釈迦三尊像**（福岡市指定文化財）も筥崎宮の旧仏で、本殿を取り巻く廻廊の一角にあった長講所《ちょうこうしょ》から移されてきたものである。中尊の**釈迦如来坐像**（像高九四・一cm、**図2**）は大きめの頭部や大粒の螺髪、猫背状の姿勢など鎌倉時代中頃から流行する「宋風《そうふう》」が顕著な像で十三世紀後半

図1　弥勒如来坐像

図2　釈迦如来坐像

の制作とみられる。構造は頭・体を別材製としているが、目を彫眼であらわし体躯の根幹部を一材から彫出して内刳りを施さないのはこの時期としては異例であり、造像に際しては何らかの特殊な事情があったのかもしれない。

脇侍の**普賢菩薩坐像**（総高九一・八cm）は寛永十一年（一六三四）に筥崎宮長講所の本尊として制作されたもので釈迦像とは成立を異にする。享和三年（一八〇三）に新刻された**文殊菩薩坐像**（総高九四・〇cm）とともに後に釈迦三尊像として一具とされたものである。

なお、釈迦像は納入されていた木札銘や頭部墨書銘などによると、天正四年（一五七六）に黄雲山瑞応禅寺の本尊として博多仏師の猪熊《いのくま》与次郎によって修理され、寛文九年（一六六九）にも再修理されたことがわかる。瑞応禅寺は箱崎村の東にあった寺であるが近世を待たずに廃絶したらしく、後にその本尊を筥崎宮に移したことが近世の地誌に見える。猪熊は十五世紀末からおよそ一世紀にわたって活動が跡付けられる京都仏師の流れを称する仏師系譜であり、筑前や肥前を中心に四十例ほどの活動履歴が知られている。

二、大陸系の石造物

筥崎宮は「敵国降伏」を標榜して対外的な軍神として尊崇されてきたが、一方で対外交渉とも密接に関わり、平安後期から鎌倉前期にかけては博多綱首《はかたこうしゅ》と呼ばれた中国海商の活躍の場となった。

かつて筥崎宮境内の慈眼院《じげんいん》にあり、現在は恵光院境内に移されている燈籠堂《とうろうどう》の本尊**十一面観音菩薩坐像**（総高九八・七cm、**図3**）もこうした歴史的側面を偲ばせる貴重な遺品と言えるだろう。

凝灰岩とみられる白い石材から全身を彫り出した倚像《いぞう》で、現状では十一面観音として祀られている。ただし頭上面は後世の改造とみられ、頭部を頭巾のような布で覆って丸首襟の唐服をまとう姿から、本来は白衣《びゃくえ》観音あるいは何らかの女神像であったとみられる。卵形の顔立ちや極端になで肩の体躯、尖った爪先、フリル状に波打つ衣の裾など、中国の宋・元代の仏画や彫刻に通じる彫刻表現が顕著で、本体と同質の石材から彫られた台座が九州北西部に集中して残る薩摩塔《さつまとう》や宋風獅子《そうふうしし》の基台と酷似することも見逃せない。こうした点から本像は中国などから舶載された可能性が高く、制作時期は十三世紀頃と考えられている。

本像の当初の尊名については検討を要するが、女神形の倚像という図像や対外

図3　十一面観音菩薩坐像

交渉の要地に伝来する点から媽祖《まそ》のような中国の航海守護神であった可能性も考えられよう。媽祖は天上聖母《てんじょうしょうも》とも呼ばれるが聖母の呼称は筥崎宮の祭神である神功皇后の別称であり、朝鮮半島においても聖母神を祀った記録が見える。こうした東アジア全域にまたがる聖母の信仰が本像のような異形の石像を受容する素地となったとも考えられるのではなかろうか。

なお、本像を安置する燈籠堂は『筑前国続風土記』に「承元二年（一二〇八）創立せりと云、此海中より取上たる石体の観音を安置し、又三重の閣あり」と記す特徴的な建築で、上層には龍燈《りゅうとう》をかかげたとも伝えられる。龍燈は自然の発火現象を海神が神仏に奉納する燈火と見なしたものであるが、海辺の高楼と燈火という組み合わせは船舶を導く燈台を連想させ、また観音菩薩も航海守護のほとけとして広く信仰されてきたことはよく知られている。本像についてはなお解明すべき点も多いが、その性格を考えるうえでも示唆的な伝承と言えよう。

最後に、恵光院の南門脇に立つ**石造層塔**（現状総高約二m、**図4**）にも注目しておきたい。この石塔は本来慈眼院に隣接していた筥崎宮の龍王社にあったもので、比較的目の粗い凝灰岩製で方形の軸部と軒の出の小さい屋根から構成されている。当初は五層ないし七層であったかと思われるが現状では四層のみとなっている。特筆されるのは軸部の四方に火頭窓状の仏龕を彫り、四天王像や如来像があらわされている点である。その彫刻様式は明らかに南宋時代のもので、両手を交差して剣を地に突き立てる四天王像を含む点も中国系石塔の薩摩塔と共通している。制作時期については検討を要するが、やはりこの塔も中世の対外交渉の中で船載されたとみてよいだろう。

図4　石造層塔

なお、中世の筥崎宮が舞台となった謡曲「唐船《とうせん》」には、日本に留め置かれた唐人祖慶官人を明州（寧波）から迎えにきた唐の遺児が父のために塔を建てたというくだりがあり、筥崎宮の境内にはこの説話にもとづく「唐船塔」が残されている。恵光院の石塔はまさにこうした日中交流の物語が中世の箱崎を舞台に繰り広げられたことを彷彿させる遺品と言えよう。

◎コラム◎

箱崎の元寇防塁

佐伯弘次

さえき・こうじ——九州大学大学院人文科学研究院教授。専門は日本中世史。主な著書に、『日本の中世九　モンゴル襲来の衝撃』（中央公論新社、二〇〇三年）、『日本史リブレット七七　対馬と海峡の中世史』（山川出版社、二〇〇八年）などがある。

文永十一（一二七四）の文永の役の後、鎌倉幕府は、再度のモンゴルの襲来があることを想定し、様々な対策を行った。異国警固番役を整備して、博多湾の防備を固める一方で、高麗を攻めるという異国征伐も計画した。結局、異国征伐は実施されなかったが、これと並行して準備された石築地の築造は実施され、建治二（一二七六）には一応の完成をみた。これが元寇防塁である(1)。

この石築地は、高さ約二メートル、幅約二メートルの石塁で、博多湾東部の香椎から西部の今津まで約二〇キロメートルにわたって築かれた。その間には川が存在するが、河口部には、元軍が侵入しないように乱杭が打たれた。

石築地築造の特徴は、国毎に分担地域が決まっていたことで、箱崎の地は薩摩国が担当した。石築地が築造されると、異国警固番役に変化が生じた。従来は博多湾一帯を警固していたが、築造後は、分担地域を警固するようになる。このことによって、各国と分担地域の関係は格段に強まり、香椎・姪浜・今津はそれぞれを分担した豊後・肥前・大隅の守護領となった。箱崎については、薩摩守護領が設定されたかどうか不明である。

異国警固番役や石築地役（石築地を築造したり、修理したりする課役）を勤務した後、勤務した武士たちは守護から覆勘状（勤務完了証明書）という文書を与えられた。九州には多くの覆勘状が残っているが、最も多く残っているのが薩摩国である。薩摩国関係の覆勘状は、文永九（一二七二）から延慶三（一三一〇）まで計四十一通が残る(2)。この数は、現存する覆勘状の約半分であり、薩摩国関係の覆勘状が多く残っていることがわかる。これは、鎌倉時代の在地領主の家文書が、写しも含めて多く残存しているからである。とくに最後の延慶三年の覆勘状は現存する覆勘状の最後のものであり、異国警固番役の終焉を考える上で重要な文書である。

石築地は破損をすることもあり、修理が度々なされたが、「加佐」「裏加佐」「裏芝」といった付属施設も築造された。それらの意味は必ずしも明確ではないが、「加佐」は石築地の上部、石築地の付属物、裏加佐の裏を省略したものなど様々な解釈がなされている。「裏加佐」は、石塁の後方に土砂を盛り、陸地から石塁に緩やかに登れるようにしたものという解釈がなされている。いずれにせよ、「加佐」「裏加佐」が石築地完成以後の史料に出てくるため、築造後に必要性が生じて追加作成された付属施設である。こうした「加佐」「裏加佐」も壊れることもあり、その修理が命じられている。

こうした異国警固番役の勤務や石築地の築造・修理は、当時の武家社会にも影響を与えた。とくに顕著な傾向は、御家人たちの惣領制との関係で、その勤仕のありかたをめぐって相論が頻発した。多くの場合、異国警固番役や石築地役を、惣領制の枠組みの中で惣領が庶子に配分するか、庶子が惣領から独立して、個別に勤仕するかということが幕府の法廷で争われた。幕府の判断は区々であったが、庶子が守護のもとで、惣領とは各別に（＝別々に）勤仕することを認める傾向が強かった。惣領制が解体していき、庶子が自立する傾向が見て取れる。

また、御家人たちが、異国警固番役を忌避する傾向があった。島津家の庶家である伊作島津家の島津忠長は、嘉元三（一三〇五）二月、訴状を幕府に提出した。[3]忠長は、自分の地頭得分は大変少ない上に、薩州（薩摩）と筑州（筑前）筥崎役所とは、その堺が遼遠であり、「年来の重役労効」を軽減され、先例通りに恩賞を賜りたいと述べている。武士たちにとって、異国警固番役は「重役」であり、それは本拠地と番役勤仕地が遼遠であったことも大きな原因であった。こうした流れで、番役そのものが忌避され、次第に勤仕されないようになったものと考えられる。

大正年間は、地元で元寇防塁への関心が高まった時期である。大正二年（一九一三）に今津、同九年に百道・西新・地蔵松原（箱崎）、同十年に浜男（香椎）などが発掘され、遺構が姿を現した。武谷水城は、この時発掘された地蔵松原の防塁について、次のように記している。[4]石塁は、高さ二尺（約〇・六〇六メートル）ないし三尺四五寸（約一・〇六〇五メートル）（発掘長さ約四間半）で、石塁の上部（地面の高低一様ならず）は約一尺五六寸ないし二尺、上部の石は他に取り去られたものとみなし、全高四尺（一・二一二メートル）ないし五尺（一・五一五メートル）余にすぎない。石塁の幅（厚さ）は、現存二尺ないし二尺三四寸にすぎない。石の大なるものは天然石であり、幅二尺八寸、高さ一尺、厚さ一尺五寸のものがある。

大正九年の調査では、石塁の遺構は出

図1　出土した地蔵松原の元寇防塁（武谷 1921による）

土したが、すでに一部は破壊されており、他の元寇防塁よりも小規模となっていた。しかし、石塁に使用されていた石は、天然石で、幅が約〇・八四八四メートルもある大きな石が使用されていた。

明治四十四年（一九一一）、この地（字地蔵松原）に九州帝国大学工科大学（現九州大学工学部）が設置され、その後、農学部・法文学部・理学部が同じキャンパス内に作られた。地蔵は、釈迦入滅後、弥勒が出現するまで衆生を救済する菩薩であり、日本では、平安時代以降、地獄で衆生の苦難を救い、苦難を代受する菩薩として、民衆の信仰を集めた。さらに武家社会では、軍の神としての勝軍（将軍）地蔵の信仰も生まれた。この地には石塔や石仏が多く残ることから、墓地としての性格があったと考えられる。「元寇防塁」の命名者である中山平次郎は、医科大学や工科大学内の地形などを調査し、元寇防塁の推定線を引いた。(5)

昭和四十五年（一九七〇）前後に、福岡市教育委員会による元寇防塁の発掘調査がなされた。これは初めての学術調査であり、様々な分野の研究者を結集した総合調査でもあり、多くの成果を生んだ。とくに地区ごとに防塁の構造や石材が異なることが明らかになった。ただし、箱崎地区の防塁に関しては、新知見はなかった。その後も地下鉄工事の際に調査が行われたが、元寇防塁の本体を発見するに至らなかった。一九九〇年代から二〇〇〇年にかけて福岡市教育委員会による調査が行われ、遺構の一部が確認されている。

近年、九州大学のキャンパス移転に伴い、箱崎キャンパス内の発掘調査が実施された。附属図書館付近や旧理学部内で石塁が出土し、多くの注目を集めた。理学部二号館前南地点、中央図書館前南地点、理学部中庭地点、中央図書館前北地点などが主要な調査地点である。(6)

理学部二号館前南地点（HZK一六〇一）では、古代末から近代にかけての遺構・遺物が出土した。とくにこぶし大の石が散乱した状態で見つかっており、元寇防塁の裏込め石ではないかとされている。中央図書館前南地点（HZK一六〇三・一六〇四）でも、古代末から近代にかけての遺構・遺物が出土した。とくに、砂丘を整地した上に大型の石を三段にわたって積み上げた石積み遺構が発見され、裏込めの栗石と間詰め石も見つかっている。これが元寇防塁と考えられる。さらに石塁の背面に傾斜面を持つ盛土が確認され、中世文書に出てくる「裏加佐」ではないかと推定されている。

　また、理学部中庭地点では、中央図書館前南地点の石塁に連続すると考えられる石積み遺構が見つかった。さらにその背後に溝状遺構があり、防塁と一体化した遺構であると推定された。中央図書館前北地点では、南地点で出土した石塁遺構に連続する石積み遺構が発見された。

図2　中央図書館前南出土の石積み遺構

　九州大学箱崎キャンパス内の発掘調査によって、海岸から二〇～三〇メートルの砂丘上に整地を施し、その上に石塁を築造したこと、石塁の内部には、裏込め栗石や間詰め石があり、石塁の背後には、「裏加佐」かと推定される盛土と溝状遺構があることが明らかになった。一九七〇年代の調査ではわからなかった元寇防塁の構造がより多面的に判明したことに大きな意義がある。

　今後のキャンパス内の発掘調査によって、箱崎の元寇防塁の構造がより明確になることが予想される。大正の発掘によって出土した石塁と今回の調査で見つかった石塁の方向は大きく異なっている。それは砂丘などの地形的な要因によるものと推定されるが、その具体的な様相が今後明確になることが期待される。

注

（1）元寇防塁や異国警固番役については、川添昭二編『注解元寇防塁編年史料』（福岡市教育委員会、一九七一年）、同『蒙古襲来研究史論』（雄山閣出版、一九七七年）による。

（2）川添昭二「覆勘状について」（『史淵』一〇五・一〇六合輯、一九七一年）。

（3）島津家文書、島津久長申状（竹内理三編『鎌倉遺文古文書編』二九巻二二一一一号）。

（4）武谷水城「多々良以東に於ける元寇防塁の有無に就て」（『筑紫史談』二四集、一九二一年）、同「多々良以東元寇防塁有無に就ての補足」（『筑紫史談』二五集、一九二二年）。

（5）岩永省三「中山平次郎の元寇防塁位置研究と九州大学キャンパス」（『九州大学埋蔵文化財調査室報告第一集　九州大学箱崎キャンパス発掘調査報告一　箱崎遺跡』九州大学埋蔵文化財調査室、二〇一八年）。

（6）理学部二号館前南地点と中央図書館前南地点に関しては、『九州大学埋蔵文化財調査室報告第一集　九州大学箱崎キャンパス発掘調査報告一　箱崎遺跡』（九州大学埋蔵文化財調査室、二〇一八年）が刊行されている。それ以外の地点に関しては、現地説明会資料による。

◎コラム◎

箱崎の板碑

山本隆一朗

やまもと・りゅういちろう——鳥取県立博物館学芸員。専門は日本中世史。主な論文に、「南北朝後期菊池氏の政治的動向」（『九州史学』一七一号、二〇一五年）、「在府期足利直冬政権の当知行安堵・闕所政策」（『太宰府市公文書館紀要』一二号、二〇一八年）などがある。

はじめに

地域の歴史を考える材料は多種多様である。中でも歴史を知るための重要な歴史資料は、古文書などの紙媒体で現代に伝わることが多い。一方で、文字情報は紙以外の形で残されることもある。例えば、神社や寺院にある鐘や鰐口《わにぐち》（金属製の音器）に彫り込まれた銘文、建物の修繕や施工に関わった人々の名前が記された棟札《むなふだ》などがその代表である。また、墓石や灯篭などの石造物にも、様々な情報が刻み込まれている。これらの金属・石・木製の資料は何気なく現代社会に溶け込んでいるが、重要な歴史的価値をもっているものも多い。

箱崎地域には多くの石造物が残されており、地域の歴史を垣間見ることができる。本稿では数多い石造物の中でも「板《いた》碑《び》」に注目したい。

板碑とは供養のために石で作られた卒塔婆の一種である。板碑は武蔵国（東京都・埼玉県と神奈川県の一部）が発祥とされ、後には全国的に広がっていった。九州地方は板碑が豊富に残されている地域であり、中でも箱崎地域は板碑が濃密に分布している場所の一つである。

一、箱崎地域の板碑

箱崎の板碑には、鎌倉から南北朝時代（十三～十四世紀）のものが非常に多い。この時期の箱崎地域に関わる出来事としては、モンゴル戦争（元寇）に際して元寇防塁《げんこうぼうるい》が築かれたことや、九州に下向してきた足利尊氏が後醍醐天皇方に与する菊池武敏《たけとし》らの大軍を破った多々良浜の合戦（古文書では「筥崎合戦」とも称される）などが挙げられる。

元寇防塁には多くの石材が必要とされ、筑前国沿岸部では石を用いた製品を作る土壌が整っていたとみられる。博多の町が古くは石城府と呼ばれたのも、その一端を示している。箱崎にも薩摩国の武士が築いた長大な防塁があり、同様な環境があったとみられる。

また、多々良浜の合戦は、後に幕府を開く足利尊氏の飛躍の契機となった重要な合戦であり、箱崎地域を巡る戦いが天下の趨勢を決めたと言えよう。くわえて、箱崎は博多の近郊かつ筥崎宮の門前という立地から、政治・経済の観点から見ても重要な地域であった。よって、多くの人々が居住したと考えられる。

住民の信仰の場として箱崎地域には多くの寺社が建ち並び、先述のような歴史背景の元で花開いたのが箱崎の板碑文化である。

表1は箱崎地域に残る年号が刻まれた板碑の一覧である。箱崎地域の板碑は十三世紀後半から制作されるようになり、十七世紀に入っても作られていたようである。主な施主は僧侶であった。注目すべきなのは旧暦二月・八月の造立の板碑が多い点で、これは福岡市教育委員会編の『福岡市の板碑』二四頁（一九九二年）でも指摘されている様に、彼岸の供養で製作される板碑が多かったことを示している。

二、鎌倉時代の板碑

現在、確認されている年号をもつ板碑の中で最も古いものは埼玉県大里郡江南村の嘉禄三年（一二二七）の板碑で、板碑は鎌倉時代初めごろに作られるようになったと考えられている。福岡市内には十基の鎌倉時代の板碑があるが、そのうち六基は箱崎地域に分布している。箱崎の板碑は筑前国でも比較的早い段階で伝わったようである。

鹿児島本線線路近くにある米一丸《よねいちまる》地蔵《じぞう》堂《どう》は、才覚に恵まれ絶世の美女を娶っていた米一丸という青年が、主君の横恋慕により命を落とすという悲劇のストーリーによって知られている。現在このお堂の脇には米一丸の供養塔と伝わる鎌倉時代末頃に造立された九重の石塔が所在している。

米一丸堂の中には中世の年号を持つ古い板碑がある。中には**図1**の板碑のような高さ一〇〇糎もある大型で優美なものもあり、この地域の板碑文化の隆盛をよく示している。次に挙げる板碑の銘文には、

●米一丸地蔵堂板碑銘（福岡市教育委員会『福岡市の板碑』（一九九二年）三六―⑲号。この後は『福』〇―〇と省略する。）

沙弥徳仰
嘉元々年
十一月日

とあり、徳仰という人物が造立者であることがわかる。この板碑は、年号を持つ箱崎地域の板碑の中では最古級である。

鎌倉時代末に箱崎地域に多くの板碑が造立されたことは、非常に示唆的である。

表1　箱崎周辺の中世の年号が刻まれた板碑

通称	年号	関係者	時代	所在地	備考
勝楽寺板碑	□□(延慶)2年2月24日	比丘尼妙仙	鎌倉	東区箱崎1-9-48	
	永和4年4月8日		南北朝(北)		
	応永6年(1399)	聖栄禅尼	室町		
筥崎宮板碑	建徳2年(1371)8月11日	尼妙正	南北朝(南)	東区箱崎1-22-1	
田村家板碑	正平14年(1359)		南北朝(南)	東区箱崎1-24-31	私有地内
辰巳コーポ板碑	嘉暦4年(1329)4月	定心禅門	鎌倉	東区箱崎1-24-31	
高麗大地蔵板碑	建徳元年(1370)8月	尼法蓮	南北朝(南)	東区箱崎2-9	
天満宮板碑	永和3年(1377)8月	妙法	南北朝(北)	東区箱崎2-10-20	
網屋地蔵尊板碑	正平11年(1356)2月		南北朝(南)	東区箱崎2-34	年号がある板碑は現在は特定できず。
田地蔵尊板碑	(永仁ヵ)5年(1297)	妙阿禅尼	鎌倉か	東区箱崎2-34	
	康暦2年11月25日	性栄禅尼	南北朝(北)		
米山弁財天社板碑	正□(平ヵ)□年	□□□尼	南北朝(南)	東区箱崎3-8	
	至徳2年(1385)7月		南北朝(北)		
	応永9年(1402)		室町		
内野家板碑	慶長8年(1603)11月9日	源清・妙仙	江戸初期	東区箱崎3-8-5	私有地内
	永享5年(1433)12月		室町		
	元和2年(1616)2月	花薫妙香禅尼	江戸初期		
光安家板碑	嘉暦4年ヵ(1329)4月	帰真	鎌倉	東区箱崎3-8-7	私有地内
米一丸地蔵堂板碑	正平19年(1364)	此(比)丘尼応蓮	南北朝(南)	東区箱崎6-6	
	嘉暦元年(1326)8月15日	沙弥法蓮	鎌倉か		
	嘉暦4年(1329)2月18日	比丘尼観阿	鎌倉か		
	観応3年(1352)8月11日	沙弥本性	南北朝(北)		
	建徳2年(1371)10月12日	妙□禅門	南北朝(南)		
	永徳元年(1381)11月28日	道阿・妙仙	南北朝(北)		
	永享5年(1433)2月28日	□仙禅尼	南北朝(北)		
	嘉元元年(1303)11月	沙弥徳仰	鎌倉		
	応永6年(1399)2月23日	修妙大姉	室町		
勝軍地蔵堂板碑	貞和2年(1346)7月15日	沙門□□	南北朝(北)	東区箱崎6-7	
	正平21年(1366)	尼妙正	南北朝(南)		
	応安5年(1372)8月	妙本禅尼	南北朝(北)		
	応永32年(1425)7月18日	妙仰禅尼	室町		
	永和5年(1379)2月	沙弥如□	南北朝(北)		
	応永□年	比丘□□□	室町		
	康応2年(1390)2月6日		南北朝(北)		
三角稲荷神社板碑	康暦元年(1379)2月2日		南北朝(北)	東区馬出1-20-1	
	嘉暦4年(1329)2月8日	比丘□□□	鎌倉		
	永徳3年(1383)8月	沙弥禅□	南北朝(北)		
	正平25年(1370)8月28日	性妙禅尼	南北朝(南)		
	延文4年(1359)10月23日		南北朝(北)		
	正平24年(1369)8月18日		南北朝(南)		
田原家板碑	応□(安ヵ)元年閏6月16日		南北朝(北)	東区馬出5-27-7	私有地内
妙徳寺板碑	至徳3年(1386)4月12日	沙弥浄心	南北朝(北)	東区馬出5-36-5	
恵光院板碑	応永8年(1401)□月15日	道刑□□	室町	東区馬出5-36-5	
	明徳5年(1394)8月12日	勝善大姉	室町		
	永徳3年(1382)8月24日	沙□□□	南北朝(北)		
松崎六田地蔵板碑	正平21年(1366)7月	聖中禅門	南北朝(南)	東区松島1-12-8	

※通称については『福岡市の板碑』に拠った。板碑の中には私有地・堂宇内に所在するものもあり、見学には注意が必要である。「南北朝(北)」は北朝年号、「南北朝(南)」は南朝年号が刻まれていたことを示している。
※一部、箱崎に隣接する馬出・松島地域のものも含めている。

箱崎の板碑には玄武岩《げんぶがん》が多く用いられているが、玄武岩は硬質で元寇防塁にもしばしば用いられている石材である。箱崎の元寇防塁造営のため整備された石材の調達ルートや加工技術が、板碑の制作に役立てられた可能性がある。鎌倉末につくられた箱崎の板碑は、いわばモンゴル戦争が九州に与えた文化的な影響の一つと見なしえよう。

図1　米一丸地蔵堂板碑銘

三、南北朝時代の板碑

箱崎一帯には、多くの地蔵尊がある。地蔵尊では、人形を箱庭に入れて祀る「人形飾り」という行事が夏に行われているが、これは先述の多々良浜の合戦の戦没者を弔う意味があったという。これらの地蔵尊の境内にも多くの板碑が祀られている。

箱崎二丁目の網屋地蔵尊にある板碑（『福』二六）は現在風化が進んでいるが、昭和三十三年の段階では「正平十一年（一三五六年）二月日」・「為二世安楽」という南北朝期の年号と銘文の一部が判読できたようである。この板碑の施主は現世と来世の「二世」にわたる安寧を祈願した。この様な生前供養は「逆修《ぎゃくしゅ》」と呼ばれ、中世では広く行われていた。逆修の代表的な方法は、板碑や石塔などを造立することであった。

他の地蔵尊では南北朝期の年号があるものは確認できていない。しかし、古くから地域のいたるところに南北朝時代の板碑が見られたことが『太平記』などで有名な多々良浜の合戦の物語と結びつき、慰霊という伝承が生まれたのだろう。

四、箱崎の南朝年号板碑

箱崎地域の板碑には、「南朝年号」が刻まれているものが多い。南北朝時代において北朝と南朝ではそれぞれ別の年号を用いており、南朝方が用いた年号は南朝年号と呼ばれている。箱崎では、南北朝中後期の「正平」や「建徳」の南朝年号を持つ板碑が確認されている。九州の古文書の中では南朝年号を持つ文書の割合は凡そ一割ほどといわれているが（瀬野精一郎「九州地方における南北朝時代文書の数量的分析」（『日本歴史』三一三号、一九七四年））、箱崎地域にある南北朝期の年号をもつ板碑二十八基中の十一基に南朝年号が刻まれている。これは箱崎地域の板碑の南朝年号使用の割合が、古文書に比べて非常に高いことを示している。古文書は破損して失われている可能性もあるが、石造物は非常に丈夫で当時の状況がそのまま残されていると考えられる。

南朝勢力は全国的には、一三六〇年代には衰退していく。しかし、九州は例外的に後醍醐天皇の皇子である懐良親王を中心とした征西将軍府が、大宰府・博多を制圧して覇権を握った。特に箱崎の板碑においては、南朝勢力が九州での覇権を握った正平十四年（延文四年・一三五九）の筑後川の合戦から、筑後国高良山（現久留米市）への撤退を余儀なくされる文中元年（応安五年・一三七二年）の間のものが十基と大多数を占めている。また、この時期の筥崎宮遷宮行事に征西将軍府が関与していることも明らかにされている（有川宜博「南朝方としての筥崎宮」『新修福岡市史のしおり　資料編中世2』二〇一四年）。

これらを踏まえると、箱崎地域が南朝勢力と深いつながりを有していたことが、南朝年号を持つ板碑の施入につながったことは想像に難くない。また、九州南朝の中心的な存在であった肥後国（熊本県）菊池氏の勢力圏に、筥崎宮の社領が多くあったことも影響している可能性が高い。南朝勢力と板碑文化の関係性は、今後深められるべき興味深いテーマだと考える。

図2　勝軍地蔵堂板碑銘

五、市内最大級の板碑

さて、地蔵松原にある勝軍地蔵堂には、市内最大級の板碑がある（図2）。

●勝軍地蔵堂板碑銘（『福』三七―①）

観世音菩薩

沙門□

南無阿弥陀仏

貞和二年七月十五日

大勢至菩薩

板碑は阿弥陀三尊（阿弥陀仏・観世音菩薩・勢至菩薩）を梵字ではなく文字で配している。勝軍地蔵堂には中世の石造地蔵菩薩坐像があり、平重盛（清盛の息子）が中国の育王山に金を送った際にもたらされたという言い伝えがあるという。

六、筥崎宮の板碑

箱崎の町の成り立ちに大きく関わっている筥崎宮境内にも数基の板碑が残されている（**図3**）。

●筥崎宮板碑（『福』一七―①）

右造立如件

尼妙正

仍為法界

建徳二八月

十一日

先述の勝軍地蔵堂板碑と同じ阿弥陀三尊の種を梵字で配した下に、右の銘文が刻まれている。尼僧妙正が建徳二年（応安二年・一三七一）供養のために造立したことがわかる。箱崎の板碑は、女性の発願によって制作されたものが多く、史料が少ない女性の信仰を知るための好史料である。

図3　筥崎宮の建徳年号を持つ板碑（『福』より引用）

おわりに

箱崎の町には一見すると見過ごしてしまうような辻堂や路地裏に、板碑が数多く祀られている。これらの板碑は数百年にわたって箱崎地域を見守ってきた歴史の証人であり、地域のあゆみを考える上でも重要である。今後も変化し続ける箱崎の町の中で、板碑という貴重な文化財が永く守り継がれることを切に願ってやまない。

◎コラム◎

箱崎の芸能

稲田秀雄

いなだ・ひでお——山口県立大学国際文化学部文化創造学科教授。専門は、能・狂言を中心とする日本中世劇文学。主な著書に『天理本狂言六義』上・下（共著、三弥井書店、一九九四～一九九五年）、『山口鷺流狂言資料集成』（共著、山口市教育委員会、二〇〇一年）、論文に「狂言に見る祇園会風流——「鬮罪人」を中心に」（『藝能史研究』二一八号、二〇一七年）などがある。

一、能「唐船《とうせん》」

箱崎にゆかりの芸能として、まずは能「唐船」の粗筋を紹介しよう。箱崎の某（ワキ）は、十数年前、唐土と日本の船いくさがあって以来、箱崎に抑留している祖慶官人《そけいかんにん》という唐人に労役をさせており、今日も牛飼いをさせるよう下人（アイ）を通して命じる。そこへ唐土に残した祖慶官人の二人の子（そんし・そいう）（子方）が、数の宝を携え、船頭（アイ）の操る唐船に乗って、はるばる父親を引き取りにやって来る。一方、祖慶官人（シテ）は日本で生まれた二人の子（子方）を連れ、「唐土の大きさは日本と比べものにならない」などと話しつつ、牛を牽いて帰る。待ち受けていた唐土の子との再会を喜んだ官人は、さっそく帰国を申し出、箱崎の某もそれを了承する。勇んで船に乗ろうとすると、日本の子が、自分たちも一緒に連れて行ってほしいと言う。しかし、箱崎の某は、日本の子の同行を許さない。唐土の子は、風向きがよいからと帰国を急がせ、日本の子は引き留める。板挟みとなった祖慶官人は、思い余って海へ身を投げようとする。唐土・日本の子どもたちはそこへ駆け寄り、官人の左右の袖にすがって留める。この有様に哀れを催した箱崎の某は、日本の子を連れ帰ることも許す。一転して喜びの船出となり、祖慶官人は船中で舞を舞いつつ、四人の子どもたちとともに唐土へ帰っていく。

以上のように、「唐船」は、日本（箱崎）に抑留されている唐人と、日本で生まれた子二人、さらに唐土（中国）の子二人という国を隔てた親子関係を構想の中心に据えている。このような国際関係を扱った内容は、能の中でも他に類を見ない。観世流以下五流すべてにあるが、四人の子方（子役）を揃える必要があるので、上演頻度はさほど高くない。

世阿弥が金春禅竹に相伝した能本の目録『能本三十五番目録』に見える「ウシヒキノ能」を本曲と見て、作者を世阿弥の息男・元雅とする説がある（西野春雄「ウシヒキノ能」『銕仙』二〇八、一九七三年）。それならば室町前期（世阿弥存命時）成立の可能性もあろう。

そうであるとすれば、本曲の発端で箱崎某がいう「唐土と日本の船いくさ」に、応永二十六年（一四一九）の、いわゆる「応永の外寇」の反映を見る見解が注目される（山中玲子「「唐船」の背景――応永の外寇など」『銕仙』三二一、一九八四年）。一方で応永の外寇との関連は薄いとする意見もある（竹本幹夫「〈唐船〉の作風と趣向」『銕仙』六五二、二〇一五年）ものの、唐人が日本に抑留されているという特異な設定は、何らかの史実の反映であってもおかしくはない。かりにそれが応永の外寇でないとしても、そうした設定は、博多と並び大陸交易の要衝であった箱崎には、まことに相応しい。

本曲では、唐船の作り物が舞台に出される。この曲以外に使用例のない、珍しい作り物である。この狭い船中で、シテの祖慶官人が舞うという演出もまた珍しい。演劇一般の大道具に当たる能の作り物は、概して簡素なものが多い。特に船の作り物は、骨組みだけのような形態が普通であるが、本曲に用いられる唐船の作り物は、竹の枠に緞子を張って船形を作り（緞子を張らない流儀もある）、しかも帆柱を立てる。そして、そこに美しい帆を上げることができる。終曲部の「帆を引き連れて」のところで、狂言役者である唐人の船頭によって、帆柱に帆が引き上げられるのである。本曲に唐船の作り物が用いられること、それを狂言役者が操作することは、江戸初期の演出資料（『大蔵虎清間・風流伝書』『岡家本江戸初期能型付』『能間・作物作法』〈神宮文庫蔵〉）に明記されており、成立当初からの演出である可能性も高い。

近世の成立と考えられる番外曲「箱崎物狂」は、本曲の後日談である。唐土に渡った日本の子が、日本に残った母を迎えにくるという内容で、「唐船」では登場しない（話題にもなっていない）祖慶官人の日本妻をとりあげた構想が興味深い。

現在、筥崎宮境内の一之鳥居を入ってすぐ右手、透塀の内側に、能「唐船」ゆかりの唐船塔と夫婦石がある。もちろん後世の付会であるが、夫婦石という名づけに見られるように、祖慶官人の日本妻は、後々まで気になる存在であったようだ。ちなみに、狂言「唐人子宝」（和泉流現行曲。廃絶した鷺流でも演じた）は、この「唐船」を狂言化したもの。唐人と日本人妻が出る狂言「茶子味梅《ちゃさんばい》」（和泉流現行曲）の舞台も、現行では箱崎となっている。

二、能「箱崎」

箱崎は筥崎宮（箱崎八幡）の門前町としても栄えた。能「箱崎」は、その筥崎宮を舞台とする世阿弥作の脇能（神霊を主役として、当代・国土の賛美を旨とする能）である。世阿弥の伝書『三道』（応永三十年〈一四二三〉奥書）に、女体の能の例曲として見える他、同じく世阿弥の『五音』上にも謡の一部を引き、世阿弥の芸談を子の元能が編んだ『申楽談儀』（永享二年〈一四三〇〉奥書）も世阿弥作とする。以上により、「箱崎」は、応永三十年以前に世阿弥によって制作されたことが明らかである。

本曲は室町末期あたりから上演が絶えており、現在、五流とも現行曲ではないが、能楽研究者である松岡心平氏の監修により、観世清和氏（観世流宗家）の主演で復曲（復活上演）がなされている（観世清和・松岡心平「対談・復曲〈箱崎〉にむけて」『観世』七〇―六、二〇〇三年）。すなわち、二〇〇三年七月三十一日、観世文庫自主公演として、東京・観世能楽堂で演じられた後、同年八月十日、筥崎宮御鎮座一〇八〇年平成本殿大修理落成記念として、筥崎宮拝殿においても上演されたのである。

醍醐天皇に仕える壬生忠岑（ワキ）が箱崎八幡に参詣すると、二人の女（前シテ・ツレ）がやって来て、神前の松の木蔭を掃き清める様子である。忠岑が箱崎の松について尋ねると、女は、自分たちが清めるこの松こそ箱崎の松であると言って、かつて神功皇后がこの松の下に戒・定・恵の三学の妙文を収めた箱を埋めたという由来を語る。そして、この松に吹く風も寄せる波の音も、まさしく「法《のり》の声」に他ならないと松を称え、この松蔭に座して待てば、必ず奇特を見せようと言い、自分は八幡神の母であると告げて、姿を消す（中入）。忠岑に呼び出されたあたりの者（アイ）が箱崎の松の由来を語った後、忠岑が松蔭に待っていると、神功皇后とおぼしき女神（後シテ）が現れ、三学の妙文を取り出して忠岑に見せ、その功徳を讃嘆して舞う。やがて夜も明け、妙文の箱は再び松の下に納まり、風も収まって、箱崎の松蔭は静けさを取り戻すのだった。

曲中ではっきりとは名乗らないが、本曲のシテは八幡神すなわち応神天皇の母・神功皇后（筥崎宮の祭神でもある）であることは明らかである。室町末期の演出資料である『舞芸六輪次第』にもそのことを明記し、「きやう（経）をもつて出ル也」とある。経巻を携えた神功皇后に「天女の舞」（世阿弥も一目置いていた近江猿楽の役者・犬王の得意芸で、現存しない舞事）を舞わせるのが、作者のねらいであったらしい。

「敵国降伏」の額を掲げる筥崎宮楼門に向かって右手前に、垣に囲まれた「筥松（標の松）」がある（**図1**）。説明板（社伝）には、この下に神功皇后が応神天皇を生んだ際の胞衣《えな》が埋められているとあるが、能「箱崎」の前場では、この松の由来が以下のように語られる。

そもそもこの箱崎の松と申すは、忝くも神功皇后異国退治の御時この国

に下り、戒定恵の三学の妙文を、金《こがね》の箱に入れてこの松の下に埋みたまふにより、箱崎とは申すなり
（貞享三年刊三百番本により、若干表記を改めた）

図1　能「箱崎」ゆかりの筥松（標の松）

仏道修行の基本項目である三学（戒・定・恵）の経文の箱を埋めたことから、ここを箱崎というのだとする地名起源説は、石清水八幡宮蔵『諸縁起』（建保七年〈一二一九〉、別当幸清撰）に引く『筥崎宮縁起』（延長二年〈九二四〉）及び大江匡房『筥崎宮紀《ママ》』を始めとして、『八幡愚童訓』下（甲本）、『八幡宮巡拝記』上、『八幡大菩薩御縁起』、『八幡宮縁起』といった中世の代表的な八幡縁起、『藻塩草』（巻五・崎）のような連歌辞書、さらには細川幽斎『九州道の記』、木下勝俊『九州の道の記』等の紀行にまで同様の説が見えており、中世ではこちらの説が流布していたようである。

能「箱崎」は、この標の松を中心的な景物として、それに月が照り、風が吹くという光景を描き出す。その下に聖なる妙文の箱を埋め、真如の月に照らされた箱崎の松に吹く風や、寄せ来る波の音は、そのまま仏法の真理を伝える響きとなるのである。曲中に引く和歌「箱崎の松吹く風も波の音もたぐへて聞けば四徳波羅蜜」（『古事談』第五、『八幡愚童訓』下（甲・乙本）、『八幡宮巡拝記』下、『法華経直談鈔』第八末等に見え、それぞれ小異あり）がそうした叙景の発想源となっているのであろう。

そもそも本曲では、外征伝承のヒロインとして著名な神功皇后の軍神的性格は、全く強調されていない。むしろ八幡神の母であり、秘められた経文を見せてくれる女神（菩薩）であることが重要なのである。中世の神功皇后像の中では異彩を放つものといえよう。

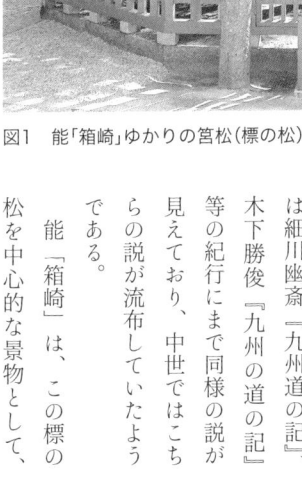

◎コラム◎

箱崎松原と神木の松

林　文理

かつて博多湾を取り巻く砂丘上には松原が連なっていた。そのひとつ、博多から筥崎宮《はこざきぐう》（筥崎八幡宮ともいう。筑前一宮、旧官幣大社）に至る約二キロメートルの海岸には、箱崎松原《はこざきまつばら》（福岡市博多区・東区、「千代松原」「博多松原」「十里松」などともいう）と呼ばれるうっそうとした松原が形成され、古くから名所として知られていた。しかし、近代化・都市化によって松林は消え、現在では昔の姿をとどめていない。

本コラムでは、箱崎松原と筥崎宮の神木とされる松について取り上げてみたい。

一、神木筥崎松の禁制《きんぜい》

箱崎松原に関する康正二年（一四五六）の禁制（『田村文書』、」は行替えを示す）が筥崎宮に残されている。

禁制　筥崎松

右、御神木採用事、代々禁遏之」旨炳焉也、而或号門松、或号祇園」会以下作物、雅意伐取之輩、至其」身過怠者、非沙汰限、於自今以後者、」罪科於可被懸六親之、且者就」社家註進、堅固可有御裁断」状如件

康正弐年十一月　日　加賀守（花押）

沙　弥（花押）

駿河守（花押）

大宮司殿

この禁制は、博多町人が「雅意《がい》」（好き勝手）に門松《かどまつ》と祇園会《ぎおんえ》（山笠《やまかさ》）以下の作物《つくりもの》として、「筥崎松」（箱崎松原そのものを指すか、箱崎松原の松のこと）＝御神木を「採用」（伐採と利用・使用）しているという筥崎宮社家の訴えが、山口にいる筑前国守護大内教弘《おおうちのりひろ》へ伝達され、大内氏奉行人《ぶぎょうにん》（加賀守仁保盛安《にほもりやす》・沙弥飯田昌秀《しゃみいいだまさひで》・駿河守内藤道行《ないとうみちゆき》）が連署し筥崎宮大宮司にあてたもので、代々禁遏《きんあつ》（禁止のこと）

はやし・ふみのり――元福岡市博物館学芸員。専門は日本中世史。主な論文に、「中世如法経信仰の展開と構造」（中世寺院史研究会編『中世寺院史の研究』上巻、法藏館、一九八八年）、「若狭国太良荘」（網野善彦・石井進・稲垣泰彦・永原慶二編『講座　日本荘園史』第六巻、吉川弘文館、一九九三年）、「博多綱首の歴史的位置――博多における権門貿易」（大阪大学文学部日本史研究室創立五〇周年記念論文集『古代中世の社会と国家』清文堂、一九九八年）などがある。

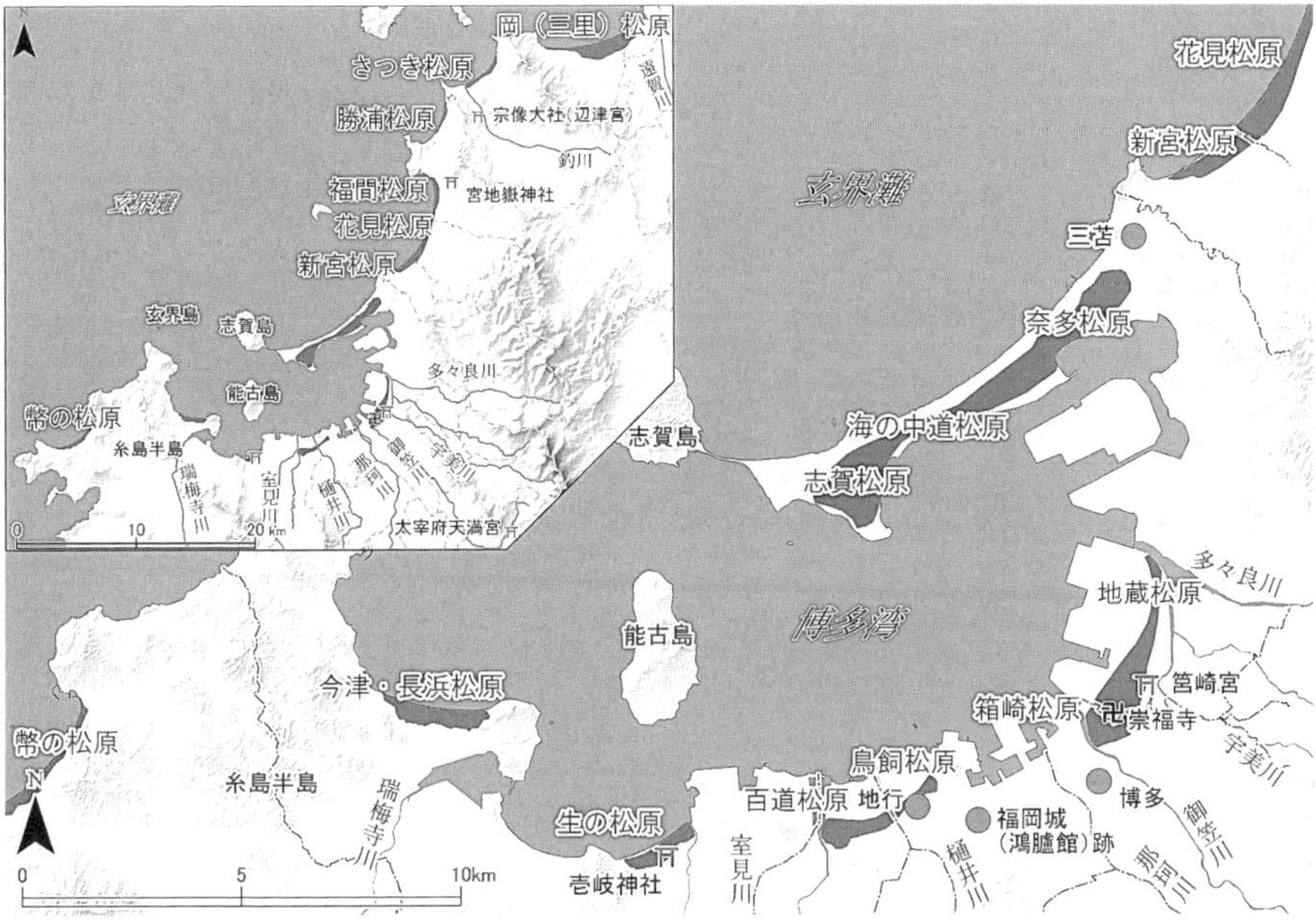

図1　博多湾の松原
箱崎松原と生の松原以外は、江戸時代以降に植林された松原

されていることは炳焉《へいえん》（あきらか）であるから、御神木である筥崎松を「採用」することを禁止するというものである。処罰は、①その身過怠《かたい》に至るのは、沙汰するまでもなく当然である、②自今以後においては罪科を六親《りくしん》に懸ける、③社家注進に従って厳密に大内氏が処分を下す、という厳しい内容のものであった。十一月の日付から、正月用の門松のための伐採がとくに問題視されたものと思われる。

二、筥崎宮の「神木」論理

筥崎宮境内の「筥松《はこまつ》」は、神功皇后が応神天皇を出産した際の胞《えな》を納めた筥（箱、一説では戒・定・恵の三篋《はこ》）を埋め、その標《しるし》として植えられた松に由来する神聖な樹木とされる。室町時代の文明十二年（一四八〇）、連歌師《れんがし》飯尾宗祇《いいおそうぎ》が、大内氏の招きで太宰府・博多などの北部九州を旅した時の紀行文『筑紫道記《つくしみちのき》』では、斎垣《いがき》された筥松に祈念して「古《いにしへ》の法のためしに秋の霜を　陰におさめよ筥崎の松」、また、箱崎松原については「一木にはいかに定めし筥崎や　松は何《いづ》れも神のしるしを」という和歌を詠んでおり、その頃には「筥松」とともに箱崎松原の松も神木として定着していたものと思われる。

その後の文明十五年（一四八三）筑前国守護大内氏家臣連署による「箱崎松」禁制（『田村文書』）や永禄二年（一五五九）豊後大友氏家臣高橋鑑種《たかはしあきたね》の「箱崎宮松原」禁制（『筑紫

図2　斎垣された神木「筥松」と「伏敵門」と呼ばれる筥崎宮楼門（重要文化財）

家文書』・『箱崎社鑑』にみられるように、軍勢甲乙人《ぐんぜいこうおつにん》（軍勢や一般の人々）に対する神木採用禁止という形で、康正二年の禁制は継承されていった。時の権力者は筥崎宮の箱崎松原に対する領主権を保証しており、筥崎宮は境内の神木「筥松」を核に、その神威を境外の箱崎松原に拡げ、さらに社領の内外にまで及ぼす「神木」の論理を展開していたと考えられる。

　ところが、九州平定のためにやって来た豊臣秀吉によって、神木に対する意識は大きく変わっていった。筑前国地誌『筑前国続風土記《ちくぜんのくにぞくふどき》』（元禄十六年〈一七〇三〉、福岡藩の儒者貝原益軒《かいばらえきけん》選定）では、天正十五年（一五八七）豊臣秀吉が九州平定のため箱崎に滞陣した時、「利休（千利休のこと）又箱崎松原海道の南、夷堂《えびすどう》の東北にて、松の枝にくさりをかけ、雲龍の小釜をつり、松葉をたきて、秀吉公に茶を奉る」と記されている。この松は「利休釜掛けの松」と呼ばれ、その記念碑が九州大学医学部構内に建てられているが、これは以前までの神木意識を、豊臣秀吉という権力者が強引に改変させたことを示すものだろう。その後、社領はいったん没収され、豊臣秀吉が糟屋郡《かすやぐん》で五〇〇石を、また小早川秀秋も検地の上、糟屋郡において五〇〇石を、さらに黒田長政も同じく糟屋郡箱崎村のうちで五〇〇石を寄進し、社領五〇〇石は代々福岡藩によって安堵された。また、禅宗寺院崇福寺《そうふくじ》は福岡藩主黒田家菩提所として太宰府から箱崎松原へ移され、箱崎松原を通る唐津街道も整備された。さらに、箱崎松原の落松葉掻きに関する博多との万治二年（一六五九）からの争論では、筥崎宮ではなく箱崎松原にある箱崎村・馬《ま》出《いだし》村・西堅粕《かたかす》村・東堅粕村の四か村が訴えの主体として登場しており、近世では筥崎宮の箱崎松原に対する領主権は否定されたものと考えられる。

三、博多町人の論理

先の康正二年禁制は、博多における門松や祇園会（山笠）に関する興味ある史料であるが、ここでは筥崎松＝御神木の「採用」に対する博多町人の論理を探ってみよう。この禁制からは博多町人側の言い分は読み取れないが、はたして博多町人が好き勝手（「雅意」）に筥崎松＝御神木を伐り取っていたのであろうか。

　江戸時代中期、博多年行司会所の文書・記録を編さんした『博多津要録《はかたつようろく》』（原《はら》田安信《だやすのぶ》編）では、焚き付け用の燃料となる箱崎松原の落松葉掻きについて、先述の四か村との争論のなかで博多は次のように主張している。元禄十一年（一六九八）では「博多松原と申儀ハ、八幡宮箱崎江《へ》御遷宮無御座以前、天智天皇松原御詠覧之節（中略）其時分より博多松原と申伝候、依之《これにより》古来より松原落葉津中にかき来申候儀、津中前々より之記録ニも御座候」と述べ、博多松原（箱崎松原のこと）は、八幡宮（筥崎宮のこと）の箱崎への遷宮（延長元年〈九二三〉の『延長元年託宣』によると、この年穂波郡《ほなみぐん》の大分八幡宮《だいぶはちまんぐう》〈現飯塚市〉から現在地に遷座したという）以前、天智天皇《てんじてんのう》の時代（在位六六八～六七一年）から博多津中が落松葉を掻いてきたという。また、元文五年（一七四〇）にも「松原之儀ハ、往古より博多松原と申伝、往古ハ一円ニ博多より一式之支配仕来申」という申し伝えをもとに、落松葉の支配はすべて博多の権利だ、と主張している。博多は「博多松原」（「箱崎松原」と称しない点に注意）を往古より一円に支配しており、天智天皇の時代から博多町人が落松葉を掻いてきていたという論理でもって対抗しているのである。門松や祇園会（山笠）以下の作物のための松木の伐採ではなく、焚き付け用の落松葉掻きであり、また近世の史料ではあるけれども、ここからさかのぼって中世博多町人の論理を推し測ることも可能であろう。

おわりに——神木意識の変遷

それでは、箱崎松原の神木松についての意識はどう変わったのであろうか。『筑前国続風土記』では、「寛永十二年（一六三五）七月廿七日大風おひたゝしく吹て、箱崎の松大木二千余株、倒をしかは、国君より奉行を定め、倒れ木を切せ玉ひしに、此時諸人甚《はなはだ》神威をたうとひおそれ、箱崎の松は皆神木なれはとて、是を用ひて家を作り、薪とする事をおちはゝかり、士は云に及はす、農工商の貧賤の民まて、求め採て私用とする者一人もなかりしかは、諸社諸寺の神人僧《じにんそう》徒《と》の輩《ともがら》に、わかちつかはされて、寺社の材のみ用ける。又橋をかくる材に用らる。橋は往来の諸人をわたして助ある物なれは、一人の私用に非す、是を用ふるは神慮にも叶ふへけれはとて、いさゝかおそれなかりしとかや」と記している。大風で転倒した箱崎松原の松は、神木として畏れ、私用することなく、寺社の建築材や橋材として公共的に利用するのは神慮にも叶う、と述べており、近世的な神木観がみてとれる。

このように、近世でも神木としての意識は続いていたといえよう。しかし、中世のような領主支配としての神木の論理が存在していたわけではない。中世から近世への神木意識の変化を注視する必要があろう。

附記　本コラムは、拙稿「福岡神木ものがたり」（福岡市博物館部門別展示解説リーフレット二九〇、二〇〇六年）、同「博多湾の松原——松原が語る福岡の歴史」（『新修　福岡市史——特別編　自然と遺跡からみた福岡の歴史』二〇一三年）を参考にした。

◎コラム◎

秀吉の箱崎滞陣と途絶した博多築城

中野　等

なかの・ひとし――九州大学大学院比較社会研究院教授。専門は日本近世史。主な著書に、『文禄・慶長の役』（戦争の日本史一六号、吉川弘文館、二〇〇八年）、『石田三成伝』（吉川弘文館、二〇〇八年）などがある。

天正十五年五月八日、秀吉が陣所としていた薩摩川内の泰平寺に島津義久が訪れ、降伏を申し出る。秀吉は五月九日付で義久（修理大夫、入道名は「龍伯」）に対して「薩摩一国」を充行い、ついで五月二十五日付で義久の実弟義弘（兵庫頭、入道名は「維新」）に「大隅国」を充行う（このうち「肝属一郡」については伊集院忠棟に与えられる）。こののち秀吉は肥薩路を北上して帰途につくが、その途次五月晦日付で相良頼房（宮内大輔）に「肥後国求麻郡事」を与え、六月二日には佐々成政に「肥後一国之事」を充行う。このように戦後九州の「国割」をすすめながら、秀吉は六月五日に筑後の高良山に入る。秀吉はここで生駒親正（雅楽頭）・早川長政（主馬頭）に充てて次のような朱印状を発している（東京大学史料編纂所所蔵影写本「大山文書」）。

急度被仰遣候、今日於高良山被成御座候、明日宰府へ被移御座候、然者箱崎之宮、御座可然之由候間、即彼宮をそさうニこしらへ可申候、当座之儀候間、成其意候て、早速出来候様可入精候、明後七日ニそれへ御座候事候間、無由断可申付候、尚片桐市正可申候也、

午下刻

六月五日（秀吉朱印）

生駒雅楽頭とのへ

早川主馬頭とのへ

翌六日の宿所は大宰府と定まっていたいたようであるが、肝心の博多における在所を箱崎宮と最終的に決したのは五日の正午過ぎだったのである。同日付で秀吉は生駒親正の子一正（三吉、のちの讃岐守）に充て「はかたニ当座かりの御座所見計立候へと、雅楽頭かたへ被仰遣候、然者秋月にて、かりいの御座所ニ可立家をこほち候て、早々もたせ罷越、雅

楽頭申談可立候、大なる家ハ不入事候間、成其意、見計こほち候て、はかたへ急ニ可罷越候」という内容の朱印状を発している。この朱印状にも日付に懸けて「午刻」と時刻が記されており、秀吉の指示がいかにも急であったことが分かる。

　やや時間が前後するが、秀吉は島津攻めに際し自らに味方する北部九州の諸将に対し、秋月で軍勢を合流をするように命じていた。実際に秀吉はここに数日とどまっており、秋月にしかるべき施設があったことは確実であろう。秀吉は秋月にあった御座所を解体させ、その部材を用いて箱崎宮の境内に自らの御座所を建てさせたのである。

　こうして慌ただしく秀吉の御座所となった筑前箱崎であるが、予定通り六月七日に到着した秀吉は結果的に六月いっぱいここに滞在し、単に九州支配のみならず国内統一という点からみてもきわめて重要な施策を打ち出していくこととなる。いわゆる「伴天連《バテレン》追放令」などはその筆頭にあげられる重要政策であろう。本来ならそうした問題についても言及すべきであるが、紙幅の関係もあるので、ここではそうした既知の話題についてはしばらく措くこととし、以下では箱崎滞陣中の秀吉が博多に対してどのような構想をもっていたのかについてみていくこととする。

　必ずしも良質な史料ではないが、博多商人神屋宗湛ののこした『宗湛日記』には、次のようにある。

> 一、同十日、関白様博多ノアト可有御覧トテ、社頭ノ前ヨリ、フスタト申候南蛮船ニメサレ、博多ニ御着候、御船ニ乗候物ハ、ハテル両人・宗湛其外小姓衆也、博多ノ浜ニテ御進物ヲアケ申候ヘハ、其内銀子一枚ハカリ被召上候、其外ノ物ハ博多ニ被下候也、
> 同十一日ヨリ、博多町ノサシ図ヲ書付ラレテ、十二日ヨリノ町ワリ也、博多町ワリ奉行衆事、瀧川三郎兵衛トノ・長束大蔵トノ・山崎志摩トノ・小西摂州・此五人ナリ、
> 下奉行三十人有、

　このように、秀吉は度々の兵禍によって衰亡した博多の復興を指揮する。復興の指揮にあたる五名の奉行衆について、『宗湛日記』は四名の名を記すのみであるが、のこる一名は記主である神屋宗湛ではなかろうか。ここでは「此」を記主神屋宗湛の一人称と考えておく。

　ところで、義久の降伏後の段階で秀吉は「御隙明次第、筑前国至博多被移御座、彼地自大唐・南蛮国之船着候間、丈夫ニ城普請可被仰付候、然者高麗国へ被差遣人数、可被成御成敗事」と述べ、博多に城郭を設けて「高麗国」へ派兵する心算を披瀝している。この博多築城計画自体決して周知のものではなかったし、ましてこの計画がどの程度の実効性・具体性をもったのかなどの検証もかつてなされ

ることもなかった。ところが、現在刊行が進む『豊臣秀吉文書集』の編纂過程で、つぎの秀吉発給文書（東京大学史料編纂所所蔵写真帳「田尻文書」）が問題となり、微かに状況が動くこととなった。

尚以、委細被仰含口上、片桐市正被遣候、以上、

態染筆候、

一、其城普請何程出来候哉之事、

一、城内ニはや家をいか程、相立候哉之事、

一、御普請出来候者、一夜泊ニ為被御覧可被成御座候、然者従此方御成之路次をつくらせ、渡候船以下相集、御左右可申上候、無由断可指急候也、

六月廿一日（秀吉朱印）

羽柴丹後侍従とのへ

羽柴松加島侍従とのへ

羽柴岐阜侍従とのへ

羽柴曽祢侍従とのへ

羽柴若狭守（侍従カ）とのへ

林長兵衛とのへ

戸田民部少輔とのへ

竜造寺民部大夫とのへ

秀吉がどこかの城普請に言及している訳であるが、具体的な地名は一切登場していない。そこで、文書の年紀と秀吉の居所から場所を絞り込んでいく作業が必要となる。地名がないので人名の表記に拠りつつ、年紀比定をすすめることになるが、決め手となるのは「羽柴松加島侍従」であった。結果からいうと、充所のひとり「羽柴松加島侍従」は蒲生氏郷であるが、氏郷は天正十六年四月に正四位下左近衛権少将に叙任されており、また八月には居城を伊勢松ヶ島から松阪に移し、以後は「羽柴松阪少将」と称されることとなる。ここから、この文書の下限は天正十五年となるが、充所に竜造寺政家の名がみえることから、九州平定戦以前には遡らない。従って、この文書の年紀は天正十五年と確定される。いうまでもなく、天正十五年六月に秀吉は箱崎宮の陣所にあったわけであり、そこから秀吉は何処かの城普請を督していたのである。文書中に明示はないものの、既述した秀吉の意図を踏まえると、ここで普請の対象となっているのは「博多」の城である可能性が高い。この文書にみえる城普請が博多のことだとすると、箱崎宮に入った秀吉は早速、細川忠興・蒲生氏郷・池田輝政・稲葉貞通・丹羽長重・林直次・戸田勝隆・竜造寺政家等に命じて築城を開始したこととなる。ちなみに、竜造寺政家以外の諸将については、その名が天正十五年正月一日付の「至九州御動座次第」にみえており、彼らすべての九州従軍が確認される（大阪城天守閣所蔵文書）。秀吉は普請や作事の状況について具体的に問うており、城普請もそれなりに進捗していたとみるべきであろう。

ちなみに、前の『宗湛日記』の例を挙げるまでもなく、当時焼け野原であった

博多へは箱崎や姪浜から船で行き来することが普通だったようであり、最後の箇条にみえる「渡船」の準備も決して不自然なことではない。さきにみた六月五日付の朱印状で秀吉は箱崎宮滞在を「当座之儀」としていたが、これも程なく筑前を去るということではなく、城普請が一定の段階に達すればそこに移徙するとの含意によって解釈すべきであろう。さらに、周知の博多町割りに関しても、単に港湾都市としての機能回復が期待されたのではなく、まさに「城下町」としての整備が求められたと考えるべきであろう。

博多築城・城下町博多の整備は「高麗国」への派兵拠点として構想されたが、秀吉は箱崎の陣中に伺候した対馬の宗氏に六月十五日付の判物を与え「対馬一国」の領知を許す。しかしながら、その条件として朝鮮国王が来日し朝廷に出仕するよう働きかけることを命じている。朝鮮側がこの参洛要求に従わなければ「御誅罰」として朝鮮に派兵するとし、そうなった場合宗氏にも朝鮮の地で知行を与えるといっている。参内して（日本の）朝権に服すべしとは、九州平定に当たって九州島津氏に対するものと同様の論理であり、秀吉の独善的な理解に拠るとはいえ、朝鮮国王を日本的な政治秩序のなかに強いて編入しようとするものであった。この点、秀吉は本願寺に充てた朱印状のなかで「我朝の覚に候間、高麗国王参内の旨、仰せ遣わされ候」と述べており、象徴的である。

宗義調・義智が箱崎の秀吉を訪れた時、博多で朝鮮半島への派兵拠点が築かれようとしていたとすれば、朝鮮国王への「御誅罰」は最早恫喝の域を超えたものとして認識されたであろう。その意味で、のちの「唐入り」すなわち「朝鮮出兵」はこの箱崎の陣中から開始されたともいえる。それはともかくとして、対馬宗氏が対朝鮮交渉を引き受けることで、朝鮮半島への派兵もしばらくは見送られることとなる。その後の展開については、後考を俟つよりないが、秀吉が箱崎を離れることで博多における築城も途絶するのであろう。

かつて筆者はこれに関わって「幻の博多築城計画」といった表現をとってきたが、秀吉による博多築城は決して「幻」などではなく、実はかなり具体化していたのではないかとの可能性を指摘して、小文の筆を擱くこととする。

近世の箱崎浦と博多湾

梶嶋政司

近世の博多湾では、漁獲をめぐり湾内の浦々のみならず、福岡藩士までもが漁事を行った。本稿では、浦庄屋や浦大庄屋を勤めた箱崎浦の山崎家に伝わり、現在は九州大学記録資料館に保管されている史料を主として、近世の箱崎浦の様子、博多湾の漁業と魚場争論、さらには福岡藩士の遊漁についても言及し、魚場としての博多湾の特質にせまりたい。

はじめに

図1は博多湾を海上から望んだ写真である。写真の左側（方角としては東）に西戸崎、中央に箱崎、右端には荒戸山（西公園）が見える。写真には収まりきれていないが、荒戸山のさらに西側には愛宕山と姪浜が続く。

博多湾では古くから漁業が営まれていた。近世の博多湾の漁業は伝統的に「小漁」が中心であったと言われている。最大水深は二三メートルあるが、平均水深は一〇メートルほどと、比較的水深の浅い博多湾では、海底の冷気が強くなる冬場は外洋からの魚の入り込みが少なく網漁は休止していた。

こうした自然環境に規定された博多湾では十八世紀以降、湾内の浦々において漁場をめぐる争論が展開した〔梶嶋 二〇一八〕。本稿では、漁場争論のいくつかについて、箱崎浦の浦庄屋や浦大庄屋を勤めた山崎家〔山崎 一九八三〕に伝来した史料を用いて見ていきたい。

かじしま・まさし――九州大学附属図書館付設記録資料館九州文化史資料部門助教。専門は日本近世史。主な論文に、「フェートン号事件の社会史――長崎町乙名と市中御備新田経営」（『九州文化史研究所紀要』五九号、二〇一六年）、「九州帝国大学法文学部草創期の文庫形成と在外研究員」（『九州文化史研究所紀要』五六号、二〇一三年）

図1　博多湾の全景（筆者撮影）

一、箱崎浦庄屋・浦大庄屋山崎家文書

最初に山崎家文書について見ていこう。昭和二十七年（一九五二）四月、玉泉大梁（一八八六―一九七一）は文部省庶民史料調査（以下、庶民史料調査と略記）のため箱崎町（当時）の山崎正典宅を訪問した。庶民史料調査は、当時の文部省が主導して昭和二十三年から同二十七年まで五カ年間実施された。戦後の混乱期に民間史料の散佚を防ぐため、歴史研究者の協力のもと、全国的に実施された近世史料の所在調査である。九州地域の調査成果については、九州大学にその時の調書が保管されている〔梶嶋二〇一六〕。

調書によれば、玉泉氏の採訪にかかる山崎家の史料はそれまで研究に利用されたことはなく、箱に入れられ、家の押込みの中に保管されていた。このとき玉泉が採録した史料を含む山崎家文書一八一点は、その後昭和四十五年（一九七〇）に同家から福岡市立歴史資料館（当時福岡市教育委員会文化課）に寄贈され〔福岡市立歴史資料館 一九七四〕、現在は福岡市博物館に保管されている。

実はこれ以外にも山崎家の旧蔵史料二〇四点が、九州大学附属図書館付設記録資料館九州文化史資料部門に保管されている（以下、九大山崎文書と表記）。これは昭和三十年（一九五

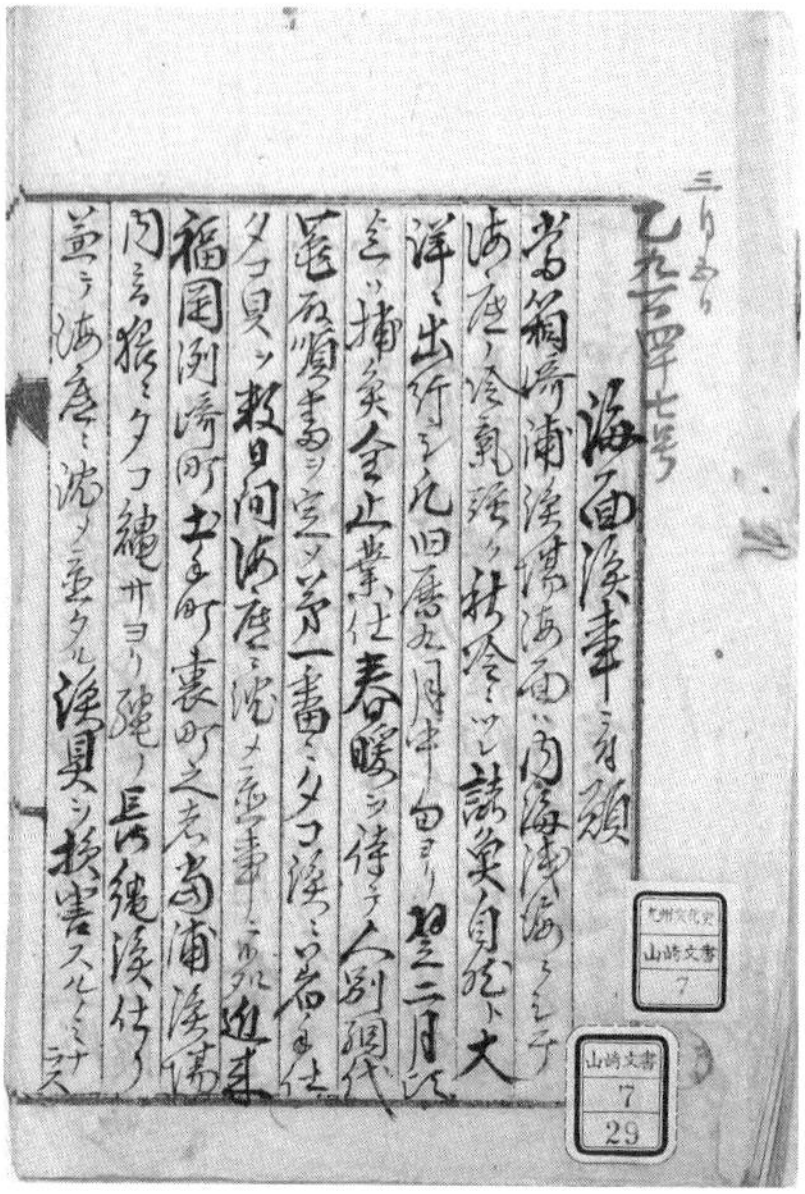
図2　九大山崎家文書

五）に九州大学が譲り受けたものである。九大山崎文書には、近世期の宗旨関係、法令関係、海防関係といった浦庄屋・浦大庄屋史料のみならず、明治前期の漁場に関する請願書類などが含まれており、近代的漁業制度の成立を見る上でも興味深い（図2参照）。

二、福岡藩の浦

福岡藩領の沿岸と島嶼には約四十の浦々が点在した。海上交通の要衝となる領内浦々の把握は近世大名黒田氏にとって重要な課題であり、藩初においては船手頭が浦の支配に与っていたと考えられている。その後、慶安年間（一六四八～五四）に浦奉行が置かれると、浦方支配は、船手頭による軍事的なものから、浦奉行による民生的なものへ変化していくと言われる（高田 一九九八）。近世後期には、一時期、郡方支配に組み込まれるなど、福岡藩の浦方支配は紆余曲折を経ていく（高田 二〇〇二）。

福岡藩では「水夫御役目ハ浦人第一之御奉公」[1]と観念されているように、浦々には水夫役が賦課されていた。浦の水夫役は、長崎警備や参勤交代の船の漕ぎ手として、また沿海に外国船が漂流漂着した場合や朝鮮通信使の通行時の送迎などに動員された（梶嶋 二〇一七）。こうした水夫役の動員は、各浦に置かれた浦庄屋および浦大庄屋によって担われた。

浦の産業は、漁業だけでなく海運業、商業など多様であったことが特色である。とくに「筑前五か浦廻船」と呼ばれる船団は、藩の年貢米大坂廻送や、幕府の御城米、東北諸藩の廻米をおこなうなど、全国的に展開していた（高田 一九九三）。

三、近世の博多湾と箱崎浦

近世の博多湾の沿岸には、博多湾の内海を漁場とする六つの浦があった。西から姪浜、伊崎、福岡、博多、箱崎、奈多である（図3）。城下町福岡および商都博多にも浦分（福岡浦、博多浦）があったことが知られる。

博多湾内東側の沿岸に位置する箱崎浦は、漁業が中心の浦であった。箱崎には、中世には筥崎宮裏手の多々良潟に港湾施設があったと推定されているが、近世には埋め立て地となっており、港湾施設はすでになく、箱崎浦は博多湾側の砂浜に立地していたと考えられる（梶嶋二〇一八）。幕府へ提出した国絵図には箱崎浦という表記が見えないことから、浦分として箱崎村に内包されていると考えられる。浦分は郡方に属する本村とは別に、浦方に属し、水夫役を負担し、浦庄屋が置かれていたことは、前述のとおりである。

図3　博多湾沿岸の浦々

箱崎浦の世帯数および人口は、天明五年（一七八五）には、竈数六十九軒、人高三六九人であった。網漁が中心であり、漁船は三十九艘あった。八十六年後の明治四年（一八七一）には人口が六五四人となっており、約七七パーセントの人口増加である（竈数については不明だが人口増加に相応して増加していると推測できよう）。漁船の数についても、明治三年には六十四艘と大幅に増えている。近世後期における、こうした人口と漁船数の増加現象は、箱崎浦の漁業に如何なる影響を与えていたのであろうか。

天保二年（一八三一）の箱崎浦立網持中の上書は、箱崎浦における漁人と漁業に関して興味深い事が述べられている。この上書によれば、もともと箱崎浦には十一軒の立網株があったが、分家によって網元の数が増えた。また、小網持中が網を増やして操業するため、立網持中が難渋している、とも指摘されている。『福岡県漁業誌』(2)によれば、立網漁は、漁船一艘に網六十反を積み、三人乗りで日没に出漁して漁場に網を張り、翌日の未明に網を手繰り揚げた。

箱崎浦の人口と船数の増加の背景には、分家による立網の網元の増加や、小網持中の網の増加によって、漁人（立網持中）が難渋するに至るという状況があったことを読み取ることができる。

明治初期の箱崎浦の漁業従事者について付言しておくと、

明治三年の六十四艘の漁船所有者の半数以上の者が福岡・博多への振売や、志荷振売、その他諸店の免許をも所持していた。都市近郊の漁村である箱崎浦では、漁業従事者による諸商売が行われていた〔梶嶋二〇一八〕。

四、山崎文書にみる漁場争論と漁場秩序

近世の博多湾では浦と浦の間で漁場をめぐる争論が度々起きている。とりわけ、鰯漁をめぐる箱崎浦と奈多浦の争論は十七世紀中葉から見ることが出来る。明暦元年（一六五五）八月には、箱崎浦の鰯網船が奈多浦の漁場で強引に鰯漁を行ったことについて詫状を出している。[3] 寛文九年（一六六九）八月にも両浦の間で鰯をめぐる争いが起きた。和白（**図3**参照）沿海での箱崎浦の鰯漁を奈多浦の者が妨害したこの出来事に際して、箱崎浦は、博多湾内海が箱崎、博多、福岡、姪浜の入会漁場であること、特に和白沿海は旧来より箱崎浦が網漁を行って来た場所であると主張した。[4]

こうした浦と浦と間の度重なる漁場争いに対して、領主権力は漁場の画定を文書によっておこなった。博多の漁業従事者が姪浜浦との間で起こした漁場をめぐる争論に端を発して出された寛政十年の浦奉行仰渡[5]では、博多湾内海の沖合が漁業従事者の誰もが操業できる入会漁場であることを前提として、博多の漁業従事者および箱崎浦の者による、愛宕山の下から西側、姪浜浦の沿海での地引網漁を禁止した。このとき博多の漁業従事者と箱崎浦の者が地引網漁を禁じられた区域の目印は、愛宕山であった。

このように領主権力による文書による漁場の画定文言には、しばしば目印となる山や川が登場する。**図4**は、沖合から見た現在の愛宕山である。埋め立てが進行して往時の景観は損なわれているが、現在でもこうして沖合から愛宕山を目視することができ、漁場の境目の目印としてわかりやすいことが確認できる。図の右側、すなわち西側の沿海が、博多の漁業従事者と箱崎浦の者による地引網漁が禁止された地域である。

寛政十年の仰渡では、このほか、博多と箱崎の入会漁場の区域を、北は境戸崎より東側、南は室見川より東の沿海と定め、姪浜と博多・箱崎の入会漁場は境戸崎より西側、小嶽までの沿海とした。さらに、室見川より東側、荒戸山までの沿海は姪浜浦と箱崎浦の入会漁場とした（**図3**参照）。**図5**は沖合からみた現在の荒戸山の景観である。

領主権力によるこうした文書による漁場の画定は、浦々の漁場慣行をふまえた内容となっており、明文化された漁場秩序が、それ以降、先例とされていく〔梶嶋二〇一八〕。

五、福岡藩士の遊漁

城下町福岡に接する近世博多湾では、漁業を生業とする浦の漁人だけでなく、藩士による釣漁が認められていた（高田一九九八）。宝暦期には、「遊漁之儀ハ勝手次第ニ候、此以後渡世向ニいたし候儀ハ急度相止可申」[6]とあって、藩士による「遊漁」は思いどおりに出来るが、「渡世向」すなわち漁業を生業とすることは堅く禁じられていた。

藩士は遊漁をする場合、遊漁者が伊崎浦へ運上銀を納め、浦役所より免札の交付を受けていた。遊漁の種類は、釣漁のほかに長縄や竪（立）網があったという（梶嶋二〇一八）。伊崎浦は、二代福岡藩主黒田忠之の時代に下関の漁師が定住し

図4　沖合から見た愛宕山（筆者撮影）

図5　沖合から見た荒戸山（筆者撮影）

た浦であり、当初は網漁の漁場を持たない釣漁のみが認められた浦であった（高田 一九九八）。藩士の釣漁は伊崎浦の漁場に限られた(7)。

天保期には、藩士による遊漁が、浦々の漁師の生業を脅かす存在として問題化している。天保十二年（一八四一）五月の達には「御家中ヲ初遊漁船之内長縄・立網漁事いたし候輩近年頻ニ相増、数多之漁船致沖出、玄海・唐泊・西浦・野北、右浦々抱海え長縄等はへ込、漁場を争ひ毎度かさつ不法之儀も有之、漁人共及難渋候段相達候(8)」と見え、近年は長縄漁や立網漁を行う藩士が多く、外海の玄界、唐泊、西浦、野北各浦々の長縄漁の漁場で無礼無法な行為が見られ、漁師が難渋しているのである。

二年後の天保十四年には、「功者之旅漁人を遊漁之面々高給を以雇入」とあって、漁を生業としない者が、領外の熟練した漁師を高い給与で雇い入れて遊漁を行い、その結果「漁人共別て及難渋」と、浦の漁業従事者が難渋している。近世の博多湾では、藩士の遊漁が漁業を生業とする漁師の生活を脅かす問題となっていたのである。

おわりに

近世博多湾の漁業について、箱崎浦に伝わった山崎家文書を中心に見てきた。箱崎浦は近世後期に人口ならびに漁船数が大幅に増加していたが、その背景には、立網株の分家や、小網持中の網の増加といった従来の漁村構造の変化を読み取ることができよう。

近世の博多湾では、浦と浦の漁場争論が頻発していた。こうした漁場争論に対して領主権力は、漁場の画定を文書でおこない、こうして明文化された漁場秩序が先例となっていく。また、伊崎浦では福岡藩士による遊漁が行われていた。城下町に接する博多湾における藩士の遊漁は、近世後期にはしばしば、浦の漁人の漁業を脅かす存在となっている。

近世の博多湾では、限られた水産資源をめぐって、浦々の漁業者だけでなく、福岡藩士までもが参入して漁業が展開していたのである。

注

（1）「未九月廻浦口達控」（『福岡県史 近世史料編 福岡藩浦方（一）』（福岡県、一九九八年）。
（2）『福岡県史 近代資料編 農務誌・漁業誌』（福岡県、一九八二年）。
（3）「奈多浦之内ニ慮外仕候段御理り申上候詫状」（『福岡県史 近世史料編 福岡藩浦方（一）』）。
（4）「内海ニて奈多浦網引不申様御願申上ル事」（『福岡県史 近世史料編 福岡藩浦方（一）』）。

（5）山崎文書七―二十九「内海漁場入会につき仰渡」（九州大学記録資料館九州文化史資料部門蔵）。

（6）「浦役所定・同奉行法則二」宝暦六年（一七五六）六月十一日条（『福岡県史　近世資料編　福岡藩浦方（二）』一七三頁）。

（7）『筑豊沿海志』では伊崎浦について、「旧藩中、御用浦に指定せられたるを以て、何れの浦にも出漁を許され、常に御用旗を掲げて威勢よく、他浦羨望の中心となれり」と言われている。

（8）山崎文書二―七「天保十四年卯六月遊漁御達書控」（九州大学記録資料館九州文化史資料部門蔵）。

参考文献

梶嶋政司 二〇一三「山崎家文書にみる箱崎の歴史と九州帝国大学工科大学」『九州大学附属図書館付設記録資料館ニューズレター』七

梶嶋政司 二〇一六「九州大学と資料保存運動」『九州大学附属図書館付設記録資料館ニューズレター』一〇

梶嶋政司 二〇一七「福岡藩の浦方支配と浦水夫」『九州文化史研究所紀要』六〇

梶嶋政司 二〇一八「漁場争論からみる近世・明治前期の博多湾内海漁業」『九州文化史研究所紀要』六一

梶嶋政司 二〇一八「近世城下町の形成と箱崎・博多湾」『九州史学』一八〇

高田茂廣 一九九三『筑前海事史の研究』文献出版

高田茂廣 一九九八「近世前期の浦と海運」『福岡県史　通史編　福岡藩（二）』福岡県

高田茂廣 二〇〇二「浦の社会」『福岡県史　通史編　福岡藩（二）』福岡県

箱崎宿と箱崎御茶屋

有田和樹

近世の箱崎は、筑前二十七宿の一つに数えられた宿場町で、福岡藩主が参勤の際には筥崎八幡宮に道中祈願を行い、宿場内の御茶屋で旅装となって出発した場所であった。また、幕末期には、薩摩藩主をはじめ、外国人との出会や饗応にも使われるなど、いわば福博の玄関口ともいえる宿場町であった。

筑前領内を通る六本の街道のうち、豊前小倉より黒崎・木屋瀬・飯塚・内野・山家・原田を通って肥前田代へ継ぐ街道を「六宿筋や冷水筋」または「長崎街道」と呼び、長崎奉行をはじめ九州の諸大名が最も多く通行する主要な街道であった。次に豊前小倉より若松・芦屋・赤間・畦町・青柳・箱崎・博多・福岡・姪浜・今宿・前原を経て筑前深江に次ぐ街道を通称「唐津街道」と呼んでいる。近世中期には若松・芦屋を通らずに六宿筋の木屋瀬から赤間に継ぎ、福岡藩主や唐津藩主の参勤路として利用されていた。そして、福岡・博多より二日市を通り、甘木を経て豊後日田に至る「日田街道」。これら三本の街道は、隣国大名及び幕府役人が通行する重要な街道とされていた。

特に、長崎奉行や諸大名が通行する長崎街道を「本宿通り」と呼んだのに対し、交通量が少なかった唐津街道は「内宿通り」と呼ばれていた。ところが、文政八年(一八二五)三月、薩摩藩主島津斉興が帰国の道中を内宿通りにしてから、薩摩・肥後方面から北上してきた諸大名が長崎街道を通らずに二日市宿を通り、博多から赤間通りで木屋瀬・黒崎に出る

ありた・かずき――会社員、歴史研究家(在野)。元筑紫野市歴史博物館学芸員。専門は近世交通史。主な論文に、「前原宿の復元 唐津街道の宿駅」(『福岡地方史研究』四四号、海鳥社、二〇〇六年)、「唐津街道の章」(『アクロス文化誌 街道と宿場町』海鳥社、二〇〇七年)、「前原宿・深江宿・今宿」(『新修志摩町誌』二〇〇八年)、「唐津街道・怡土郡西部」(『図説福岡県の歴史』郷土出版、二〇〇八年)、「筑前山家宿御茶屋における御出会の実態」(『福岡地方史研究』四六号、海鳥社、二〇〇八年)、『博多謎解き散歩』(新人物文庫(角川)、二〇一四年)などがある

ようになると、これも内宿通りと呼ぶようになった。

さて、慶長以来御笠郡二日市村庄屋を代々世襲してきた帆足甚三郎が、庄屋役引退後の正徳四年（一七一四）に、自家に伝わる古文書や古老の話、自身が関与した二日市宿の事件等を記録した『二日市宿庄屋覚書』によると、「古へは冷水道もなく山家の宿もなく原田宿もなく、上方、長崎の道筋も二日市より箱崎、あるいは二日市より田代、また豊後の方へは甘木まで、只今冷水筋お通りなさる大名様方、皆、二日市お通りなされ候由なり」と慶長十七年（一六一二）頃の冷水峠開通までは、二日市から博多・箱崎を通る内宿通りの通行が主だったことが記されている。

一、箱崎宿の範囲

この唐津街道の沿線上にあって、博多から二十三町程の場所にある箱崎宿は、古くは博多と同様に貿易港として栄えていたことが知られる。箱崎の地形を見てみると、多々良川の河口部が深く入り込む入江となっており、博多湾と多々良川の河口に突き出した砂州の尾根線上に街道が通り、箱崎の町は、それに沿って造られていると考えられる。

博多より那珂川を渡って筥崎宮の正面を通り、砂丘の尾根に沿ってそのまま直進すれば、多々良川の河口部によって陸路が寸断される。このため、筥崎宮の手前で東に折れて川幅の狭い部分を渡るルートが近世初期から使われている。『筑前国続風土記付録』によると、「古しへの往還筋は、東は原田の南西一町斗より南にして轉して、八幡宮の後に通りて馬出村の東の口に至れり。古道跡今も有。其行程凡八町斗、其間に川二流有て橋を渡せり」さらに『黒田家譜三』には「箱崎宿の古道は、御宮の前までゆかずして、御宮の西より右に轉し、弥勒寺（座主坊）の前を経て御宮の後を通路とす」とあり、街道は博多側より進むと、筥崎宮の手前、現在の表糟屋郡と那珂郡との境を示す郡境石の所から右に折れ、筥崎宮の裏を通り枝郷原田に向かっていたことが分かる。

しかし、人馬継を行う宿駅としての機能は箱崎村にあり、『黒田家譜三』には「馬継は、御宮よりはるか東に有りて、その先は道ふさがれり。これによりて往来の路より東の方に入り込みて馬を継ぎ、又もとの道を返りて通路に出る故に、旅人の往来に悩み、邑人も労多くして便ならず」と筥崎宮の手前で曲がらずに直進して箱崎村に入り、そこで人馬継を行ってまた元の道に戻るという不便な状況であった。

そこで、「路を改めたき旨彼所より願し故、去夏其所を絵図に写して江戸に伺われ、今春に至りて古路をとどめ、馬継の東に新たに道を開かれしかば、往来の人直に社前を通りて

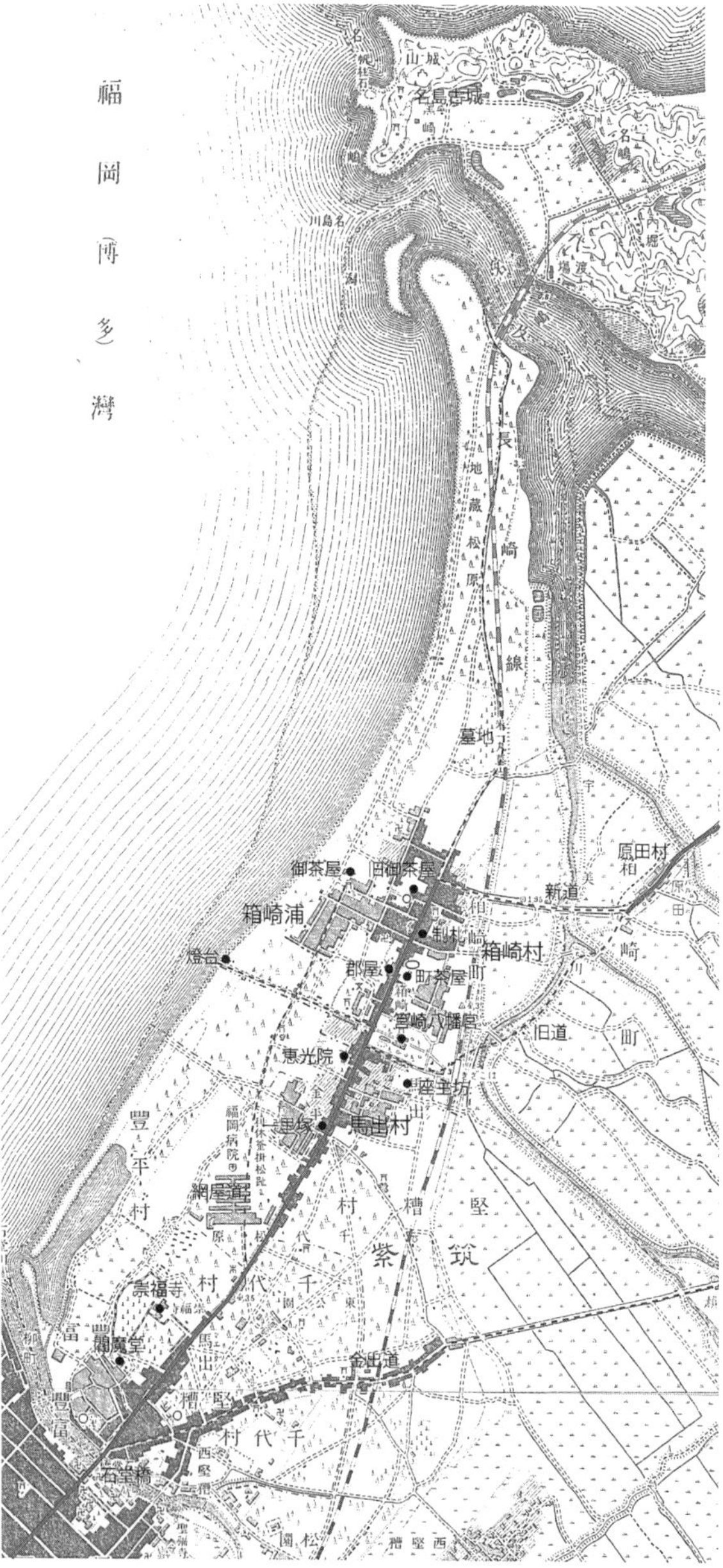

図1　箱崎宿の周辺（明治33年陸地測量部作成地図に加筆）

東に行、馬継の前に至り、其東の新路に出る故に、其の往来の便ゆく成ける」『黒田家譜三』というように、筥崎宮の手前で曲がっていた街道を直進させ、箱崎村の中を通し、箱崎村で人馬継を行った後にそのまま枝郷原田に通じる道ができた。『筑前国続風土記附録』によると「寛文三年宿の東佛華寺の古址を開きて新道を箱崎より直に原田の方へ付け替えたり。寺址の地今は民家となりて新町という」と新道の開通によって新たに新町が出来たことも記される。

よって、このルートは、多々良川河口の湿地帯が干拓によって田となった十七世紀前半にできたと考えられる。多々良川河口部の干拓は、『筑前国続風土記』によると梶原十郎兵衛が万治（一六五八〜一六六一）の頃に指揮して出来たと云われ、枝郷原田もこの干拓によって作られた新田集落であった。そして、寛文三年（一六六三）に箱崎村の中心を街道が通り、原田へのショートカット道に町ができ、元禄六年（一六九三）に幕府に街道として申し出た。おそらく、この頃から本格的に宿場町として整備され始めたと考えられる。

　このように、近世に入り新たに整備された街道は、必ずしも以前からある村を通っておらず、唐津街道上にある畦町、前原も街道から少し外れた場所にあった村を街道の整備に伴って強制移転している。赤間と青柳の中間にある畦町は、両宿の間隔が大きいので、寛永十九年（一六四二）に鳥巣村を畦町の近傍に引き寄せて町立てし、前原も、それまで街道沿いに人家がなかったのを舞岳山の麓にあった前原村から人家を移転させ、貞享二年（一六八五）頃に町立てをし、宿駅とした。このことから、箱崎宿も同様に街道が村の中を通るようになって次第に宿場として整備され始めたと考えられる。

二、箱崎宿の各施設

　宿駅としての箱崎は、貝原益軒の『筑前国続風土記』に「民居本村、枝郷原田、浦分等にあり。青柳駅より博多へ至る官道の駅也」と記され、博多と青柳に人馬継を行う宿駅であった。宿場の範囲は、博多の町人奥村玉蘭が文政四年（一八二一）に完成させた『筑前名所図会』の絵図の中に、筥崎宮の一の鳥居の東側に「筥崎町」と記され、その部分に両側から突き出した練塀が描かれている。おそらくこれが箱崎宿の構口であると考えられる。構口は、筑前福岡藩領の宿場町に設けられ、石垣の上に練塀を築き瓦を葺いたものを道の両側から突き出していた。方位に関わらず上方に近い方を東構口、その反対を西構口と呼び、宿場の範囲を示すものであった。箱崎宿はこの西構口から馬場町、本町、小寺町、新町と主に街道に面する町がおおよその宿場の範囲であったと考えられる。

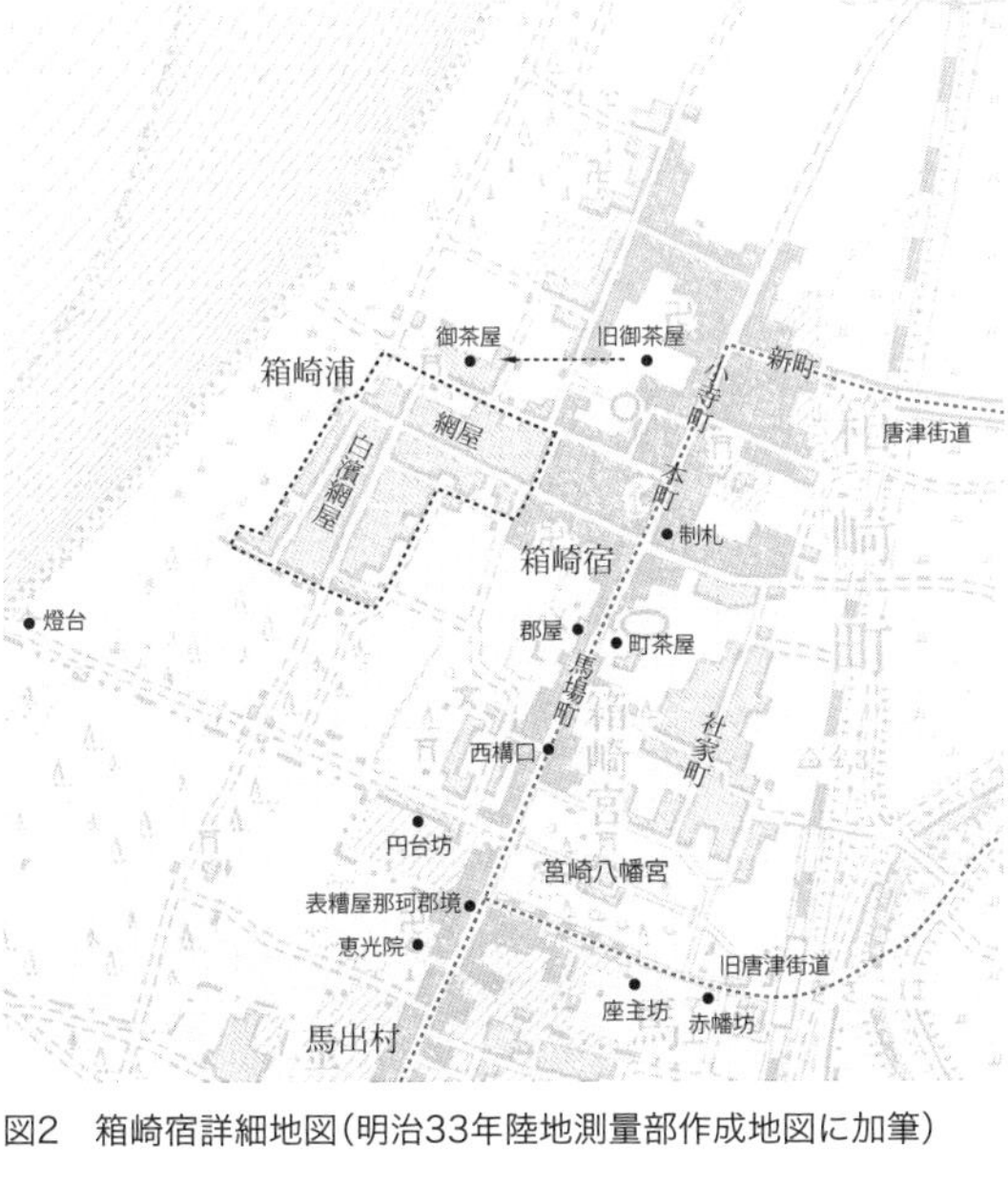

図2　箱崎宿詳細地図（明治33年陸地測量部作成地図に加筆）

宿場のほぼ中心部には「制札場」があり、藩からの重要なお触れや、次の宿場への里程人馬賃銭の制札が掲げられていた。地元の郷土史家筑紫頼定氏による「覚書略図」には、本町にある表糟屋郡の庄屋・大庄屋を務め、酒造屋でもあった米田屋中村家の筋向かいに制札場が記されている。この部分は本町と馬場町、浦である網屋への道が交わる交差点であり箱崎の中心部でもあった。この制札場の近くにおそらく人馬継所があったと考えられる。『黒田家譜三』によると「社前を通りて東に行き、馬継の前に至り、其東の新路に出る」とあり、町中にあったことは確かだが、その場所は不明である。

宿場には、旅人が宿泊するための施設があった。宿場内の有力者が自分の屋敷を藩に提供し、指定の宿屋としたのを福岡藩では町茶屋といい、五街道の本陣に相当する。町茶屋には通行する諸大名や家老、また一般の旅人も宿泊できた。文化九年（一八一二）に箱崎宿に宿泊した伊能忠敬の宿所は、「止宿本陣馬場町治郎助、脇坂部本町作次、同下役同町市作」とあり、忠敬が宿泊したのは本陣つまり町茶屋であり『測量日記』にはそこから「八幡宮鳥居前二町三十間」を測っていることから、逆に筥崎宮の一の鳥居から測るとちょうど馬場町の中心辺りに町茶屋があったことになる。箱崎宿の町茶屋は、福岡藩の御用大工林家の文書の中に間取り図が残されており、建坪六十三坪半、店の間の他に瓦葺きの表門や玄関式台、床の間のある座敷があり、格式を備えた建物であったことが分かる。その他、大名その他の通行の際、郡内の大庄屋・庄屋・村役人が出張し会合し、運輸業務にあたる郡屋と呼ばれる施設が町茶屋の筋向いにあったと云われ、宿場内の管理と藩主の別館である御茶屋の管理、休泊する諸大らの送迎を職務とした御茶屋奉行の役宅や、その下で働く下代が宿場内には駐在していたが、それらの場所は不明である。

三、箱崎御茶屋

筑前領内の宿駅では、長崎奉行・日田郡代・隣国大名の休泊には藩主の別館である御茶屋が当てられていた。『筑前国続風土記』によると、元禄期に福岡藩内に存在していた御茶屋は、箱崎、青柳、藍島、赤間、底井野、黒崎、若松、植木、木屋瀬、赤地、飯塚、内野、山家、原田、甘木、姪浜、橋本、前原、板付の十九ヵ所であり、その後、『福岡民政誌略』からは寛政期には箱崎、青柳、赤間、黒崎、木屋瀬、飯塚、内野、山家、前原、姪浜、雑餉隈の十一ヵ所の所在が記されている。福岡藩内に所在した御茶屋の構造は、現存する赤間、内野、山家、箱崎の平面図より、その内部構造が明らかにされ、いずれも平均一五〇坪前後の大規模な建築であったことが分かる。
さて、箱崎御茶屋の初見は、『黒田家譜三』に「元禄十三年（一七〇〇）十一月、福岡藩と豊前小倉藩の家臣が領境の論争の件で箱崎にて対面したと記され、その際、箱崎御茶屋が使用されたのではないかと考えられる。また、宝永三年（一七〇六）に福岡城を発駕した四代藩主黒田綱政は、城下の湊町波戸から乗船する予定だったが、雨天のうえ風波がひどいために変更し、風待ちのため箱崎御茶屋に止宿した。御座船・供船も箱崎浜に廻漕され、その四日後に出航している。

この御茶屋が宿場のどこにあったのか、『筑前国続風土記附録』によると、「村の北海邊に國君の行館有。昔は小寺町にありしか享保の末年此地に移したまう」さらに『筑前国続風土記拾遺』に「浦分人家の北海浜に国君の行館有り。其始は異所に在しを、享保十九年二月七日失火に類焼せしかは其後今の地へ移し建らる」と、近世前期まで御茶屋は、街道に近い場所にあったが、近世後期には御茶屋は浜側に移った事が分かる。

『福岡県資料二巻』によると、享保十九年（一七三四）、箱崎宿は阿多田より出火した大火によって、別館、町茶屋、制札場、武士宅五軒、民家二九〇軒、蔵十棟、馬継所、寺三軒を類焼した。この時、御茶屋も焼失し、その後、浜側にあった岡如軒という者の宅地が召し上げられて御茶屋ができたとある。以来、幕末まで箱崎御茶屋は浜側に所在している。この大火以後、浜側に移転した御茶屋については、福岡藩内の御茶屋及び町茶屋・代官・御茶屋奉行所の建築構成について記された「文政五年十二月御茶屋々御家坪数其外口々書留」により、御茶屋の建坪や建築構成等は分かっていたが、間取りなどその内部構成は不明であった。しかし、鹿児島県立博物館黎明館に所蔵される「葛城彦一文書」の中に「箱崎御茶屋絵図」の所在が確認され、より詳しい御茶屋の内部構成が明らかとなった。

では、なぜ薩摩藩の資料の中に箱崎御茶屋の絵図が含まれているのだろうか。

文政八年（一八二五）、薩摩藩主島津斉興は、帰国の道中をこれまで通行していた長崎街道ではなく、二日市から博多―箱崎―青柳―赤間を通る内宿通りを通行するようになり、それから約十年経った天保五年（一八三四）の記録には、宿泊地が博多から箱崎に変更されている。このことから、近世後期には薩摩藩の内宿通りの通行が定着し、箱崎宿にて休泊する事が多くなったため、その休泊場所である御茶屋の絵図を持っておく必要があったと考えられる。また、所蔵していた葛城彦一は、加治木島津家の家臣で、薩摩藩のお家騒動

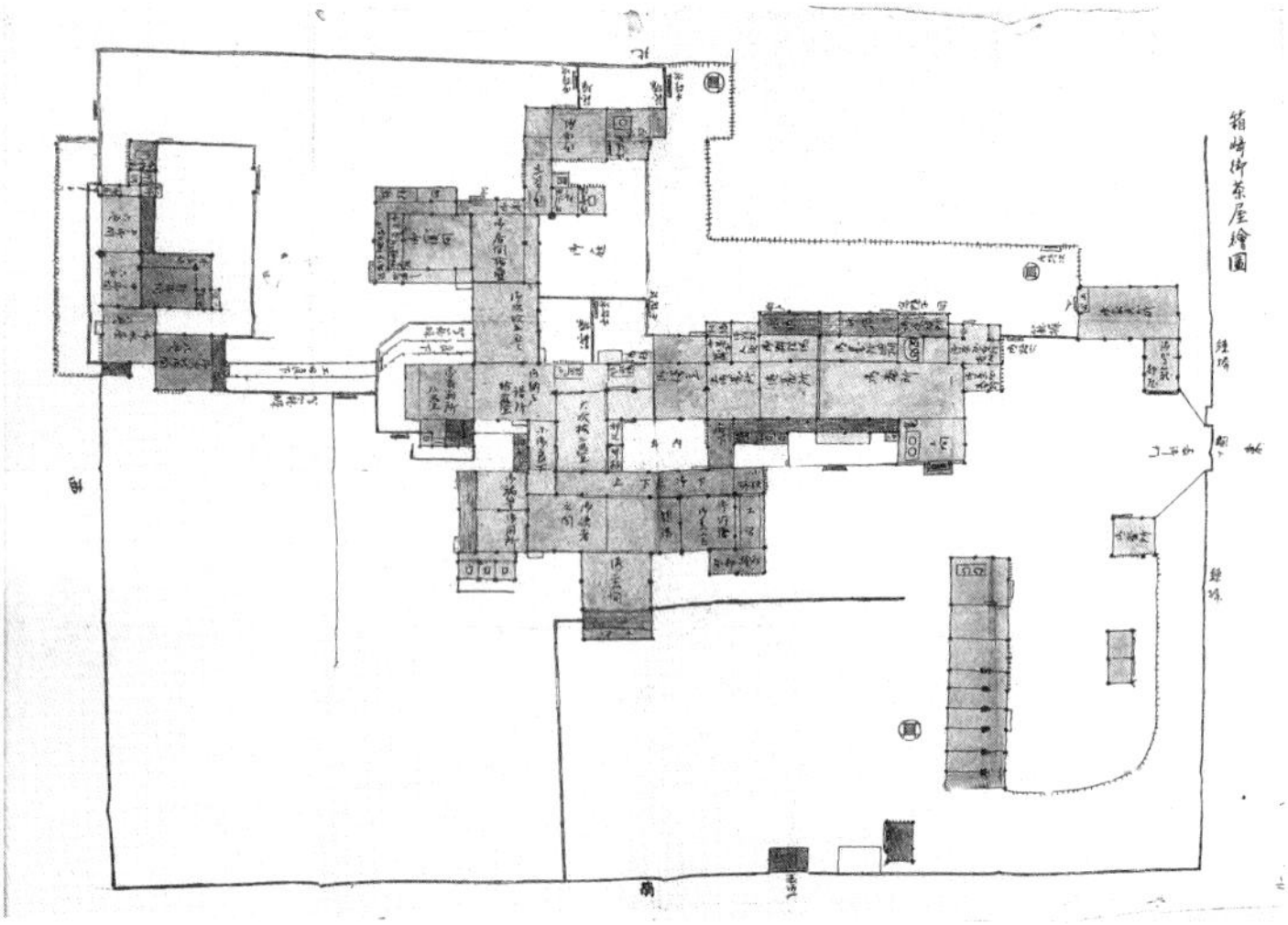

図3　箱崎御茶屋絵図（鹿児島歴史資料センター黎明館蔵）

（お由羅騒動）により、福岡藩主黒田斉溥を頼り福岡に亡命し、約十四年間筑前に匿われていた人物である。島津斉彬の藩主就任を画策した人物でもあり、福岡にゆかりが深いことから も葛城家に所蔵されていたのではないかとも考えられる。

　さて、改めて、箱崎御茶屋の絵図を見てみると、御茶屋は、街道から西側へすこし引き込んだ小字「御茶屋跡」の場所にあったと考えられる。箱崎村字図には「古御茶屋」「茶屋小路」「御茶屋跡」の小字が残り、おおよそ新旧の御茶屋の場所が特定できる。御茶屋の敷地は、約七〇×五〇メートルの長方形の敷地で、周囲を練塀で囲っていたことが絵図によってわかる。門は二ヶ所あり、南側に表御門、東側の門は表門と書かれているが、御臺所門と思われる。主屋は南向きに建てられており、玄関や使者之間、御居間や御寝所。そして台所や湯殿など約一六九坪のかなり広い建物であった事が分かる。特徴的なのは、西側に別棟の「御亭」が設けられていることで、御茶屋の主屋とは渡り廊下で繋がっていた。そして、御亭のすぐ西側には松原や箱崎浜が広がっていたと考えられ、茶の湯など遊興に使用されたと考えられる。

　この箱崎御茶屋から望んだ風景を、太宰府へ向かう途中の五卿の一人東久世通禧が次のように絶賛している。元治二年（一八六五）二月十二日の夕方、一行は箱崎御茶屋に到着、この御茶屋は極めて絶景の場所にあり、西方は志賀島・能古島・海の中道などを観望でき、平岸には翠松が千畳敷のように広がり、千代松原と称して絵画のようであり、月明かりに旅情を忘れる。箱崎浜に面した御亭からはこのような景観が広がっていたのだろう。

福岡藩内にあった御茶屋の性格として、福岡藩主の領内巡見の際の利用や街道を通行する諸大名や幕府役人の休泊があげられる。しかし、近世初期、元和の一国一城令によって領内の支城を破却した後、支藩の創設や家臣の在郷によって領内の治安を維持したと考えられ、ほぼ同時期に主に街道の宿駅や重要な拠点に御茶屋が設けられていることを考えると、近世初期には領内を統治する目的としての性格も帯びていたのかもしれない。

しかし、近世中期以降になると、藩主の休息や遊興のための施設も必要となり、福岡城からほど近い荒戸山や田島に別邸が設けられるようになった。箱崎御茶屋も、享保十九年の焼失を境に、敷地が国廻りや参勤交代に便利な街道沿いから、眺望のよい海側に移し、他の御茶屋には見られない御亭を設けるなどして藩主の遊興に使われ出したと考えられる。

四、箱崎御茶屋の利用例

箱崎御茶屋は、城下からほど近く、黒田家の菩提寺である崇福寺や筥崎八幡宮からも近いため、藩主の参勤や道中祈願の際に頻繁に使用された。『文久二年 斉溥公御参勤道中記』より福岡藩主黒田斉溥の参勤発駕の様子を見てみる。

「文久二年三月、中将（斉博）様、御参勤の為、今朝五ツ時の御供揃にて御発駕、箱崎八幡宮御参詣、それより同所御茶屋へ入らせられ、御昼休み遊さる。程なく御発駕、浜男・三代御小休にて七半時過ぎ青柳御茶屋へ入らせらる。今朝御発駕の節、箱崎御茶屋までは御発駕の節の御行列にて同所より中国路御旅行の御行列に相成候事（中略）箱崎御茶屋へ入らせられ候節、御門前へ罷り出申し居り、御入の上御次当番まで御機嫌相伺う。御茶屋奉行兼帯郡代松山利左衛門。御発駕之節も罷り出申し居。八幡宮参詣に付き御札守左の通りこれ差し上げる。御札守一台充、座主坊田村左馬充、右御茶屋へ罷り出これ差し上げる」藩主参勤の際、福岡城より箱崎御茶屋までは飾り立てた発駕の際の供揃えで通行し、筥崎八幡宮に参詣した後、御茶屋へ入り、そこで八幡宮の座主田村左馬充が道中祈願の御札を差し上げ、それを受け取り出発している。帰国の際も、一旦御茶屋に入り、装束を改めてから城下を通行している。このように、箱崎御茶屋は、藩主参勤の際に使用される福岡・博多の玄関口であった。

また、遊興での利用は、天保五年（一八三四）、福岡藩世子の慶賛が箱崎浜にて競馬や海艦軍業を見学し、藩主斉溥も船軍術、相撲、狼煙打ち上げなどを見学するなど、箱崎御茶屋が遊興施設として利用されている状況が分かる。

五、他藩主との出会

出会とは、領内を通行する幕府役人や他藩主を在国中の藩主が直接出会って挨拶を行う事で、福岡藩では、長崎奉行が就任して初めて長崎へ赴任する際と、佐賀藩主が藩主となって初入国する際は、長崎街道にある山家宿の御茶屋に藩主自ら赴いて出会を行うことが慣例となっていた。『黒田家譜 七』を見ると、天保六年（一八三五）六月、薩摩藩主松平豊後守（斉宣）と箱崎御茶屋にて出会し大筒・射馬を見学しており、嘉永二（一八四九）年四月、薩摩国主（斉興）と出会。そして、嘉永四年（一八五一）四月、島津斉彬が家督後の初下国にて出会し住吉宮に参詣している。このように幕末期には箱崎御茶屋での薩摩藩主との出会が目立つ、これは、この時期の福岡藩主黒田斉溥が、薩摩藩主島津重豪の第九子であったためとも考えられる。島津斉彬の初下国に際しては「領内内宿通々路にては本文の如く御逢」と薩摩藩主の内宿通行が慣例化し、その際には箱崎にて出会を行うことが慣例となっていたようである。

また、元治元年（一八六四）十一月、薩長和解のため、薩摩藩大島三右衛門（西郷吉之助の変名）が来福し、福岡藩主黒田長溥は、箱崎御茶屋において大島（西郷）を饗応、福岡藩士月形洗蔵、建部武彦等も同席している。慶応二年（一八六六）三月には幕府目付の小林甚六郎が蒸気船にて博多湾に乗り入れ、博多に宿泊の後、箱崎御茶屋にて両殿様と対談している。その翌、慶応三年（一八六七）十二月二十日、都を追われ、太宰府に滞在していた三条実美ら五卿が復位し帰洛することになった。その際、福岡藩では箱崎津に黒船を用意して丁重な送迎に当たったことが記される。この時、五卿の送迎に当たったのは、福岡藩世子の黒田慶賛であった。『五卿滞在記録』にはその様子が詳しく書かれている。「箱崎に到着した慶賛は、まず座主坊に入る。そして、五卿の滞在する御茶屋に出向く前に口上の使者と博多織や味噌漬け鯛など贈物を派遣する。四つ時、慶賛は御茶屋に出向き、玄関にて五卿に随従する者らへの御目見えを行い、玄関へは先回りしていた福岡藩の奥頭取と応接方が出迎え、奥頭が刀を受け取り座敷へ進む。慶賛と五卿が着座すると、慶賛は対座より少し下り、時候の挨拶や復官の祝いなど挨拶を行う。その後、各藩の応接方へは御居間三ノ間にて御目見のため慶賛は二ノ間へ着座してお目見えを行い退出した。この時、御茶屋のどの部分が使われたのかをみると、五卿への挨拶は御茶屋の一番奥にある床の間のある御居間が使われたと考えられ、各般応接方への挨拶は、御居間の次の間の床を背に行われたと考えられる。

長崎街道山家宿の御茶屋で行われた長崎奉行との出会の作法は、御茶屋の玄関に福岡藩の家老や御納戸頭らが出迎え、御広間にて藩主が出迎え、一番奥の御居間に着座すると、最初に型通りの挨拶を行い、その後対座にて饗応を行うという流れであった。箱崎御茶屋は山家宿の御茶屋と比べて、玄関や座敷の格式を欠き、対面儀礼ではなくプライベートを重んじた構造であると考えられる。よって、ここでの対面は御茶屋主屋で型通りの挨拶を行い、眺めの良い御亭で饗応するというようなものではなかっただろうか。

六、外国人が見た箱崎御茶屋

天保五年（一八三四）、十代藩主黒田斉清の隠居に伴い家督を相続した黒田斉溥は、薩摩藩主島津重豪の第九子で、重豪や斉清の影響から洋学を好み、西洋事情に通じた人物として知られる。そのため、幕末の緊迫した情勢の中で、独自に西洋人と接するルートを持ち、西洋人もしばしば福岡を訪れたが、主にその饗応の場所となったのは箱崎御茶屋であった。

安政五年（一八五八）十月、幕府蒸気船二艘が博多湾に入港した。藩主斉溥が招いた「長崎海軍伝習所」の咸臨丸と朝陽丸で、幕府目付木村摂津守ほか勝麟太郎や海軍中佐カッテンディーケら数名が九州一周の実習航海を終えて福岡に上陸した。一行は博多の豪商大賀家に四泊し、福博の町の散策や太宰府天満宮参詣、そして箱崎にて藩主の饗応を受けたことがカッテンディーケの『長崎海軍伝習所の日々』に次のように記されている。「博多滞在の第三日目は、藩侯（斉溥）より箱崎に招かれ、そこで歩兵調練を見せられた。（中略）我々は調練の後、藩侯とともに食卓に着いたが、その時の料理は次のようなものであった。すなわち鶴、家鴨の焙り肉、鯛の薄肉、しびの刺身などであった」。

また、慶応二年（一八六六）、斉溥は英国海軍の艦隊を寄港させ、箱崎浜で海軍の砲撃や陸戦隊の操錬を観戦し、一般にも公開させた。『見聞略記』には「当年冬に至り、アメリカ国より長崎へ到来致居候ガラハとか申す金子持を当国へ御招きに相成申すべく筈にて、箱崎御茶屋にて殿様御対談に相成り申すべく由、右に付、御普請等これあり、鴨居を高め客間の天井は金襴にて張り、壁・柱等は紗綾にて包み、曲彔数多寺々より御借り集に相成り、二十五菜の御料理にて御饗応に相成るべく申す筈のよし」と御茶屋を綺麗に繕う普請を行ったことが記される。またこの時、牛の乳入用として志摩郡小田村・宮浦村・西浦村より産後の牛五、六匹を子牛と共に箱崎に引いてくるよう命じ、長崎で異人料理に手慣れた者四五人を雇っており、この者たちが牛の乳搾りを行い、二升ばかりを絞って入用とした。二十五日に博多に上陸した際は、箱崎御茶屋まで華やかな衣装に銅鑼・チャンメロの行列で通行し、箱崎御茶屋辺の広場にて、異国人三〇〇人余りが揃いの衣装で射撃を披露するのを両殿様は御茶屋より上覧し家中の諸士も見学した。そして、この調練が終わると、御茶屋に上がり、牛の切身、豚の丸なから蒸し煎、鶏雁鴨類など様々な料理でもてなした。

まとめ

箱崎宿は、近世前期に福岡藩内の街道の整備に伴って宿場となったものの、街道は依然として村の中を通っておらず、元禄六年に村の中心を通る道が整備されて、次第に宿場町として整ってきたものと考えられる。また、それまで街道沿いにあった御茶屋が、享保十九年の大火によって焼失し、浜側に移動して新しく建てられると、藩主の私的遊興的性格を持つようになった。それは、箱崎御茶屋が城下に近く、筥崎宮や箱崎浜、松原が広がる風光明媚な場所に位置し、福岡藩主が参勤交代での送迎を行う場所でもあったためではないだろうか。また、文政八年の薩摩藩主の通行をきっかけに近世後期から幕末期にかけて薩摩藩の利用が目立つが、これは藩主斉溥が薩摩からの養子であったことが関係していると考えられる。宿場町箱崎については、宿場内にあったおおまかな施設等は分かったものの、具体的な助郷の実態等は今だ資料に出会っていないため不明のままである。今後、宿場としての箱崎がどのように機能していたのか調査していきたい。

参考文献

安高尚毅・宮本雅明 二〇〇六「御茶屋絵図からみた福岡藩御茶屋の空間・意匠構成」『日本建築学会計画系論文集』No.603
安高尚毅・宮本雅明 二〇〇七「御茶屋書留からみた福岡藩御茶屋の類型化」『日本建築学会計画系論文集』No.621
安高尚毅 二〇一一「福岡藩における遊興的御茶屋の空間構成と史的展開」『日本建築学会計画系論文集』No.668
近藤典二 一九九四「福岡藩の御茶屋と町茶屋」『西南地域史研究』
近藤典二 一九八五『筑前の街道』西日本新聞社
近藤典二 一九九八『筑前前期の陸上交通』『福岡県史通史編福岡藩一』
筑紫野市 一九九九「第四編近世 第四章 街道と宿駅」『筑紫野市史』下巻

近世の筥崎宮――社家と社僧の《攻防》史

藤井祐介

ふじい・ゆうすけ――佐賀県立佐賀城本丸歴史館学芸員。専門は日本近世史。主な論文に、「神祇伯白川家の神社管掌と武家伝奏・職事」（『近世の天皇・朝廷研究』二号、二〇〇九年）、「吉田家の神職支配をめぐる対馬藩の動向――天保期「藤内蔵助上京之儀」を事例に」（『九州史学』一六三号、二〇一二年）、「神職支配から見えてくる幕藩関係――対馬藩を事例に」（平川新編『通説を見直す――一六～一九世紀の日本』清文堂、二〇一五年）などがある。

江戸時代の筥崎宮は社家と社僧で構成され、大宮司と座主が支配していたが、寛延二年の大宮司相続問題を機に座主による一社支配が定着。その後、文化十三年に町奉行（寺社兼帯）井手勘七が社家優遇の「神仏両輪社壇仕法替」を実施、大宮司以下社家が厚遇された。しかし社僧の反発を生み、最終的に社家の地位が安定したのは明治「御一新」によってであった。

はじめに

近世の筥崎宮――その全てに言及することは叶わないが、筆者の関心から、本稿では近世の筥崎宮を構成した人々に焦点をあてて話を進めていきたい。具体的には社家である。明治維新を迎え、前代の否定による新しい神社制度が始まるまで神仏習合の世界があり、神社では社家と社僧が共存していた。筥崎宮もそうであった。そして、社家と社僧の良好な共存状態、勢力の均衡が保たれていればよいのだが、それが崩れたときには、一社中での序列をめぐる確執を生じた。筥崎宮においても、社僧優位の序列をめぐる社家と社僧の攻防が繰り広げられた。その地位や身分待遇を確固たるものにすべく動いた社家の姿を、今回は復元してみようと思う。

筥崎宮を所管した福岡藩では、近世後期に社家優遇策を採った井手勘七という町奉行（寺社兼帯）が《出現》したことで、藩内の神社における社家と社僧の関係に変化が生じた。その理由の一つには、福岡藩が香椎宮を擁する藩、すなわち奉幣使を迎え入れる藩であったことが考えられる。江戸時代、朝幕関係が変遷する中で、中世以来途絶えていた香椎宮奉幣使が、四〇〇年ぶりとなる延享元年（一七四四）に再興された。以後、文化元年（一八〇四）、元治元年（一八六四）と計三回の奉幣使発遣がなされた。これらにおいて朝廷と現地の社家との間に立ち差配したのが、神道本所たる神祇管領長上吉田家であった。

奉幣使発遣を機として、吉田家は無官の社家への官位執奏（社家が官位を得る際の取次）などを積極的に行った。神社においては社僧に比べて社家の地位が高まり、唯一神道の立場から吉田家が差配していることもあり幕府触を以って仏教色の排除が指示された。高埜利彦氏は《プレ神仏分離》であると提起した（高埜利彦『近世日本の国家権力と宗教』東京大学出版会、一九八九年）が、近世近代移行期のこうした状況を考える上でも、筥崎宮の社家の動向は示唆を与えてくれる好例であろう。

一、福岡藩の神社支配と筥崎宮

（一）藩の社領寄進と役割の拡大

福岡藩は江戸時代を通じて筥崎宮に五〇〇石の社領を寄進（安堵）した。この端緒となっているのは、文禄四年（一五九五）十二月朔日付での豊臣秀吉による五〇〇石の寄進である。小早川秀秋もこの例にならい慶長四年（一五九九）九月十八日付で寄進した。関ヶ原の戦いでの戦功により筑前国を拝領した黒田長政は、同六年正月、前領主の小早川秀秋にならい寺社領を寄進した。寄進を受けた神社は、太宰府天満宮・筥崎宮・英彦山・志賀宮・田島宮（宗像）・香椎宮・弁才天宮（名島）であり、筥崎宮は五〇〇石の寄進を受けた（『福岡県史』通史編福岡藩文化（上）五二一・五四七頁）。二代藩主忠之以降、歴代藩主（筥崎宮文書には五代宣政・六代継高・八代治高・十二代長知の判物がない）が社領五〇〇石を寄進（安堵）し、「全く社役等相勤むべきものなり」と福岡藩の神社として、その役割が期待された。五〇〇石は、太宰府天満宮の二〇〇〇石に次ぐ大きさであった。

藩の祭礼や祈祷を執行することで社役を全うしてきた筥崎宮は、幕末になると、藩の社役だけではなく勅願祈祷＝天皇の命令による祈祷を担うようになる。その契機が嘉永六年（一八五三）の《ペリー来航》である。孝明天皇は畿内近国の七社七寺（伊勢神宮や仁和寺など朝廷の崇敬深い社寺）に「四海静謐」や「国体安穏」を祈らせたが、更にロシアのプチャーチン来航が幕府から報告されると、筥崎宮を含む畿外十一社に「神州を汚さず、人民を損なわず、国体安穏、天下泰平、宝祚悠久、武運延長」を祈祷させた（小倉慈司・山口輝臣『天皇の歴史九　天皇と宗教』講談社、二〇一一年、一九〇頁）。安政年間は、ほぼ毎年正・五・九月に祈祷を行い、その証である「満座巻数《まんざかんず》」を朝廷に納めた。この勅願祈祷に対しては「禁裏御祈祷料」が筥崎宮に下された。

（二）福岡藩の神社支配

福岡藩の神社支配における画期を見出すとすれば、それは二代忠之と三代光之の治世であると言えよう。具体的には、桜井神社の創設である。慶長十五年（一六一〇）に志摩郡桜井村に住む浦新左衛門の妻（乗鞍）が神がかり、以後、その託宣の的中が参詣者を集め、その評判を聞き及んだ二代藩主忠之が信頼を寄せて、寛永九年（一六三二）に社殿を造営、社号を与土姫《よどひめ》大明神とした。

忠之の桜井神社外護は、いわゆる「黒田騒動」での所領安堵が、同社への祈願の賜物であると信じたことも要因であるが、その後、二代宮司浦毎成を上京させ、吉田流の神事を学ばせた。そして、帰国した浦氏は忠之から「御国中社家惣司役」を命じられるのである。三代藩主光之は、寛文十三年（一六七三）に両部神道だった桜井神社を唯一神道にした。

これにより、社家の「惣司」たる桜井大宮司は、唯一神道の神社を中心に、中小神社をまとめることを期待された。逆に言えば、藩から社領寄進を受ける両部神道の神社は、その範疇には入らなかった。また、神道本所の神祇管領長上吉田家は、寛文五年（一六六五）の「諸社禰宜《ねぎ》神主法度」を梃子に諸国の社家を管掌すべく動いたので、福岡藩においては、桜井大宮司を核に据えた。このあたりについては、桜井大宮司が触頭《ふれがしら》として神社を管掌するのは宝永二年（一七〇五）頃が初発、吉田家の管掌が及ぶのは延享元年（一七四四）の奉幣使以降であることが明らかにされている（田中由利子「近世における地方神社の触頭支配確立――香椎宮奉幣使発遣を契機とした福岡藩桜井神社の触頭化をめぐって」『比較社会文化研究』第三一号、二〇一一年）。

（三）神仏習合のなかで

江戸時代の神社には、神仏習合のなかで「神宮寺」がおかれていることが多々あった。僧侶が神のために仏事を厳修するのであり、彼らは社僧と総称された。神社は神職と僧侶が併存する世界であった。筥崎宮は、延喜年間の創建当初から神宮寺がおかれ、神仏習合の祭祀を執り行っていた。「神仏習合のもとにおいては、常に仏教的なものが主となり、神道は従的な存在であった」（『福岡県史』通史編福岡藩文化（上）五四九頁）とも言われるが、筥崎宮の本宮である石清水八幡宮では、「検校」という僧形の祠官が全権を掌握していた。

筥崎宮においても、社僧が社家の上位に位置して社務を執っていたと考えられる。例えば、前述した藩からの社領寄進に係る判物は、歴代藩主（現存分）全てが「箱崎座主坊」宛である。また、住吉宮の事例であるが、延享三年（一七四六）に藩の寺社奉行が住吉宮の神宮寺円福寺に対して「古格の通り一社中下知致すべきの旨」を通達している（廣渡正利『筑前一之宮　住吉神社史』文献出版、一九九六年、六〇～一頁）。すなわち、神宮寺が一社を仕切ってきたのであり、今後もそうであることが藩により確認された。こうした状況においてしばしば起こるのが、社家と社僧の主導権争いであった。序列を明確にしたい、という欲求が支配下におかれた者から生まれてくるのも当然であり、筥崎宮においても社家の不満が燻っていた。

二、筥崎宮の社家と社僧
——天保三年「筥崎八幡宮古代より之事」から

(一) 古来、貫首は大宮司である

福岡藩士で国学者でもあった青柳種信がまとめた『筑前町村書上帳』には、「天保三年正月廿七日筥崎宮仕吉宮宇美宮古代より之書付」が収められている。筥崎宮・住吉宮・宇美宮の由緒がそれぞれまとめられているのだが、なぜこのような書付が、天保三年（一八三二）に、この三社で作成されたのか。後述するが、この三社は、社僧優位の現状を打破しようと、神道本所である京都吉田家に訴願するという実力行使に出た。天保三年のことであり、それに際して作成されたと考えられる筥崎宮版が、「筥崎八幡宮古代より之事」（以下、本章での引用元史料）である。

そのために、大宮司が座主より上位にあったという《証拠》を示す内容である。「大宮司一社の貫首なりし事、類聚《るいじゅう》苻宣抄《ふせんしょう》の太政官苻宣に見えたり」から始まり、「今大宮司田村大和守持ち伝へ居り候古代よりの文書の中に」は云々と、証拠文書を並べる。そして、「東鑑《あずまかがみ》」「八幡愚童訓《ぐどうきん》」「海東諸国記」などにおける大宮司関連記事を引用し、《昔からトップは大宮司である》との主張を展開する。しかし、「天正の比《ころ》より座主坊主領いたし候様に相見え」ると、天正期あたりからの座主坊支配を窺わせる記録もあったようだ。ただ、「寛延年中までは」と留保しつつ、社家・社僧の良好な関係が、次のように記される。

①「座主坊・大宮司相並び、神事祭礼も取り行ひ申し候」
②「社僧は座主坊支配いたし、社家は大宮司支配いたし候て、御神宝の出入りも大宮司・社僧立会出納いたし」
③「殿様江戸御往来にも、座主・大宮司両人は、鳥居の前

へ罷り出御目見いたし候」

つまり、「座主坊支配」ではあったかもしれないが、座主坊と大宮司が共に神事祭礼を執行し、あるいは藩主の参勤交代の際には、鳥居の前で共に御目見えを受けていた。そして、大宮司が社家を、座主が社僧をそれぞれ支配していたのである。では、「寛延年中」に一体何があったのか。

(二) 大宮司家の危機

良好であったはずの大宮司と座主の関係を一変させたのが、寛延二年（一七四九）の大宮司相続であった。ときの大宮司田村因幡守重祥の悴《せがれ》乙寿が「不肖の儀」により流罪となる事件が発生した。因幡も「押て（強制）隠居」を命じられた。《御家断絶》かとも思われたが、「格別の家柄」をもって末子千代丸が「幼年」ながら大宮司相続を許されることとなった。ところが、幼年ゆえに「社家大勢の支配相成らず、暫時座主坊より社家をも支配」という状態になってしまったようだ。社家と社僧の《パワーバランス》が崩れてしまったのである。この状態は社家からすると、社僧（座主）が「何となく因幡御咎の虚に乗じ候て、諸職を奪ひ居り候」ようにみえた。

互いの主張は大きく異なる。社家が作成した書付であることに留意しつつ、このときの座主の主張は「一旦大宮司断絶仰せ付けられ、其の後悴を新大宮司に相立てられ候」というものであった。大宮司家は一旦「断絶」したが故に座主が社家も支配するに至ったと。これに対して社家側は、「家柄の者故、幼年ながら大宮司相続仰せ付けられ」たのであり、そこに断絶はないと主張した。そして、このときから座主は「大宮司の権を奪ひ」、社家の支配についても座主が担えるように藩庁へ「強《し》いて新規御取立候様」に申し立てた。その結果、「万事古法も悉《ことごと》く此の時より社家の法例崩れ」てしまい、大宮司が「平《ひら》社家同様に」取り扱われるようになってしまった。これ以降、社家は《不遇の時代》を過ごすこととなるが、その状況を変えたのが、寺社兼帯の町奉行井手勘七であった。

三、井手勘七の「神仏両輪社壇仕法替」と社僧の対抗

(一)「神仏両輪社壇仕法替」

文化十三年（一八一六）、町奉行（寺社兼帯）の井手勘七伊《これ》明《あき》により、「神仏両輪社壇仕法替」がなされた。これは福岡藩士で国学者の青柳種信が進言したともされるが、両部神道の神社の社家を優遇する内容であった。すなわち、社僧は仏式による祭祀を、社家は唯一神道による祭祀をそれぞれ執行する祭式に改めたのである。例えば、仏式の祭礼では叶わない「魚鳥等相供」えることが「神道の式」を以って可能と

なるのである（田村大宮司家文書「社用礼鑑」所収〔文政六年三月十四日町奉行達〕『筥崎宮史料』二四六）。そして、社人にとっての大転換が、座主の支配下にあった大宮司が「町奉行直支配」となることであった。そして、大宮司以下の社人を直接支配させた（『福岡県史』通史編福岡藩文化（上）五六七頁）。

では、この仕法替えと身分待遇の変化が、筥崎宮ではどのように展開していったのだろうか。文政三年（一八二〇）十月に大宮司が町奉行直支配となり、翌年に町奉行から「正月元日より十二月除夜迄の処、祭礼式社檀向等洩落無く両輪奉祠の作法、早々申し出さるべく候事」が命じられた。その理由について、同じく「達」では次のように述べられる（田村別家文書「〔福岡藩町奉行達〕」『筥崎宮史料』二七四）。

①筥崎宮は「一国一宮の儀にて、日本六十六社に入り居り申し、余社と違ひ、古格旧例も正舗《ただしき》由座主より申し出」があったが、それは尤もなことである。

②筥崎宮が「古格旧例も正舗」ということは「兼ねて上にも能《よ》く御分り成され候御事に付、御先代様已来段々御吟味」をしてきたところだ。

③しかし、「寛延三年已来古格旧例相違の儀多」くなり、「御宮柄」にそぐわなくなってきた。

④終には大宮司をはじめ社家の面々は「宝暦年中已来頻《しき》りに沈淪《ちんりん》致し、時を失」い存念も言えずに今に至った。

⑤故に「此の節格別の御沙汰」にて「大宮司御礼席を進められ、留守・修行（執行ヵ）・権大宮司等直礼」に命じられたのである。

⑥「社僧・社人両輪奉祠仕るべき旨」については、「去年以来度々相違」もあり現場での執行が延引しているので、今こそ取り締まり「両輪奉祠」を実現させるように。

筥崎宮社家の凋落《ちょうらく》と座主の主張を逆手に取った町奉行井手の判断が背景にはあった。そして、井手は筥崎宮社家が描いた《凋落の歴史》とほぼ同じ認識を持っていたということが、③・④から分かるのである。また、大宮司や上官社人の礼席を昇進させ、「両輪奉仕」を「社法定書」全十二か条（筥崎宮史料、刊本未収録）などにより確認していくのであった。

（二）社僧の反撃

文化十三年の仕法替えは、社僧の反発を招いた。住吉宮の神宮寺である円福寺は、本寺である御室仁和寺を頼った。円福寺社僧快英が上洛し、御室仁和寺の「御法則条々」を持参して帰国、藩庁に提出したのである。文政十二年（一八二九）のことである。三か条のうち第一条に「社中の処は先例の通り座主請持支配せしむべき事、但し、大宮司身分の儀は以来国表寺社役中支配之《これ》有り候事」とあり、「社中」＝社家・社僧の支配については先例どおり座主に請け持たせるように、というものであった。ただ、大宮司の町奉行直支配については容認した。これを受けて町奉行は、住吉宮の横田織衛・宮崎駿河守両大宮司を呼出し、「住吉宮の儀は、格別の御宮柄に付、社僧・社家奉仕の儀、最前相達し置かれ候処、猶又御詮議を以て相改められ、社壇向きの儀、社僧相勤め候後、社家罷り越し、傍らにて相勤め」るように申し渡した。更に、供物についても「魚鳥等は別殿より相備え候様」にとのことであった（廣渡『住吉神社史』六三・二九九～三〇一頁）。福岡藩が門跡寺院である仁和寺に配慮するかたちとなり、仕法替えの前の状態に戻ってしまった。仁和寺直末を神宮寺としている筥崎宮の社家にとっても、この決定は等閑視できないものであった。

（三）筥崎宮・住吉宮・宇美宮三社家による訴願

天保二年（一八三一）八月、筥崎大宮司田村大和守・同人嫡子常陸介、住吉大宮司宮崎刑部、宇美大宮司神武斎宮介らが会合をもった。この三社はいずれも仁和寺直末が神宮寺であり、座主による社家支配という現状を打破できないかと考えていた。そして、「社法旧例復古」のために神道本所である神祇管領長上吉田家へ訴願することを決めたのであった。この訴願は、次のような経過をたどる（『福岡県史』通史編福岡藩文化（上）六二五～七頁）。

①九月上旬、上洛打合せのため、筥崎大宮司田村大和守宅にて会合。住吉大宮司横田織衛、宇美大宮司神武斎宮介、筥崎大宮司嫡子田村常陸介、筥崎社人大神多門（常陸介後見）の四人が上洛することを決めた。

②九月十二日、吉田家からの継目許状・十八神道伝授を名目として藩から上洛許可を得る。

③十月二十七日、京都到着の上、吉田家へ上洛の趣旨を説明。以後数回にわたり口上書にて出願した。しかし、吉田家からは「願意は尤もながら何とも手立てがなく、まして御室本山との掛合など思いもよらぬこと」という回答しか得られなかった。

④吉田家を頼ることができないと判断した彼らは、吉田家附属からの離脱という決断をする。翌天保三年正月十三日付けで横田織衛・神武斎宮介・大神多門が連署して「筑前国筥崎宮・住吉宮・宇美宮三社之社家中御附属奉離候付書物之事」を作成、吉田家へ提出した。

⑤横田大宮司の縁故により京都梅宮社の橋本大和守を頼り、四月十五日に一条家が今後官位執奏を行ってもよい旨の書付を発行される。

⑥吉田家は三社大宮司らの行動が障りになるとして、福岡

藩の「御国中社家惣司役」である桜井大宮司浦下総守に飛脚を立て、藩の寺社方に連絡するよう通達した。
⑦寺社方は三社大宮司らに至急の帰国を命じ、五月十六日に帰国すると、社用の他は謹慎するよう達せられた。
⑧一条家から寺社方を通じて書付を返納するよう達した。
⑨十二月七日、謹慎中の神武斎宮介が自害。翌四年六月十六日に横田織衛・大神多門に「押て隠居」が命じられた。九月十八日には横田家は弟紀に、大神家は嫡子常盤に、神武家は養子権頭に、それぞれ家督相続が許され、この一件は落着した。

この訴願は、藩や本所という《権威》を恐れない大胆な行動であった。失敗に終わったが、そこまで切羽詰まった大宮司の思いが発露した結果であった。また、仏教における本末制度のようには、神道本所とその配下神職との関係は盤石でなかったことが窺われ、《御室本山への掛合など論外》という吉田家の主張は、更に神道本所の限界をも露わにした。

おわりに

筥崎宮社家の憂いは、新たな時代の到来とともに払拭されることとなる。慶応三年（一八六七）十二月九日、王政復古により「諸事神武創業の始め」に基づくという大号令が発せられた。神社制度についても、同四年三月十三日の布告で「祭政一致」の制度に回復し、その上で「神祇官御再興」、「天下の諸神社神主・禰宜・祝《はふり》・神部《かんべ》」に至るまで、今後は神祇官附属とされた。そして神仏分離が行われていく。三月十七日に諸国の神仏習合した神社を支配あるいは附属していた別当や社僧に還俗を命じた。二十八日には仏像を神体にしている神社にその除去を命じ、梵鐘などの仏具・什物の排除を命じた。四月二十四日には八幡大菩薩の称号を禁止、閏四月四日には還俗した別当・社僧は神主・社人の名称に変えて神道に転ずるよう命じた（高埜利彦「江戸時代の神社制度」同編『日本の時代史一五　元禄の社会と文化』吉川弘文館、二〇〇三年、二六八〜七〇頁）。

筥崎宮においても、慶応四年（一八六八）閏四月に神祇事務局から「此の度大政御一新に付、石清水・宇佐・筥崎等八幡大菩薩の称号止めさせられ、八幡大神と称し奉り候様仰せ出され候事」（筥崎宮文書「〔太政官達〕」『筥崎宮史料』二二）との布告が達せられた。また、同年八月には座主坊に対して、還俗の上で「五十石下され、独礼」の身分待遇を与えて神職に取り立てる旨が命じられた。同時に、大宮司田村家が「一社中の神職上席」に位置付けられ、「一社中支配請持」を命じられた（筥崎宮文書「〔筥崎宮神仏分離関係記録〕」『筥崎宮史料』三四)。

明治新政府による神仏分離は、社家が「旧例古格」を自ずと回復する道を拓いた。筥崎宮における大宮司をはじめとした社家の念願は、ここに成就したのであった。

描かれた箱崎とその景観

水野哲雄

みずの・てつお——福岡市文化財活用課　日本中世史（文化史、都市史）。「中世末期の筥崎宮社人大神京林について」（『博多研究会誌』一二号、二〇一四年）、「中世博多の都市空間と寺院「関内」」（鹿毛敏夫編『戦国大名の土木事業——中世日本の「インフラ」整備』戎光祥出版、二〇一八年）ほか

中世から近世に制作された都市箱崎を描いた七つの絵画資料を検討し，箱崎の都市景観の構成要素を整理した。具体的な要素として，都市の背景としての松原・都市の中核たる筥崎宮境内・その周辺に形成された社坊や社家・門前の街路（唐津街道）とその沿線に連なる町家・西側海辺に営まれた網屋等を挙げることができる。

はじめに

前近代の都市箱崎を描いた絵画資料については、主に「筥崎八幡宮縁起」を対象として美術史の分野から縁起絵全体の構成・図様・作者・制作背景等を論じた下原美保氏の研究(1)、建築史の分野から筥崎宮境内建造物の存立時期と推移を論じた土田充義氏の研究(2)が存在する。これらの先行研究により、筥崎宮境内の景観については一定の蓄積が見られる一方で、筥崎宮とその周辺に形成された町場を含め、前近代の都市箱崎全体の構成や景観に関して、絵画資料を基に検討する作業は未だ十分に進められていない。小稿では都市史の観点から、管見に入った都市箱崎を描いた主要な絵画資料を対象に検討を加え、それぞれの景観描写の特徴について述べる。併せて議論を通じて浮かび上がる都市箱崎全体の景観の構成要素の整理を試みたい。

一、筥崎八幡宮縁起（筥崎宮所蔵）(3)

紙本著色で上下二巻の巻子に装丁されている（図1、口絵

にも掲載）。落款から作者は近世前期の大和絵絵師、住吉広澄（具慶、一六三一～一七〇五）であることが判明する。公家の竹内當治（惟庸、一六三六～一七〇四）が記した下巻奥書によれば、この絵画資料は寛文十二年（一六七二）に筥崎宮へ奉納された。かねて筥崎宮一社中として同社の縁起絵を制作し、八幡神を氏神と仰ぐ源氏の人々に詞書の染筆を依頼して宮に納めたいという希望があったが、なかなか実現に至らなかった。幸いこの年、社人秦重成が上洛した為、関係者の協力を得てこの縁起絵の作成、奉納に至ったものである。題簽や詞書は妙法院宮尭恕法親王や前右大臣久我広通・前権大納言中院通茂・前権中納言千種有能・前権中納言六条有和等の源姓の公家が分担して染筆した。寛文年間以降、何らかの経緯により一度宮より流出したものか、この縁起絵が安永四年（一七七五）に博多中石堂町の住人山口屋与七・釜屋徳兵衛・吉松屋久右衛門・煙草屋治吉によって納入箱と共に再び筥崎宮へ奉納されたことが、桐箱の蓋に墨書で記録されている。

下巻の巻末、十二紙から十三紙にかけて筥崎宮境内とその周辺の景観が描写される。縁起絵が実景をどの程度忠実に再現しているかという絵画の写実性の問題については、歴史資料や考古学的所見とも付き合わせた慎重な検討が必要となるだろう。またこの縁起絵が表現する景観の年代に関しては、近世初期に新たに建造されたいくつかの施設が画面上に見えず、逆に近世中後期の地誌等には見えない筥崎宮の境内社等が描かれていることから、何らかの資料に基づいて寛文年間よりもやや古い時期の景観を描写したものだとする下原美保氏の見解を支持したい。箱崎は博多と異なり、十六世紀後期に兵火に罹ったことがなく、近世初期に大規模な街区の改変も行われなかったことを考え合わせれば、描写された宮とその周辺の都市景観を中世末期まで遡及させて考えることも許されるだろう。

まず始めに目につくのは画面一面に描かれた箱崎松原の描写である。筥崎宮を挟んで画面右手（南西側）から左手（北東側）に至るまで松が全体に描かれ、その合間に神社や他の建造物が散在する都市箱崎の景観を知ることができる。画面左手奥には薄く小さく松の木が連続する様子が表現され、これは松原が北東側の地蔵松原に至るまで長く続くことを意味しよう。

画面の中央には九間社流造で檜皮葺の筥崎宮本殿、切妻造で檜皮葺の拝殿、三間一戸で入母屋造、檜皮葺の楼門が描かれ、本殿・拝殿の周囲は回廊が巡らされている。本殿・拝殿は天文十五年（一五四六）に大内義隆が建立、楼門は文禄三年（一五九四）に小早川隆景が建立した建造物でいずれも現

存し、国重要文化財の指定を受けている。縁起絵におけるこれらの建造物の描写は、現存する建造物の規模や構造と比較しても大きな齟齬は見出せない。

本殿・拝殿の周辺には、社殿向かって右に若宮八幡・乳母子社・高良社・阿蘇社・平井社、社殿向かって左に仲哀天皇社・今宮社・赤幡社、その他乙子宮・若八幡社・愛保社等の摂社、社殿前面に三重塔・多宝塔といった仏塔、社殿背面に御本地堂・毘沙門堂・護摩堂等の仏堂が描かれている。その他境内には御供屋・唐櫃屋・鐘楼・宝蔵・車宝蔵・一切経蔵・六十六部奉納経蔵等の付属施設が描写される。これらの建造物の中で、摂社の神社建築が檜皮や萱で葺かれた植物性原料を用いた屋根であるのに対して、仏塔や仏堂、付属施設は瓦葺の建造物として描き分けがなされている。さらに楼門の前には神木の箱松が大きく描かれ、多宝塔の前には湧出石、また三重塔の前には金泥自在王経奉納石塔といった石造物等が確認できる。楼門の正面には池があり、反橋が渡されている。摂社や仏堂、その他の付属施設の周囲は社殿正面と左右の三方が丹塗りの玉垣と鳥居で囲まれ、境内の内外が区画されている様子を見てとることができる。

玉垣の外、社殿に向かって右側（南西側）には常行堂・弥勒堂・西堂といった仏堂が廻縁付の建造物として表される。

図1　筥崎八幡宮縁起（部分・筥崎宮所蔵）

これらの仏堂は全て萱葺きである。同じく玉垣の外、社殿に向かって左側（北東側）には輿休・会所・黒木御所といった建造物が描かれる。輿休・会所は瓦葺、黒木御所は萱葺で表現され、特に黒木御所の周囲は黒木（加工されていない木材）の玉垣と鳥居で区画が為されている。それぞれの建造物の用途は必ずしも明確でないが、神社境内に営まれた会所としては中世の自治都市泉州堺の町衆の寄合の場として利用された開口神社の会所の事例が著名であり、筥崎宮の会所を考える上で参考となるだろう。

社殿正面、鳥居をくぐって境内の外に出れば正面の参道は博多湾の海浜に至る。参道の左右には厳島社・板敷松社といった末社、燈篭堂・荒神堂・順礼堂といった堂舎が描かれている。参道の社殿に向かって左側には池があり、中島には弁財天の祠が鎮座している。正面参道には海浜に至るまで総計三基の鳥居が設けられ、最も社殿から遠い波打ち際の鳥居に「一之鳥居」と注記が為されている。いずれも丹で塗られた木造鳥居にみえる。現在の筥崎宮では正面参道の楼門に最も近い位置に立つ石鳥居を一の鳥居と呼び、社殿・楼門と同様に国の重要文化財に指定されている。柱の刻銘より慶長十四年（一六〇九）に黒田長政が建立したことが知られ、この鳥居は縁起絵の作成当時、既に存在していたことになる。

境内正面の鳥居・玉垣と平行する街路は、近世の唐津街道と重複する都市箱崎の幹線道路である（以下、小稿ではこの街路を便宜上「正面街路」と呼称する）。正面街路の南西側と北東側、社殿正面の玉垣が直角に折れ曲がる付近にもそれぞれ鳥居が設置されており、この間の街路もまた宮境内に準じる宗教的な空間であることが視覚的に示されている。街路北東側の鳥居の脇に「殺生禁断札」と注記された榜示が見えることも、この空間の帯びる神域としての性格を端的に表していよう。街路南西側には街路を挟んで境内と反対の敷地に御旅所が描かれている。近世以前の神幸行事の際には神輿がこの場所まで出御したものと推測される。

広義の筥崎宮境内とその外部を区画する施設として、正面街路の延長上、北東側の鳥居の外に「惣門」と注記された門が描かれている。門は瓦葺の四脚門で左右に築地の袖塀が付属する。縁起絵には惣門の外側、北東に延びる街路沿線の景観描写が省略されているため不明確な点もあるが、他の絵画資料や現代に至るまでの箱崎の景観を総合的に考え合わせれば、この街路沿いには中世以来、都市箱崎の中心的な街区が形成されたものと推測される。惣門は筥崎宮社殿とそれに付随する建造物等の施設からなる広義の筥崎宮境内と、正面街路を通じてその周縁に形成された町屋在家とを区画する象徴的な機能を持ったものと考えられよう。惣門の脇には恵比須社が描写されており、その位置は旧唐津街道沿いに現存する玉取恵比須社の所在地と概ね重複するものと想定される。従って惣門の旧地もまた現在の筥崎宮と玉取恵比須社の中間、正面街路上のいずれかの地点に比定することが可能であろう。

縁起絵において町屋在家が描写されているのは、筥崎宮境内の南西側と北東及び北西側の区画である。南西側は正面街路が馬出を経由して博多に至るその沿線上の街区を、また北東側は同じく正面街路沿い、惣門の付近に展開する街区を表現したものと考えられる。一方、北西側の区画は正面街路沿線から西方・博多湾側に外れている。これは近世の箱崎浦、通称「網屋」と呼ばれた漁民の居住する街区に相当するだろう。いずれの区画も町屋は瓦葺と石を置いた板葺の屋根が入り交じる町並みとして描かれている。また網屋の街区の中には萱葺の社殿が描写され、「浮殿」と注記が為されている。博多湾に面した網屋の浜には一艘の小舟が乗り上げ、その沖合には人と荷を積んだ手漕ぎの船が一艘、航行する様子が描かれている。

絵画の写実性や描写景観の年代に関しては幾つかの留保を必要とするものの、筥崎八幡宮縁起は中世末期から近世初期にかけての筥崎宮と都市箱崎の景観を考察する上で多くの有

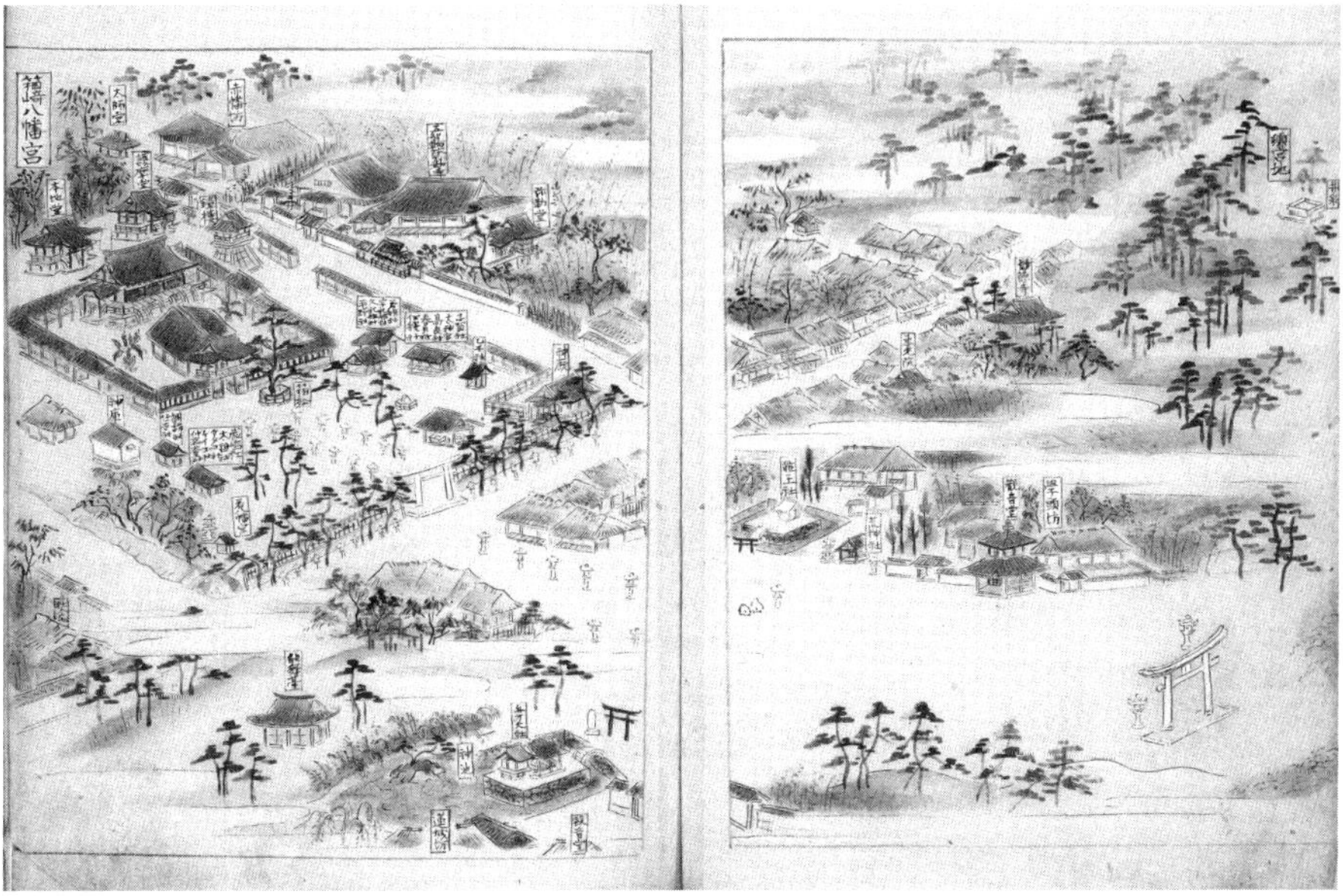

図2　「筑前国続風土記附録」所収箱崎八幡宮図（個人蔵、写真提供：福岡県立図書館）

用な情報を導き出すことのできる、大変重要な絵画資料だと評価することができる。なお同じく筥崎宮所蔵の「筥崎宮社頭図」(4)は、昭和三十一年（一九五六）に日本画家菱田青完によって制作された筥崎八幡宮縁起下巻巻末の景観部分の模写である。

二、「筑前国続風土記附録」所収箱崎八幡宮図(5)

紙本着色の絵画で、福岡藩士加藤一純が編纂した地誌「筑前国続風土記附録」に挿入されている（**図2**）。「筑前国続風土記附録」は藩命により天明四年（一七八四）に加藤一純が編纂を開始し、寛政五年（一七九三）の一純の没後、鷹取周成の補筆を経て寛政十年に完成したとされる為、描写される景観もおおよそ十八世紀末期の状況を示すものと考えられる。

画面には書冊の見開き一面に、北西側の上空より俯瞰する構図で筥崎宮境内と参道周辺の景観を描く。画面左上部に筥崎宮の本殿・拝殿と楼門、それを取り囲む回廊が描写されている。本殿と楼門が檜皮葺であるのに対して、拝殿と回廊は瓦葺で描写されている。現存する建造物と比較しても本殿の規模や構造は概ね正確に描写されているが、「筥崎八幡宮縁起」と比較すると筆致は素朴である。

楼門前には神木の筥松が描かれ、拝殿の左右には蘇鉄が植えられているのが確認できる。境内正面、社殿向かって右側には乙子社・志賀社以下五神を合祀する社殿・平野社以下四神を合祀する社殿、社殿向かって左側には若八幡宮・厳島社以下五神を合祀する社殿・諏訪社と住吉社を合祀する社殿・神庫等の摂社や施設が並ぶ。他の摂社が全て檜皮葺であるのに対して、志賀社以下五社合祀の社殿のみ瓦葺で描かれている。本殿背後には本地堂・護摩堂、本殿脇には鐘楼が何れも瓦葺の建造物として描写されている。境内手前右隅には柵を伴う瓦葺の神厩が確認できる。

また境内正面入り口の石鳥居から楼門に至るまでの間には、左右に建ち並ぶ石燈籠が描写されている。本図以降、小稿で紹介する近世に作成された絵画資料の多くには、筥崎宮境内や参道に建ち並ぶ石燈籠を確認することができ、近世前期以降の信徒による寄進を経てかかる景観が形成されるに至ったことが推測される。

境内正面の内外を区画する玉垣は、筥崎八幡宮縁起とは異なり瓦葺の屋根が付随する形式で描かれている。また境内南西側は同じく瓦葺の築地塀で区画されているが、反対の北東側には土塁状の隆起が描かれるのみで、内外を区画する工作物は特に確認することができない。

境内から通りを挟んで南西側の区画には、入母屋造で瓦葺の巨大な屋根を持つ五智輪院弥勒寺の堂舎が描かれている。他の絵画資料に見える座主坊を表すものであろう。その並びには赤幡坊の堂舎も確認することができる。画面構成上、境内北東側の区画はほとんど描かれないが、僅かに見える一画には萱葺の建造物に「社人宅」と注記が為されている。

境内正面、博多湾に面した浜まで延びる参道の左右には、社殿に向かって右側には方形の池の中島に鎮座する龍王社・荒神社・学頭坊等の社坊・末社が、社殿に向かって左側には能舞台・神池の中島に鎮座する弁財天社・蓮城坊・観音堂等の社坊・末社等が描写されている。参道の先端、箱崎浜には石鳥居が一基と左右に石灯籠が建てられている。この鳥居は貞享元年（一六八四）に福岡藩主黒田光之が寄進した鳥居を描写したものであろう。また参道の南西方、松原の中には「頓宮地」と注記がありその傍らには井戸の石組みが描写されている。近世の放生会神幸に際しては、この場所に仮屋が組まれて神輿が出御したものと考えられる。

画面構成上、本図には筥崎宮北東側、正面街路に沿って展開する箱崎村の街区及びその西側に位置する網屋の街区は全く描かれていない。一方で南西の馬出側、正面街路沿いには萱葺の比較的広い間口を持つ町屋が建ち並ぶ景観が描かれている。また町屋の背後、海浜側には恵光院・妙徳寺の瓦屋根が描写されているのを見出すことができる。

「筑前国続風土記附録」所収箱崎八幡宮図は地誌の挿図として制作された記録性の高い絵画資料として、十八世紀末期の筥崎宮周辺の景観を知る上で重要な価値を持つと言えよう。

三、箱崎宮放生会図巻（筥崎宮所蔵）(6)

紙本淡彩で巻子一巻に装丁されている（図3）。落款より、天明七年（一七八七）に南梅徳凬が制作したことが判明する。近世には旧暦の八月に、現代では九月に隔年で催行される筥崎宮放生会の神幸行列(7)の様子を中心に、博多湾岸の風景を描いた絵画である。

画面右手には博多石堂川（御笠川）の河口、千代の松原の景観が描かれている。松原の沖合い、博多湾の海上には客の男女を乗せて往反する手漕ぎの小舟が描かれ、中には船上に屋根付きの小屋を組んで幕を引き回した比較的大型の船も見られる。船舶の行き着く先は筥崎宮参道の先端、箱崎浜の鳥居付近である。浜には複数の船が乗り揚げ、乗客が上陸したり、船より長持に納められた道具や酒肴の入った重箱・角樽が積み下ろされる様子が見える。

鳥居の周囲、箱崎松原のあちらこちらには幔幕が張られている。筥崎宮放生会に合わせて博多の商家や町の人々が集団で箱崎へ繰り出し、松原にそれぞれが持参した幕を張ってその中で共に飲食し、一日遊び楽しんだといういわゆる「幕出し」の行楽の習慣を描いた場面である。折しも神幸行列の先頭は浜の鳥居の付近に行きかかり、幕出しに興じる人々も幕から出て沿道に居並び、行列の様子を見物している。見物客には老若男女が入り交じり、町人の他に刀・脇差を差した武士や僧侶の姿も見出すことができる。画面奥には、地面に座して行列の通過を待つ見物人の姿が見える。

神幸行列は筥崎宮境内正面の参道、松原の中を頓宮に向かって進む。行列の先頭には高張提灯・火王水王の面・太鼓・鐘が進み、社僧を乗せた輿と八ツ旗と呼ばれる巨大な幟旗八本がそれに続く。行列の中盤には、差羽や翳と高張提灯で取り囲まれた「一ノ戸」と呼ばれる神輿の屋根が霞の上に見えている。神輿に供奉するのは御幣や駒形（馬の頭部を模した飾り）等を捧持した社人、甲冑に身を固め弓を手にした随身、経僧、行列警護の福岡藩士等である。神幸行列には先頭より「一ノ戸」・「二ノ戸」・「三ノ戸」と呼ばれる三基の神輿が出御し、それぞれの神輿に供奉の人々が付き従うが、「二ノ戸」・「三ノ戸」の行列の描写は松原と霞の間に省略されている。

「三ノ戸」の神輿は筥崎宮楼門前の一の鳥居を出たばかり

図3　箱崎宮放生会図巻（部分・筥崎宮所蔵）

で、門前の正面街路にも群衆が詰めかけて行列を見物している。街道沿いの南西、馬出側には萱葺で比較的広い間口を持つ町屋が数軒描写されている。「筑前国続風土記附録」の挿図と同じく、境内内外を区画する玉垣は瓦葺の屋根を持つ形態である。境内には神木の筥松と楼門、本殿とそれらを取り囲む玉垣が見えるが、その描写はかなり簡略化されている。

筥崎宮境内から画面左手に目を向けると奥に若杉山、手前に地蔵松原、多々良川に架かる橋と多々良の集落、名島の岬の上に鎮座する弁財天、香椎宮境内と香椎・浜男の集落が見え、香椎の浜には何艘かの小舟が繫留されている。さらにその左には奥に立花山、手前には奈多浜から海の中道に至る松原、新宮から津屋崎に至る松原と宗像の浦や島々が鳥瞰的に描かれている。

箱崎宮放生会図巻は江戸時代中期の

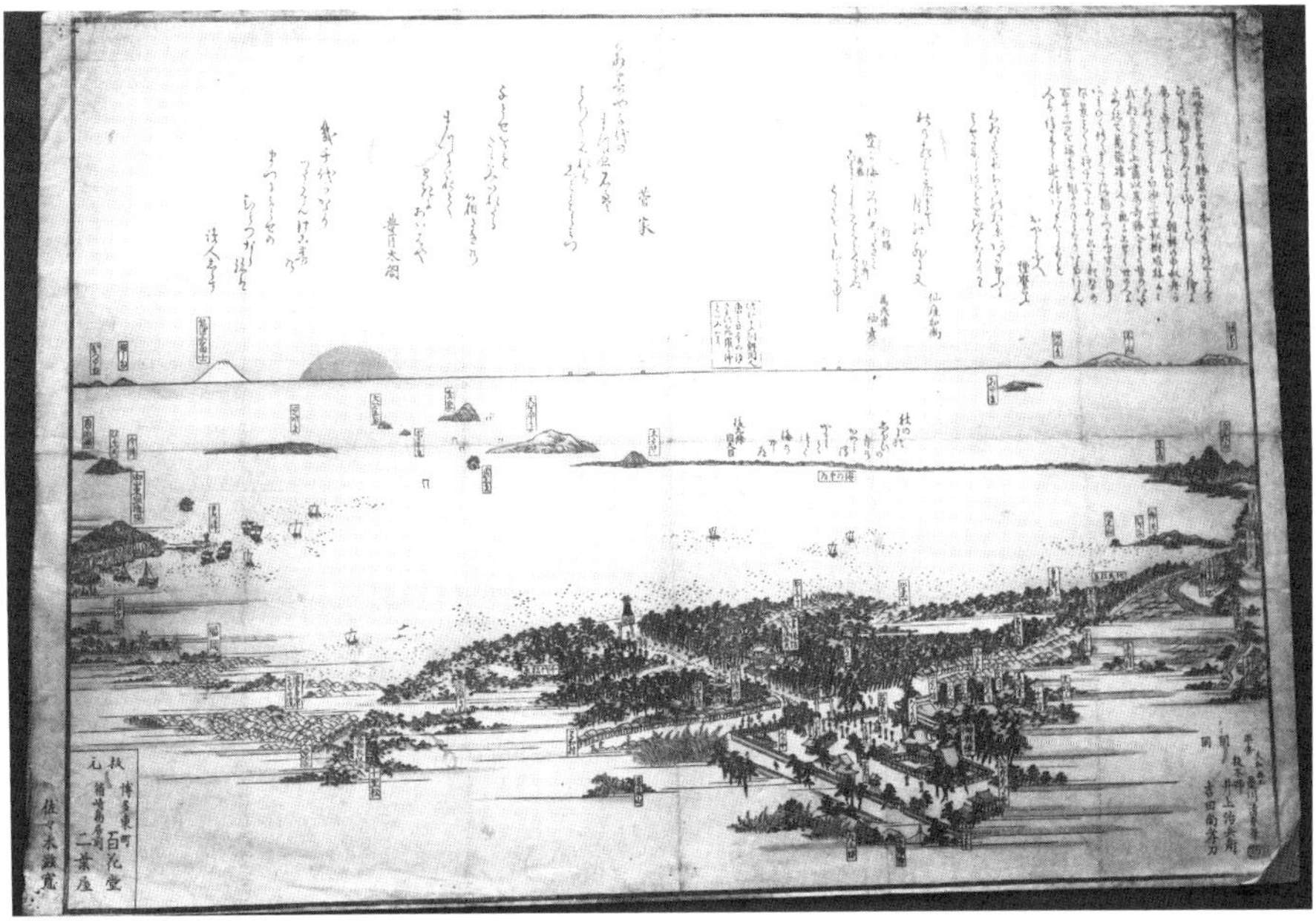

図4　〔筑紫筥崎乃勝景図〕（松源寺所蔵）

箱崎と博多湾・玄界灘沿岸の風景の中に、筥崎宮放生会神幸行列の風俗を表現した貴重な絵画資料だと言えるだろう。

四、〔筑紫筥崎乃勝景図〕（松源寺佐々木滋寛資料）(8)

紙本版画で未表装である（**図4**）。画面上部の種麿（青柳種信）による詞書から、本図制作の経緯が明らかとなる。それによれば古来名高い箱崎の景勝を世の人々に広く知らしめる為、博多町人の中でも趣味人として名の通った萬歳楼袖彦（豊後屋栄蔵）が描いた下絵を基に新たに版木を作成、出版したものである。画面右下の記載より、絵師は京都の菱川清春（一八〇八〜七七）、版木師は同じく京都の井上治兵衛・吉田尚孝であることが確認できる。また版元は博多東町の百花堂・箱崎鳥居前の二葉屋であることが画面左下に記載されている。版行年代は菱川清春の活動年代と青柳種信の没年（天保五年／一八三六）から、おおよそ一八三〇年代、文政の末年から天保の初年であると推定される。また画面上部には詞書の他、仙厓和尚・萬歳楼袖彦・菅原道真・豊臣秀吉等の箱崎を詠んだ和歌・狂歌を掲載する。

本図は箱崎の東側内陸部上空から、箱崎と博多湾の風景を鳥瞰的に見渡した構図で描かれている。画面中央には水平線が引かれ、沈みゆく夕日の横には筑紫富士（可也山）が顔を覗かせる。また水平線上、画面左方には小呂島と姫島、画面右方には宗像の地島・大島・沖ノ島といった玄界灘の島々が見え、手前には相島も描かれている。博多湾上には奥に玄界・大机・小机、中央に能古・志賀の島々が見え、右手立花山の麓から奈多村を通って伸びる海の中道が手前の博多湾と奥の玄界灘を分けている。海の中道の先端、大岳と志賀島との間に潮が入り陸で繋がっていないのも当時の景観を表す。水平線の向こうから博多湾にかけて幾つもの白帆が見え、画面左端、福岡荒戸の湊に向かって船が続々と入港し、港には繋留された船の帆柱が林立している。今まさに入港しようとする、帆が上下黒中白に染められた船は福岡藩の御用船を示すものだろう。

画面手前の陸上に目をやると左端の荒戸山から福岡城、福岡から博多にかけて多くの町屋が描かれている。石堂川（御笠川）に架かる石堂橋を渡れば一面の千代の松原で、その間に崇福寺の伽藍が姿を見せている。松原の中に霞を挟んで描かれる唐津街道の馬出村の町並みを北東にたどれば箱崎に至る。

画面下部中央に筥崎宮が描かれている。境内の中央には本殿、楼門とそれを取り囲む回廊が見える。また玉垣と塀に囲まれた境内の中には、本殿裏に本地阿弥陀堂・護摩堂、本殿横に鐘楼、楼門前に筥松・乙子宮・箱崎殿塔等の堂舎が確認できる。また楼門前、浜に向かって左側の境内隅の建造物には「くりや（厨）」と注記が為されているが、小稿で紹介した他の資料と比較すれば「うまや（厩）」の誤記である可能性が高い。境内の外、通りを挟んで南西側の区画は霞に覆われてかなり描写が省略されているが、赤幡坊・座主坊といった社坊を確認することができる。同じく境内の外、通りを挟んで北東側の区画には、松原の間に大宮司・権大宮司・一乗坊・一番坊・二番坊・三番坊等の社家・社坊を見出すことができる。またこの区画の建造物の一つには「連歌堂」と注記がなされている。

境内正面の一の鳥居を出て正面街路を横断すると一面に松原が広がる。松原の中、参道を浜に向かって進むと左手に学頭坊・円台坊、右手に蓮城坊・放生池弁天・能舞台等の社坊・末社や施設を確認することができる。浜の近くには鳥居と高燈籠が建つ。この高燈篭は文化九年（一八一二）、博多町人高松三右衛門等の寄進により着工、文化十四年に完成したものとされる。[9] 燈籠の基壇は石、上部は木の構造物として描かれている。

また一の鳥居と浜との中間には、参道と交差し正面街路と並行して延びる小道が描かれており、この小道を参道から北東に進むと網屋の街区に突き当たる位置関係に見受けられる。近世後期には松原の中にこの様な通路が形成されていたと考えてよいだろう。

筥崎宮の正面街路を北東に進むと、街路の左右に塀が築かれた構口が見え、その先には町屋が櫛比する箱崎村の町並みが描かれているが、個別の町屋の規模や構造が確認できるほど精細な描写ではない。町並みの途中には「蛭子宮」の注記が見える。また箱崎村の街区から松原を挟んで西側、海浜の近くには「あみや丁」の家並みが描かれ、浜には網が干され多くの漁船が繋留されている様子を確認することができる。さらに箱崎村と網屋町の中間、松原の中には福岡藩の御茶屋の屋根が描写されている。

箱崎村の町場を抜けて北東には箱崎松原から連続して地蔵松原が広がり、その中には重盛院と米一丸塔が見える。地蔵松原の東方には原田村、広大な田圃と多々良川を挟んで多々良村・松崎村・名島村・香椎宮と浜男村の景観が描かれる。名島の岬には「弁天」、「ハシラ石」(帆柱石)、「妙見山」(島)と注記される他、多々良川の河口、名島村の付近には「わたし場」(渡場)の注記が見え、川面を渡る一艘の小舟が描かれている。近世後期の多々良川には地蔵松原と名島とを結ぶ渡船が営まれていたことを知ることができる。

〔筑紫筥崎乃勝景図〕は近世後期に作成された名所図の一種として、箱崎の、特に博多湾岸に広がる松原を中心とする名勝としての景観を、他の箱崎図とは異なる独自の鳥瞰的な視点から描き出した貴重な絵画資料だと評価することができる。また本図が版画として印刷、頒布されたことは箱崎の景観を江戸や上方、その他遠隔地の人々に広く周知する上でも大きな意味を持ったと考えられる。

五、天保年中之図(筥崎宮所蔵[10])

紙本着色で掛幅に表装されている(**図5**)。画面左下に「天保年中之図/慶応三年丁卯正月吉日/箱崎大宮司従五位下/田村備後守波多重純書(朱印)」との書き込みが見え、幕末の慶応三年(一八六七)に、それよりおよそ二十〜三十年以前、天保年間の景観を大宮司田村重純が再現して記録した絵図であることが知られる。西側、博多湾の方向から筥崎宮とその周辺の景観を俯瞰的に描いたものであり、建造物等は全般的にかなり簡略化されて描写されている。

画面上部の中央には筥崎宮本殿と楼門、それを取り囲む回廊が描かれ、楼門前には神木の「筥松」が見える。境内の本殿向かって右側には、手前から奥にかけて乙若子命社・五社(気比・春日・天照・志賀・高良の五神を合祀)・神楽殿・今宮社・鐘楼・護摩堂が確認できる。また本殿向かって左側には同じく、若八幡宮・五社（高野・愛宕・警固・大祖・厳島の五神を合祀）・住吉殿・宝蔵・御炊所・御櫃台・番匠所・稲荷社が見え、本殿の背後には本地堂が存在する。また境内右手前隅の一画には、神馬を飼育する神厩が描かれている。

境内正面には街路に面して一の鳥居が立つ。また境内の正面と右方には朱塗りの玉垣が巡らされている。玉垣は石の基壇の上に建ち、屋根が付属する形式である。境内左方の境界には「石垣」との注記があるため、当該期のこの面には木製の玉垣ではなく石垣が築かれていたものと推測される。

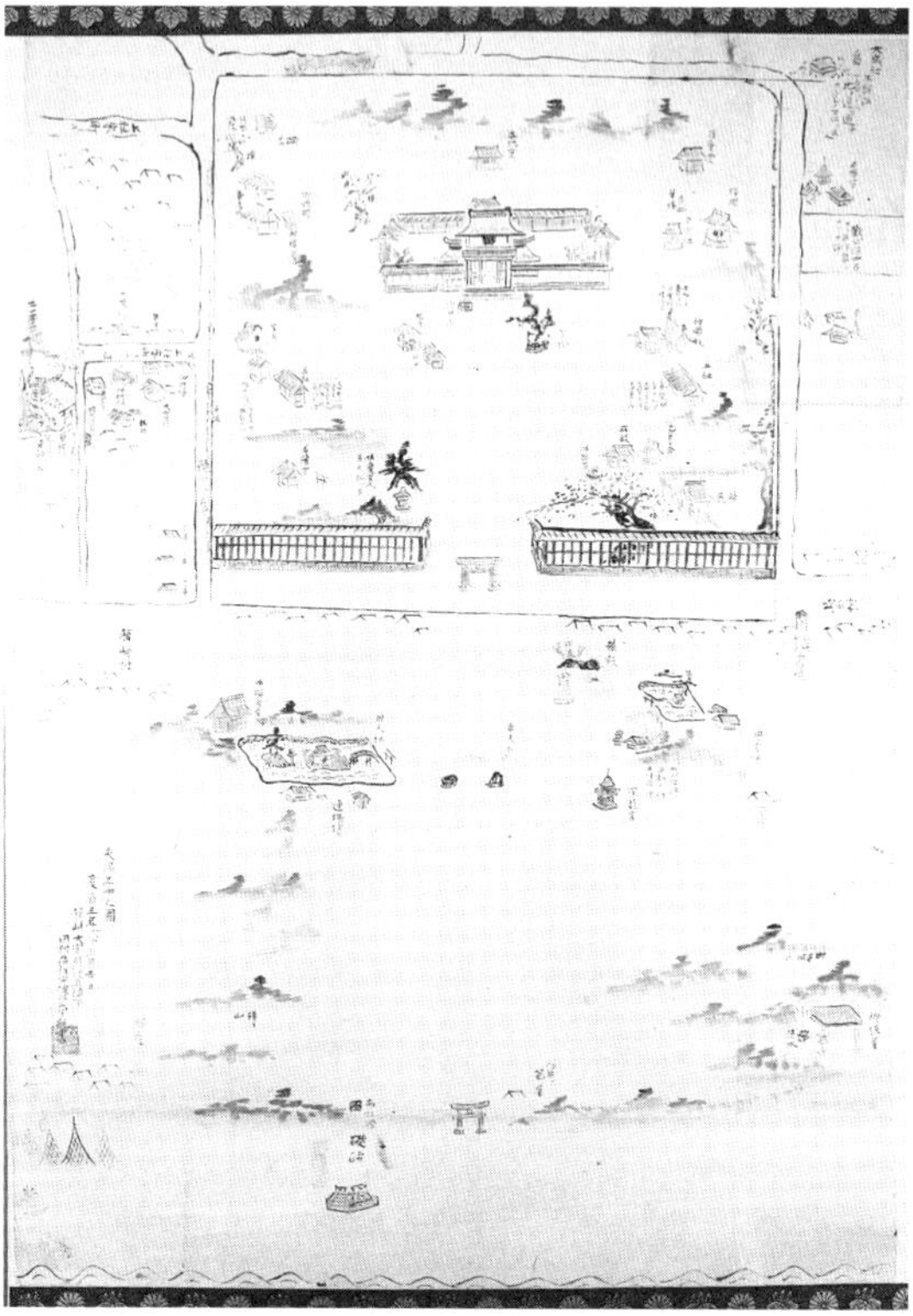
図5　天保年中之図（筥崎宮所蔵）

玉垣の外、境内向かって右側（南西側）の区画には座主坊・赤幡坊の堂舎が簡略に描かれ、両坊の中間の敷地には「歓心坊、中古ヨリ無住、畠トナリ不詳」と注記が為されている。同じく境内向かって左側（北東側）の区画には留守・一乗坊・御灯坊・神祇社・大宮司・執行・権大宮司・一番・二番・三番・智禅坊等の社家や社坊が見える。境内左方の石垣に面して正面街路に直行する街路には「預丁ト云傳」と注記が為されており、この通りの旧称を知ることができる。またこの境内左側の区画を正面街路と並行して貫く二本の街路には、「上社家町ト云」と記入されていることから、この町名が近世末段階で使用されていたことを知ることができる。

画面下部には境内の正面、博多湾の海浜に至る参道とその周辺の施設が描かれている。境内に向かって右側には円台坊・学頭坊・燈籠堂等の社坊や土御祖・奥都彦・奥津姫の三神を合祀した社殿が見える。円台坊の傍、池の中島に鎮座する社殿には注記がないが、先に紹介した「筑前国続風土記附録」挿図を参考とすれば龍王社を描いたものだろう。浜に近い松原の中には一定の面積を持つ石の基盤が描かれ、「御仮屋」と注記が為されている。先述の「筑前国続風土記附録」挿図にみえる「頓宮地」と同じ場所を示すものであろう。境内に向かって左側には蓮城坊が見える。また参道左側にも池が穿たれ、中島には弁天社が鎮座し、その背後には中楽舞台が描かれている。

画面最下部、参道の浜の近くには石鳥居が建てられ、その右側には「汐井ノ苞屋」が描かれている。福岡・博多やその周辺、筥崎宮の信仰圏で広く行われたオシオイトリの行事に関する施設であろう。また石鳥居左側の海浜には高燈籠の基壇部が見えるが、燈籠自体は描かれていない。この高燈籠は文化十四年（一八一七）の完成後、経年と共に朽損し、明治十五年（一八八二）の再建時には基壇を残すのみであったという。[11]本図より天保年間のある時期には既に礎石のみの状態であったことを知ることができる。

本図において箱崎の町屋は屋根の形状が記号的に線描されるのみで、社殿・社坊の建築よりもさらに描写が省略されている。町屋は筥崎宮境内南西側から境内正面を通過して北東側に至る正面街路の沿線、及び境内北東側の上社家町の区画に多く建ち並ぶ。境内南西側の角、正面街路に面する場所には那珂郡と糟屋郡との郡境石が描かれており、この標石は現在も同位置に存在している。図中、郡境石の南西側には「馬出村」、北東側には「箱崎村」との注記が見える。また画面の下部左側、正面街路沿線から外れた宮境内の北西側には、筥崎八幡宮縁起と同様に網屋の集落と浜に干された網が描写されている。

天保年中之図は江戸時代後期の筥崎宮境内とその周辺の景観の概要を記録した貴重な絵図資料だと評価することができる。

六、その他の絵画資料

以上検討した絵画資料の他、前近代の箱崎の景観を部分的に描いた資料に補足的に言及しておきたい。

まず鎌倉時代、文永度と弘安度の二度のモンゴル襲来の状況を記録した絵画資料として名高い「蒙古襲来絵詞」[12]（宮内庁三の丸尚蔵館所蔵、口絵も参照）を挙げることができる。「蒙古襲来絵詞」前巻の第三紙から第七紙にかけて、文永十一年（一二七四）十月二十日に百道・麁原周辺への元軍の上陸を受け、箱崎の陣所を出発し箱崎松原の中を博多方面へ急ぐ竹崎季長以下の軍兵たちの姿が描かれている。画面は筥崎宮境内から西方、博多湾の方向を見通す構図を持ち、画面上部には箱崎の浜に打ち寄せる波が見える。第四紙には筥崎宮の鳥居が、それを挟んで第三紙から第五紙にかけては木製の玉垣が描かれ、鳥居・玉垣のいずれもが朱で塗られている。筥崎宮門前の正面街路を描いたものであり、第三紙で玉垣が内と外の二重に築かれているように見えるのは筥崎八幡宮縁起の描写とも共通する。また第三紙の上部には、街路を挟んで筥崎宮境内北西の角に位置する建造物が描かれている。板屋根で外面には引き違いの舞良戸を用い、敷地の外周には竹製かと考えられる網代垣が巡らされている。この建造物が社坊等の筥崎宮に附属する施設、または在家のいずれを表現するのかは明確で無いが、管見の限りでは箱崎の建造物を描写した最古の資料として大変貴重である。

次に福岡図巻（福岡市博物館所蔵）が挙げられる。この資料は紙本著色で巻子一巻に表装されている。福岡藩主黒田家に伝来した資料で、福岡城下を中心にその周辺の博多湾岸、玄界灘沿岸の景観を描写した風景画である。制作年代はおおよそ十八世紀後期に比定されている。資料の第五紙から第七紙にかけて、北西・博多湾方向から陸上を俯瞰する構図で箱崎の風景を描く。第五紙には一面に松の生い茂る千代の松原とその間に所在する崇福寺の伽藍を描く。第六紙には松原の中、右端に筥崎宮参道の浜の鳥居を、中央に参道とその周辺の施設を、左上部に筥崎宮境内を描く。第七紙には網屋の集落と箱崎北東に続く地蔵松原を描く。本資料では放生会神幸行列こそ描かれぬものの、第五紙から第六紙にかけて見られる筥崎宮放生会幕出風景の描写や、第八紙以降に続く名島から香椎・海の中道・新宮方面の景観描写に先述の箱崎宮放生会図巻と近似する点があり、二つの資料の関連性が推測される。制作年代もおおよそ同時期であると考えてよいであろう。

おわりに

小稿では中世から近世にかけて制作された都市箱崎を描いた七つの絵画資料を紹介し、それぞれの景観描写について検討を加えた。最後にこれらの絵画資料から看取できる箱崎の都市景観の構成要素について、以下九点に分けて整理したい。

（1）都市景観の背景として描写される松原に注目する必要がある。近代以降の都市開発やマツクイムシ被害、また松林の日常的な維持管理がなされなくなったこと等を原因として箱崎松原の景観は完全に失われてしまったが、近代以前の箱崎は松原の中に営まれる都市であった。

（2）都市箱崎の中核として筥崎宮境内が存在する。境内は社殿とそれに付随する建造物群から成り、具体的には本殿・拝殿、それを取り囲む楼門・回廊、周辺の摂末社や堂舎その他の施設から構成されていた。

（3）筥崎宮境内と境外を区画する玉垣と鳥居が存在する。絵画資料から玉垣は境内正面と左右の三方に廻らされていたことが確認でき、その形状は時代とともに変化が見られる。

（4）筥崎宮境内南西側に区画が形成されている。この区画には五智輪院弥勒寺（座主坊）・赤幡坊・その他の社坊といった主に仏堂を中心とする建造物群が存在した。

（5）筥崎宮境内北東側に区画が形成されている。この区画には大宮司・権大宮司以下の社人屋敷地、一乗坊以下の社坊、その他宮の附属施設が存在し、近世後期には上社家町の町名が使用されていた。絵画資料からは筥崎宮南西側の区画と比べて、この区画により稠密に建造物が建ち並ぶ様相を見て取ることができる。

（6）筥崎宮境内正面に西方の浜まで伸びる参道と、その両側に設けられた末社・社坊・その他能舞台等の施設が存在する。絵画資料からは浜の鳥居の傍らに文化年間に建設された高燈篭が、幕末には既に朽損して基礎を残すのみであったことを確認することができる。

（7）筥崎宮境内の正面を街路（近世の唐津街道）が通過する。南西から北東へと伸びるこの街路は、中世以来、都市箱崎の中心を貫く主要幹線であった。またこの街路上、箱崎の町場への入り口には、筥崎八幡宮縁起に見える惣門から〔筑紫筥崎乃勝景図〕に見える構口へと繋がる、広義の筥崎宮境内とその周縁の町場を象徴的に区画する構造物が設けられたことが知られる。

（8）筥崎宮正面街路の北東側沿線に町場が展開する。小稿で紹介した絵画資料からこの区画の全体や個別の建造物の規模や構造を詳細に明らかにすることは難しいが、瓦葺と板葺の町屋が混在するこの区画が、中世以来現代に至るまで都市箱崎の経済的繁栄を担う中心的な町場であり続けたことは確かであろう。この町場の途中には近世前期以前から、市庭に勧請されることの多い恵比須神が祀られていた。

（9）筥崎宮境内の北西、筥崎宮正面街路から西側に外れて海浜の近くに町場が形成されている。この区画は近世には網屋町と呼ばれ、漁業等に従事する海民が生活する町場であったことを絵画資料からも知ることができる。

なお小稿では紙幅の都合により、絵画資料から明らかとなる箱崎の景観構成について、筥崎宮とその周辺に伝来する関係史料や埋蔵文化財調査の成果との照合を行い、総合的にその精緻化を図るまでには至らなかった。今後の検討を期したい。

注

(1) 下原美保「筥崎宮蔵「箱崎八幡宮縁起」についてI～IV」(『日本美術工芸』六八二～六、一九九五年)。

(2) 土田充義「筥崎八幡宮縁起絵巻に描かれた建築について」(『昭和46年度(近畿)大会学術講演梗概集〈計画系〉』日本建築学会、一九七一年)、同『八幡宮の建築』(九州大学出版会、一九九二年)第四章「八幡造の変化」。この他、新修福岡市史『特別編 自然と遺跡からみた福岡の歴史』第IV部第4章「中世博多の風景」(堀本一繁氏執筆、二〇一三年)でも言及されている。

(3) 『筥崎宮収蔵品並田村文書目録 福岡市文化財調査目録3』(福岡市教育委員会、一九八八年、以下『筥崎宮収蔵品目録』と省略して表記する)絵画五四。本資料は福岡県有形文化財(絵画)に指定されている。

(4) 『筥崎宮収蔵品目録』絵画六二。

(5) 加藤一純・鷹取周成編、川添昭二・福岡古文書を読む会校訂『筑前国続風土記附録(中巻)』(文献出版、一九七七年)。

(6) 『筥崎宮収蔵品目録』絵画三六。

(7) 佐々木哲哉「筥崎八幡宮の神幸行事」(『福岡市歴史資料館研究報告』第一〇集、一九八六年)。

(8) 浄土真宗松源寺(福岡市博多区)所蔵。なお本資料の背面には佐々木滋寛氏の筆によると考えられる「嘉永年間板行」との墨書がある。その根拠は不明ながら出版年代を考える際の参考となろう。

(9) 村田正志監修『筥崎宮――由緒と宝物』(筥崎宮、一九九三年)。

(10) 『筥崎宮収蔵品目録』未収録。

(11) 村田正志監修『筥崎宮――由緒と宝物』(筥崎宮、一九九三年)。

(12) 画面の確認には小松茂美編『日本の絵巻13 蒙古襲来絵詞』(中央公論社、一九八八年)を用い、柳田純孝文、西園禮三写真『元寇と博多 写真で読む蒙古襲来』(西日本新聞社、二〇〇一年)を参考とした。

◎コラム◎

箱崎における宮廷文化の伝播について

――「箱崎八幡宮縁起」を例に

下原美保

しもはら・みほ――鹿児島大学学術研究院法文教育学域教育学系教授。専門は近世絵画史。主な著書に、『住吉派研究』（藝華書院、二〇一七年）、論文に「大英博物館蔵〈竹林七賢人図〉に見る幕末御用絵師の絵画制作活動と画壇における位置付けについて」（下原美保編『近世やまと絵再考――日・英・米それぞれの視点から』ブリュッケ、二〇一三年）、「やまと絵の継承と展開」（『別冊太陽　やまと絵――日本絵画の原点』平凡社、二〇一二年）などがある。

はじめに

八幡縁起とは、神功皇后による三韓遠征と、その御子応神天皇が八幡神として各地へ祀られる経緯を語ったものである。筥崎宮はしるしの松に八幡が降りた舞台とされ、同縁起との所縁も深い。寛文十二年（一六七〇）に完成した「箱崎八幡宮縁起」（上下巻、筥崎宮蔵）は、同宮からの特別注文により調えられており、詞書は宮廷の公家衆が、絵画は後に幕府の御用絵師に就任する住吉具慶（一六三一～一七〇五）が手掛けている。

このコラムでは、八幡縁起絵巻の系譜における本絵巻の位置付けや、具慶による新たなテクスト表現の模索を確認し、どのような経緯で本絵巻の制作が宮廷へ依頼され、筥崎宮へもたらされたのかを辿ってみたい。箱崎の地における宮廷文化伝播の具体的な例として、本絵巻が注目されるからである。

尚、絵巻に付された題箋や奥書の表記に従い、このコラムでは本絵巻の題名を「箱崎八幡宮縁起」として論を進めていく。

一、八幡縁起絵巻の系譜における位置付け

『住吉家旧記』によると、当初、「箱崎八幡宮縁起」は五巻で構成されていた。現在では錯簡や紛失部分が多く、二巻に表装し直されている。

かつて宮次男氏は、現存する中世の八幡縁起絵巻を大きく二系統に分類された。一つは国民的八幡信仰の所産として広範囲に流布した八幡縁起絵巻（甲類本）で、鞆淵八幡神社本、逸翁美術館本、衣奈八幡宮本、国文学研究資料館本、浜天神社

旧蔵本が含まれる。もう一つは貴族社会の所産である八幡縁起絵巻（乙類本）で、誉田八幡宮本（「神功皇后縁起」）、東大寺本、由原八幡宮本が含まれる。

「箱崎八幡宮縁起」の詞書は、神功皇后が新羅王の門に御鉾を立てたこと、八幡神が無言の身になった理由、筥崎宮創建等、多くの部分が国民的八幡信仰の所産たる甲類本と共通している。しかしながら、本絵巻では甲類本・乙類本ではほとんど確認できない直衣の由来や、神功皇后が着用した裳についても語られており、この点は元文五年（一七四〇）に奉納された「八幡大菩薩御縁起」（鰐鳴八幡宮蔵）等と共通している。

絵画部分についても、道服姿で登場する住吉明神や、神功皇后の乗った船に突進する大牛、新羅軍との海戦における龍の登場等、甲類本との共通点が多い。ただし、新たな図様や場面選択、例えば、せいのうの舞を安曇磯童自らが舞う図様や八幡神が少女となって託宣する場面などが確認でき、本絵巻を特徴づけている。また、巻末には筥崎宮の境内図が付されているが、本絵巻が制作された近世の建物配置とは異なるため、同宮に伝来した古図類をもとに描かれたと推測される。

二、住吉具慶による新たな八幡縁起絵巻

「箱崎八幡宮縁起」の絵画部分を担当した住吉具慶は、住吉派の二代目として寛永八年（一六三一）に京都で生まれた。住吉派は父如慶が後西天皇の命により、中世の絵師である住吉法眼の後継者という名目で土佐派より分派し、寛文三年（一六六三）に設立した流派である。具慶は如慶同様、宮廷の画事に従事していたが、貞享二年（一六八五）には幕府の御用絵師に着任する。住吉派興隆は、後西天皇の父後水尾天皇を中心とする宮廷における古典文化復興の一環であった。そのため、如慶・具慶父子は勅命により「年中行事絵巻」（原本・十二世紀）などの中世絵巻の模写を数多く手掛けている。

本絵巻に見られる描写は、伝統的なやまと絵の技法に基づいており、卓越した人物描写や洗練された色彩感覚、古典を踏まえた画面構成力の高さがこれを裏付けている。本絵巻制作の際も、具慶は中世の八幡縁起絵巻、特に甲類本を参考にしたと考えられる。しかしながら、先に述べたように、本絵巻は従来からの継承に止まらず、具慶による新たな図様も確認できる。

具慶作品の特徴は、規矩にとらわれないエンターテインメント性にある。図は新羅軍と日本軍との海戦の場面であるが、海に放り出されて船の舳先につかまる新羅軍や、船上から執拗に攻撃をしかける日本軍など、テクストとは直接関係のない人物まで活き活きとユーモラスに表現され、物語をドラマティックに演出している。当時、宮廷文化の新たな享受者のために、数多くの古典注釈書が刊行されたが、具慶によるテクストの絵画化も、

図1　「箱崎八幡宮縁起」上巻（筥崎宮蔵、下原美保『住吉派研究』（藝華書院、2017年）より転載）

このような啓蒙的態度が反映されたと言えるだろう。本絵巻では、古典を重視しながらも、時代が求める新たな八幡縁起絵巻の模索を見ることができる。

三、「箱崎八幡宮縁起」の制作背景

「箱崎八幡宮縁起」には奥書が現存し、制作背景を知ることができる。ここでは詞書筆者として、久我広通、千種有能、綾小路俊景、千種有維、中務大輔資冬、織殿頭重村、中院通茂、六條有和、岩倉具詮、白川雅喬、愛宕通福、久世通音、庭田重條、五辻英仲、慈光寺冬仲、竹内惟庸（彈正大弼當治）の名が、また、外題筆者として妙法院すなわち堯恕法親王の名が記されている。千種有能・有維父子は武家伝奏を務めており、中院通茂は後水尾天皇より御所伝授を受け、宮廷歌壇でも指導的役割を果たしていた。また、堯恕法親王は具慶を剃髪し得度させた人物で、いずれも当時の宮廷における政治的、文化的な中心メンバーと言える。

奥書では、本絵巻の制作経緯について次のように語る。

箱崎八幡宮縁起連中社中雖希
源家之染翰地遙而無由幸今秦重成
在京師而達衆望允是萬世之重寶
一社之規摸欤於本迹縁起神道者弥
慎而莫怠矣
寛文壬子歳夏五月吉旦
彈正大弼従四位下臣源朝臣當治

すなわち、長年社中で「箱崎八幡宮縁起」の詞書を源家に望んでいたところ、幸いにも秦重成が京都に滞在したため、その願いが叶ったというのである。奥書の筆者は詞書も手掛けた源朝臣當治すなわち竹内惟庸であるが、詳細な経歴については不明である。この時、京都にいたという秦重成についても詳らかでないが、田村家文書の『賦何草連歌』（貞享二年〔一六八五〕）や『賦何屋連詞』（同）にその名を見出すことができる。

本絵巻制作の発案理由については言及されていないが、注目されるのが弥勒寺（筥崎宮の神宮寺）の座主盛範である。田村家別家文書『宝物書籍寄進記録』（寛文五年（一六六五））に「禁裏源家二十七人」による八幡縁起の願主としてその名が記されている。盛範は慶長年中より途絶えていた放生会を延宝三年（一六七五）に再興した人物で（貝原益軒『増補筑前国続風土記』）、延宝五年（一六七七）の鐘楼や荒神堂等の建立、貞享二年（一六八五）の舞台建立の願主でもある（日高家文書『箱崎八幡宮建立寄進記録』）。時を同じくして本絵巻が調えられたことを考慮すると、制作の発案者は盛範である可能性が高い。また、先の『賦何草連歌』にも盛範の名が確認できることより、秦重成と盛範とは筥崎宮の歌会でも同席し、周知の間柄であったと推測される。

筥崎宮と歌道の関係は歴史がある。「箱崎八幡宮縁起」下巻にも登場するしるしの松は、『拾遺和歌集』（寛弘二年（一〇〇五））にも歌枕として引用され、同地は古くより和歌に詠まれた名所として知られてきた。また、天正十四年（一五八六）七月から豊臣秀吉による九州平定が行われたが、秀吉は島津家征討の凱旋途上に同宮へ陣を張り、約二十日間滞在している。この間、秀吉は千利休や古今伝授の継承者である細川幽斎など、当代一流の茶人や歌人を博多に呼び寄せ、茶会や歌会を催していた。

本絵巻は座主盛範が筥崎宮再興の一環として制作を企画し、秦重成が上京した際、古くより歌道を介して繋がりのあった宮廷へ依頼されたと考えられる。制作の取りまとめを行ったのは尭恕法親王であろう。親王は天台座主という立場で具慶を得度させているが、後水尾天皇の第十皇子でもあり、宮廷サロンの中心的人物であった。その親王が筥崎宮の依頼を聞き入れ、公家衆に詞書を、具慶に絵画を描くよう下命し、完成させたのが本絵巻と考えられる。

おわりに

このコラムでは、「箱崎八幡宮縁起」の制作背景を辿ることで、箱崎の地が歌道を介した宮廷文化伝播の拠点であったことを確認した。また、本絵巻は中世の国民的所産たる八幡縁起絵巻（甲類本）の影響を受けながらも、近世の絵巻でしか確認できない詞書が挿入され、具慶による新たな図様やテクスト表現が模索されていた。幕府の御用絵師就任以前に具慶が手掛けた本絵巻は、近世初期画壇を考える上でも重要な存在である。

参考文献

木村朗子二〇一三「魚吹八幡神社蔵〈八幡縁起〉――影印・翻刻」『津田塾大学紀要』四五、一～四九頁
黒田彰・坪井直子・筒井大祐二〇一一「鰐鳴八幡宮本八幡大菩薩御縁起――影印、翻刻」『京都語文』一八、五～四六頁
下原美保二〇一七『住吉派研究』藝華書院
宮次男一九八五「八幡大菩薩縁起と八幡縁起　上」『美術研究』三三三、一～一〇頁

宮次男 一九八六「(同) 中」『美術研究』三三五、一五～二三頁
宮次男 一九八六「(同) 下」(『美術研究』三三六、一九～二九頁
メラニー・トレーデ 二〇一四「八幡縁起絵巻のローカリゼーション」(『「かたち」再考 開かれた語りのために』平凡社) 二二一～二五三頁

福岡市の都市発展と博多湾・箱崎

日比野利信

ひびの・としのぶ――北九州市立自然史・歴史博物館学芸員・歴史担当係長、北九州市総務局総務課平和資料館担当係長兼務。専門は日本近現代史・地域史。主な著書に、『寺内正毅と帝国日本』（共編著、勉誠出版、二〇一五年）、論文に、「維新の記憶」（明治維新史学会編『明治維新と歴史意識』吉川弘文館、二〇〇五年）、「「旧藩史観」再考」（『九州歴史科学』四五号、二〇一七年）などがある。

近現代の福岡市の都市形成・発展の軌跡を追求して、その中に九州帝国大学が立地した箱崎を位置づけた。福岡市は北九州と比較して工業・港湾都市としては発展しなかった。しかし石炭から石油に時代が転換する中で博多湾が陸海空の玄関都市として浮上し、併せて九州の中心都市としての存在感を確立して、独自な発展をもたらした。

はじめに

中世日本最大の国際貿易都市として繁栄した博多は「狭義の博多」を中心として、また湾岸の港町を結び付けた「広義の博多」として（川添 二〇〇八）、換言すれば「港町複合体」として機能していた（伊藤 二〇一八）。その中でも箱崎の役割は大きかった。近世には福岡藩黒田家の城下町福岡が博多の西側に建設され、城下町福岡が博多を組み込んでいった（西田 一九九五）。中世「港町複合体」の中心であった博多はいわゆる「鎖国」政策によって国際性を喪失した。また湾岸の港町は「浦」という行政単位に再編され、農村・漁村・港町となった。そのうち水深が比較的深い博多湾の西側は能古島・浜崎・今津・宮浦・唐泊（「筑前五ヶ浦」と呼ばれる）を中心に廻船業が発達した（高田 一九七六）。一方博多湾の東側は水深が浅く、干拓地として開発され、漁業も地引網漁が盛んであった。城下町福岡・博多には唐津街道が横断し、博多の東に位置する箱崎と福岡の西に位置する姪浜が宿場町となり、博多湾東西の要となった。ただし両者は前述した博多湾東西の相違に加えて、博多と箱崎が中世以来密接な関係を有しているのに対して、姪浜は福岡の影響をあまり受けないという相違も見られた〔柴多二〇一八〕。

明治四年（一八七一）福岡藩が廃止され、福岡県が設置されると福岡に県庁が設置され、明治二十二年（一八八九）の市制施行により福岡市が誕生した。以来一三〇年近くが経過したが、福岡市は平成二十五年（二〇一三）五月一日に人口一五〇万人を突破し、同二十八年（二〇一六）七月一日には一五五万人に達した〔推計〕。全国的に人口の減少が続く中での福岡市の人口増加は特筆すべき現象である。現在の福岡市はますます「九州の中心都市」として、「アジアに開かれた玄関都市」として独自の位置を高めている。

本稿では近現代の福岡市の都市形成・発展のあり方について、博多湾という視野を重視し、中世・近世をふまえつつ、近代・現代の足跡を概観・素描する。その中で門前町・港町・宿場町・浦・大学町というように時代とともに新たな性格を加え独自な歴史を育んできた箱崎についても、福岡市や博多湾との関わりの中で考える。以上によって本書の一つの結論を展望したい。またこうした作業は、福岡市が一五〇万都市として現在もなお発展し続ける理由を歴史に即して考えることにもなるだろう。

一、近代都市としての福岡市

明治四年（一八七一）七月二日、福岡藩知事黒田長知は免職となり、東京麻生の旧福岡藩中屋敷で閉門に処せられた。全国一斉に廃藩置県が行われたのは同月十四日のことであるから、福岡藩は他藩に先行して廃藩となったわけである。前年福岡藩の贋札贋金製造が摘発され、問責されての廃藩処分であった。福岡藩が廃止されて福岡県が成立すると、旧福岡城内三の丸に県庁が置かれた。明治九年（一八七六）四月に小倉県、八月に三瀦県が統合されて、現在の福岡県が誕生、同年七月に県庁が天神町に移転した。なお福岡城は明治六年（一八七三）一月のいわゆる「存城廃城令」で「存城」とされて陸軍省用地として存在した。県庁移転後の福岡城内には歩兵第十四連隊（小倉）の一個大隊が断続的に分駐した。明治十七年（一八八四）歩兵第二十四連隊第一大隊が小倉の歩兵第十四連隊営内に新設され、同十九年（一八八六）福岡城内に移転し、歩兵第二十四連隊となった〔日比野二〇一三〕。

明治十一年（一八七八）七月に郡区町村編制法が公布・施行されると、福岡部と博多部を合わせて「福岡区」が設置され、同二十二年（一八八九）四月に市制施行して「福岡市」が誕生した。市制施行に際して新しい市名を「博多市」とする意見が出されたが実現せず、代わりという意味か、同年十二月に開通した九州鉄道の駅名が「博多駅」とされた。もっとも駅が設置されたのは博多部であったから「博多駅」は当然の駅名だったのかもしれない。こうして福岡市は福岡藩の城下町から福岡県の県庁所在地となり、福岡と博多の区別を内包しつつ近代都市としての歩みを開始したのである。

現在の福岡市は「九州の中心都市」であり、また「アジアへの玄関都市」であることを唄っているが、遡ると明治二十二年に市制施行した際の人口は五三〇一四人であって、九州では鹿児島市の五七六四五人、長崎市の五五〇四三人に次いで第三位だった（第四位は熊本市で五二八三三人）。明治四十一年（一九〇八）末になると、第一位長崎市（一五四六〇〇人）、第二位福岡市（七四一〇〇人）、第三位熊本市（五五六〇〇人）、第四位鹿児島市（五五一〇〇人）と長崎市が大幅に増加している。三菱の造船業などの成長が大きな要因である（遠城二〇一五）。九州では長崎市が経済的中心で、第六師団の衛戍地となり、第五高等学校が開校した熊本市が政治的・軍事的中心だった。福岡市の人口が九州第一位となるのは昭和五年（一九三〇）のことである。

「玄関」という意味で重要な港については、明治二十二年に博多港が下関港や門司港などと同時・同様に「特別輸出港」に指定され、明治三十二年（一八九九）には「開港」して長崎港と「同格」となった。しかしそれ以後は北九州の門司港が石炭輸出港として急速に発展、さらに国際貿易港に成長して、明治四十年（一九〇七）には関門海峡両港が国の「第一種重要港湾」に指定された。同四十二年（一九〇九）には長崎税関門司支所が独立して門司税関が開設されている。それに対し、博多港は昭和二年（一九二七）に「第二種重要港湾」、同十四年（一九三九）には「第一種重要港湾」に指定された。博多・門司両港は明治二十二年「特別輸出港」から明治三十二年「開港」指定まで、港の「格」としてほぼ同じ歩みをたどっていたが、その後の博多港は門司港に水を開けられ、四十年が経過して再び門司港と同格となったのである（**表1**）。長い間九州の「海の玄関」は門司だった。

また九州鉄道は九州初の鉄道で、明治二十二年十二月に最初に開通したのは博多—千歳川仮駅（筑後川鉄橋建設後の翌二十三年三月久留米駅まで開通）だったが、明治二十四年（一八九一）門司—熊本間が全通して、本社が門司に置かれたため、門司が「陸の玄関」になった。

以上を考えても、福岡市は誕生の当初から「九州の中心都市」や「アジアへの玄関都市」としての独自の位置を確立したわけではなかったのである。特に筑豊の石炭を背景に、官営製鐵所が八幡に開業して、工業都市として著しい発展を遂げた北九州と比べると、福岡市では「停滞」が自覚された。

表1　関門・北九州・博多港の地位

港	特別輸出港	特別輸出入港	開　港	重要港湾	関門港	特定重要港湾* 中枢国際港湾	北九州港
下関港	1889年		1899年	1907年（第1種）	1940年	1951年* 1995年	
門司港	1889年		1899年				1963年
小倉港			1935年	1927年（第1種）			
若松港		1904年	1917年	1921年（第2種）	1941年		
八幡港							
戸畑港							
博多港	1889年		1899年	1927年（第2種） 1939年（第1種）		1990年* 1995年	

*2011年～国際拠点港湾

福岡市で度々博覧会や共進会が開催されたのも「停滞」を克服して「発展」を目指す政策の一環であった。そうした中で福岡市は「九州の中心都市」「アジアへの玄関都市」として自らを位置づけ、強調するようになった。いずれも福岡市の実態の表現というより「発展」のための言説という意味合いが強かった〔日比野二〇〇五〕。

二、博多港と博多湾

明治八年（一八七五）の福岡・博多両港の物資の出入状況を見ると（太田資料「明治初年博多港資料」）、蝋燭・米・茶などが移出され、呉服物入をはじめ、繊維原材料などが移入されていて、全体として移入超過である（**表2**）。このような博多港の状況は明治十六年（一八八三）も同様である〔東條二〇〇三〕。明治前期の博多港は江戸時代以来のあり方を残存させていた。当時福岡県内では博多港と若津港（現在の大川市）が二大港湾で若松港が続いた。しかし明治二十二年（一八八九）に博多港と門司港が特別輸出港に指定された後は博多港に比べて門司港の貿易額の増加が顕著であり、博多港は若松港や大牟田港（後に三池港）にも追い抜かれた〔中村二〇〇三〕。門司港・若松港・大牟田港（三池港）はいずれも石炭積出・輸出港として急速に発展した港であった。

輸出元価

1	蝋燭	112,858.3050
2	米	60,312.4388
3	呉服物入	48,275.5860
4	紙類	47,793.8010
5	乾物	22,097.5960
6	茶	20,575.0400
7	荒物	16,098.2000
8	肥類	14,810.2400
9	金物	13,553.2000
10	雑穀	13,342.4000
	その他	61,203.6070
	合計	430,920.4138
	上位10品目	369,716.8068
		85.8%

輸入元価

1	呉服物入	571,087.0800
2	細物	75,780.9420
3	綿	53,760.8400
4	米	41,543.1580
5	雑品	39,273.0000
6	藍	37,937.4000
7	糸類	34,526.4000
8	薬種	26,386.8000
9	白・黒砂糖	21,523.6800
10	乾物	19,285.3150
	その他	137,207.6340
	合計	1,058,312.2490
	上位10品目	921,104.6150
		87.0%

合計元価

1	呉服物入	619,362.6660
2	蝋燭	112,858.3050
3	米	101,855.5968
4	細物	78,044.8220
5	綿	53,760.8400
6	紙類	49,191.5010
7	雑品	48,878.7600
8	藍	41,693.4000
9	乾物	41,382.9110
10	書籍・筆墨石盤類	35,331.3900
	その他	306,872.4710
	合計	1,489,232.6628
	上位10品目	1,182,360.1918
		79.4%

それゆえ「築港」による博多港の「上昇」が福岡市の「悲願」となった。明治二十二年の市制施行後、福岡市の「三大事業」として「市域拡張」「市街電車」とともに「築港」が掲げられていた。同二十七年（一八九四）に福岡市会で初めて博多築港の経費が議決されたが、日清戦争が勃発して中止となった。日清戦争後には博多・福岡両港のほかに、博多湾東部の西戸崎港や西部の今津港の築港計画が提起された（福岡市役所 一九六九）。しかし博多港が同二十九年（一八九六）に特別輸出入港に指定され、明治三十二年（一八九九）に「開港」指定を受けると、同年に博多築港株式会社、翌三十三年（一九〇〇）に福岡築港株式会社が設立され、両社によって築港事業が実施された。

博多築港株式会社は資金繰りに苦労し、工事も難航したが、明治四十一年（一九〇八）に竣工した後、市に引き継がれた。しかし工事は結果的に埋立地の造成にとどまったと言わざるを得ず、貿易港としての整備は不十分なままで、次の時代に持ち越された。一方の福岡港は会社が工事を継続できず、市が引き継いで同四十三年（一九一〇）に竣工した。福岡港は後に漁港として機能していくことになる（福岡市史編集委員会 二〇一五）。なお博多築港と福岡築港が一先ず竣工した明治末年に福博電気軌道（大学前～今川橋、呉服町～博多駅）、博多電

表2　明治8年（1875）福博湊輸出入物品表

	品　名	輸出数量	元　価	輸入数量	元　価	合計数量	合計元価
1	蝋燭	1,398,206斤	112,858.3050			1,398,206斤	112,858.3050
2	米	10,788.7044石	60,312.4388	6,785.4600石	41,543.1580	17,574石	101,855.5968
3	七輪	11,126	345.1470			11,126	345.1470
4	乾物	149,308	22,097.5960	130,644	19,285.3150	279,952	41,382.9110
5	呉服物入	23,308	48,275.5860	374,712	571,087.0800	398,020	619,362.6660
6	紙類	23,618貫	47,793.8010	954貫	1,397.7000	24,572貫	49,191.5010
7	煙草	18,160斤	1,579.9600	6,800斤	1,137.7800	24,960斤	2,717.7400
8	油	951.4石	2,064.8800	124.8石	2,484.0000	1,076石	4,548.8800
9	細物	45,060品	2,263.8800	1,175,934品	75,780.9420	1,220,994品	78,044.8220
10	書籍・筆墨石盤類	26,124品	2,361.6000	731,010品	32,969.7900	757,134品	35,331.3900
11	酒	214.012石	2,672.0000	3,072.54石	1,708.0800	3,287石	4,380.0800
12	白・黒砂糖	42,600斤	2,794.0000	357,570斤	21,523.6800	400,170斤	24,317.6800
13	鶏卵	824,752	11,756.0000			824,752	11,756.0000
14	塩	10,466.6石	2,102.0800	11,383.2石	12,540.0000	21,850石	14,642.0800
15	金物	1,310,624品	13,553.2000	1,844,682品	18,294.9000	3,155,306品	31,848.1000
16	茶	39,520斤	20,575.0400	2,892斤	1,686.0000	42,412斤	22,261.0400
17	薬種	12,922品	1,307.9200	72,057品	26,386.8000	84,979品	27,694.7200
18	雑穀	2,324.588石	13,342.4000	1,377石	3,439.2000	3,702石	16,781.6000
19	藍	20,293斤	3,756.0000	27,006斤	37,937.4000	47,299斤	41,693.4000
20	硝子	348品	585.9000	19,920品	4,160.9700	20,268品	4,746.8700
21	糸類	292斤	1,234.5200	10,182斤	34,526.4000	10,474斤	35,760.9200
22	醤油	96.8	363.3600			96.8	363.3600
23	古衣類	3,400品	5,968.0000	8,268品	18,039.0000	11,668品	24,007.0000
24	肥類	19,743,996斤	14,810.2400	201,600斤	1,970.5800	19,945,596斤	16,780.8200
25	焼物	11,016品	1,011.6400	63,708品	774.0000	74,724品	1,785.6400
26	薪木石炭	201,280斤	952.6800	3,360,612斤	5,091.2640	3,561,892斤	6,043.9440
27	器物	93,248品	3,074.2800	176,820品	12,547.6800	270,068品	15,621.9600
28	魚類	27,424品	5,404.0000	349,260品	10,848.0900	376,684品	16,252.0900
29	荒物	26,748品	16,098.2000	406,182品	8,118.6000	432,930品	24,216.8000
30	雑品	273,976品	9,605.7600	1,614,078	39,273.0000	1,888,054品	48,878.7600
31	綿			251,628	53,760.8400	251,628斤	53,760.8400
	合計		430,920.4138		1,058,312.2490		1,489,232.6628

気軌道（循環線、北筑線、城南線、築港線、吉塚線）が開通した。市街電車（路面電車）が福岡市の中心部（福岡・博多）と博多湾の東部（箱崎）および西部（西新）を結んだのである。

以上のように明治時代の築港は限定的であったし、博多港は門司・若松・大牟田（後に三池）港とは異なり、石炭の積出・輸出の機能が大きくなかったことから、港湾としての上昇には結びつかなかった。それゆえだろう、博多築港株式会社による工事が竣工した明治四十一年に佐藤平太郎福岡市長と太田清蔵博多商業会議所会頭が貴族院と衆議院に対して「博多築港ニ関スル請願」を行った。「博多港ハ天然ノ良港ニシテ載炭給水ニ便ナルノミナラス、亜細亜大陸トノ貿易上最モ適当ノ地位ヲ占ムルヲ以テ、国運ノ伸張ニ資スル為、国港トシテ速ニ之ヲ修築セラレタシ」という趣旨である。しかし貴衆両院は採択を議決したが、内務省（原敬内務大臣）は「門司港附近ニ於ケル港湾ノ施設ニ付テハ目下港湾調査会ニ於テ調査中ニシテ、本港ノ如キハ現下国費ヲ以テ之レカ改良ノ施設ヲ為スノ必要ナキモノト認ム」として退けた（「公文雑纂」明治四十一年第三十七巻）。国（内務省）は前年（明治四十年）に第一種重要港湾に指定されていた門司港を優先し、博多港の「国港」化を否定したのである。

その後の大正元年（一九一二）十二月、杉山茂丸が川路利恭福岡県知事に対し、博多湾東部――箱崎から志賀島まで――の海面を埋め立てて大規模な港を築く「博多湾築港」の請願を行った。杉山は地元福岡市の有力者に協力を要請し、翌二年（一九一三）三月には「博多湾築港後援会」が結成された。しかし県営または市営工事とすべきである、資金繰りが明確でない、国港である門司港の経営に影響を及ぼすおそれがあるといった理由で許可されなかった。そこで杉山と後援会は株式会社の設立を企て、大正三年（一九一四）五月に杉山ほか一七名が発起人となって「博多湾築港株式会社」設立を出願した。陳情の結果認可され、同五年（一九一六）八月に設立された（坂本編一九七二）。

事業計画は「博多港東部の博多湾東部の御笠川口より多々良川口に至る一帯の海面約五十万坪を埋め立て、その地先に延長約百六十間の直線式係船岸壁を築き、その前方に五千トン乃至七千トンの船舶が出入出来る投錨地と航路を浚渫する。岸壁と並行して九百間の防波堤を設ける。」「埋立地は満潮面以上五尺に埋立てるが、その土砂は本計画の航路及び内港浚渫土砂をもって充て、工業地化する。これによって運輸交通の発展、船舶の製造、修繕などの一連の事業の推進をはかる。」というものであった（福岡市議会事務局一九七九）。

事業の主眼は筑豊炭田の嘉穂郡、糟屋炭田、早良炭田（永

江 二〇一四）、唐津炭田の石炭を博多湾から積み出すことにあり、特に筑豊炭田を意識して博多湾東部の港湾開発が図られたのである。そのため香椎駅と糟屋郡宇美を結ぶ「博多湾鉄道」（明治三十八年全通）（中島 一九八八）、筑豊本線の長尾駅（桂川駅）と篠栗駅を結ぶ「大分鉄道」、吉塚駅と糟屋郡勝田を結ぶ「筑前参宮鉄道」（永江 二〇〇七）、姪浜を経由して佐賀県唐津に至る「北九州軽便鉄道」の敷設が計画された。大分鉄道はトンネル工事が困難なため開通に至らなかったが（同区間は昭和四十三年開通）、筑前参宮鉄道は大正八年（一九一九）に全通、北九州軽便鉄道も同十二年（一九二三）から順次開通、十五年（一九二六）に博多―東唐津間が全通した。

しかし第一次世界大戦後の不況によって博多湾築港株式会社の資金繰りが悪化し工事は難航した。同社は大正十一年（一九二二）二月に海軍省（加藤友三郎海軍大臣）に対し「陳情書」を提出した。かなり長文の「陳情書」はまずは博多港の歴史と現状を述べ、続いて第一次世界大戦後の国際情勢を分析して、「平時ニ於テ経済的商工業ノ枢要港ニシテ、又戦時ニ於テ自給独立ノ安全ヲ期シ得ベキ重要地域ニ御座候、故ニ其築港事業タルヤ、必ズ一私人ノ企業ニ委スベキ性質ノモノニ之ナク候間、国家トシテモ一日モ之ヲ忘却スベカラザルハ勿論ニ御座候」と論じた。横浜や神戸は「工業都市トシテハ其資格不可能」で、門司は「狭小ニシテ且急潮ナルノ否ハ更ニ言ヲ要セズ」とし、博多湾全体を見据えてその優秀性を主張した（海軍省「公文備考」大正十一年巻四官職四）。

博多湾築港株式会社の工事は紆余曲折の後、挫折を余儀なくされた（昭和八年福岡市に権利譲渡）。しかし博多港の拡張論は国営論に発展した。福岡市会議員の一致した運動と要求を受けて、時実秋穂福岡市長は大正十五年八月に北海道で開かれていた港湾協会（大正十二年十月発足）第三回総会に出席して、博多港の国費修築と第二種重要港湾指定に向けた建議案を提出し、可決された。こうして昭和二年（一九二七）十一月十八日付で博多港は第二種重要港湾に指定され、国営による築港事業が進められることになった。工事は同十一年（一九三六）に完成、「博多築港記念大博覧会」が開催された。さらに同十四年（一九三九）になって博多港は第一種重要港湾に指定されることになる。

昭和十四年三月二十五日、小山松壽衆議院議長は平沼騏一郎内閣総理大臣に対して「博多港ノ第一種重要港湾指定ニ関スル建議」を送付した。同時に小山議長は「北九州ニ大規模ノ港湾修築ニ関スル建議」も送付している（「公文雑纂」昭和十四年第五十一巻）。前者は博多商工会議所渡邊福雄会頭が提出した建議を採択したもので、「日満支ノ交渉漸ク繁多ト為レルノ秋、九州第一ノ良港タル福岡県博多港ヲ第一種重要港湾ニ指定シ、港湾設備ノ完璧ヲ図ルハ国策上最必要ナリト信ス」というのが理由である。後者については木戸幸一内務大臣が平沼首相（閣議）に提出した文面を引用する。

衆議院議決標記建議ノ要旨ハ、東亜新秩序ノ建設ハ日満支三国ノ強固ナル提携結合ニ依リ共存共栄ノ実績ヲ挙クルニ在リ、而シテ我帝国ハ満支両国ノ豊富ナル資源ヲ採リ、之ニ加工シテ工業国家トシテノ大飛躍ヲ国策トセサルヘカラス、此ノ関係上北九州ヲ最適地トス、尚大陸ニ於ケル我帝国ノ国防上軍事輸送ノ便利且安全ナルコトハ緊急ノ事ニ属ス、政府ハ速ニ大規模ニシテ水陸ニ於ケル設備安全ナル港湾ヲ修築セラレムコトヲ望ムト謂フニ在リ

北九州ニ於ケル工業国策上ノ重要性ニ鑑ミ、夙ニ其ノ港湾設備改善ニ関シ留意シ来タリシ所ニシテ、目下門司港ヲ始メ若松港（洞海湾ヲ含ム）、博多港ノ修築工事施行中ニ属シ、又苅田港ニ付テモ生産力拡充計画ニ順応スル為、昭和十四年度ヨリ金七百万円ヲ以テ修築工事施行中ナリ、而シテコレ等ノ港湾以外ニ更ニ大規模ノ港湾ヲ修築スルコトハ尚諸般ノ事情ヲ慎重調査ノ上考究スヘキモノト認ム

昭和八年の満洲国建国や昭和十二年の日中戦争開始と日本軍の中国進出を受けて、「大規模ニシテ水陸ニ於ケル設備安全ナル港湾ヲ修築」するという構想が「国策」として浮上した。その際に内務省は門司港・博多港・苅田港を含む「北九州」（北部九州）の港湾設備を改善して、「国防」や「工業国策」の最重要拠点として構築するという構想を対置しているのである。

実際『大日本帝国港湾統計』を大正十三年（一九二四）から昭和十四年まで五年ごとに集計してみると**（表3）**、博多港は門司港や若松港に遠く及ばないとはいえ、次第に貿易額を伸張し、中でも関東州や満洲国との貿易が強化されていることが分かる。さらに福岡市役所産業課が昭和十三年（一九三八）に発行した『博多港輸出品の概況』によると**（表4）**、久留米市のゴム製履物、地下足袋、タイヤ・チューブが輸出額の上位三位を占めている。江戸時代以来博多港とともに福岡県の二大港であった若津港の貿易機能が低下し、輸出港とならずに終始したため、久留米市や筑後の産物が博多港から輸出されていた。若津港は港まで物資を輸送する鉄道の整備が進まなかったことが後退の大きな要因であろう。現在では考えにくいが、九州鉄道（現在の西鉄天神大牟田線）が久留米・筑後地方の物資の輸送に活躍した。自動車の発達により

竹下（博多区）などに立地した工場の製品が博多港にもたらされたことも重要である。

輸出品の仕向港は七割弱が大連港（三万〇六七三頓、四七六万八三〇八円六〇銭）であった。また仕向港が釜山・仁川港などであっても、仕向先は大連や満洲がほとんどであり、大連は満洲の「玄関」であった。博多港は重工業に関わる品目に乏しいため、やはりあくまで商業港と言うべきだが、昭和八年に成立した満洲国への重要な輸出港となったのである。

帝国日本のアジアへの膨張と総力戦への志向が生み出した「東亜新秩序」の言説は北部九州の重要性を増大させることになった。その結果、北九州（門司など）と福岡（博多）が相まって「国防」「国策」の拠点に位置づけられる段階に突入したと言えるのではないだろうか。

三、「空都」福岡の形成

大正十三年（一九二四）四月、日本航空株式会社は前年に開設した大阪―別府線を福岡（百道海水浴場、後に入船町）まで延長した。翌十四年（一九二五）四月、逓信省は東京―大阪、大阪―福岡間の航空郵便を開始した。昭和四年（一九二九）四月、東京―大阪―福岡間、朝鮮半島の蔚山―京城―平壌から関東州の大連までの郵便貨物定期便が開設され、六月に福岡―蔚山間も開設されて東京―大連間が完成した。七月には東京―福岡間の定期旅客輸送便が開設され、九月には大連まで延長された。福岡は東京・大阪と朝鮮半島・関東州を結ぶ航空路の拠点都市となっていく。同年四月には福岡飛行場（名島水上飛行場）が完成し、大刀洗陸軍飛行場に代わって使用された。さらに専用の陸上飛行場の必要性が提唱され、昭和九年（一九三四）十月雁ノ巣飛行場の建設が決定、雁ノ巣飛行場は翌年（一九三五）一月に起工し、翌十一年（一九三六）六月に竣工した。雁ノ巣飛行場（福岡第一飛行場）は日本最大つまり「東洋一」の国際飛行場となった。福岡市は「空の玄関」となったのである。

また昭和九年三月には大濠公園に福岡簡易保険支局が開設され、台湾・関東州さらに南洋までを所管した。同十三年（一九三八）七月に福岡測候所が中央気象台福岡支台に併合されると、翌年三月新庁舎が建設され、十一月国に移管されて福岡管区気象台となった。いずれも福岡市が航空拠点となったことと深く関わっている。昭和十五年（一九四〇）に小倉市の西部防衛司令部（昭和十二年開設）が福岡市に移転した（西部軍司令部と改称）ことも、その延長上に理解することができよう。

こうした福岡市の国際空港都市としての浮上について明快

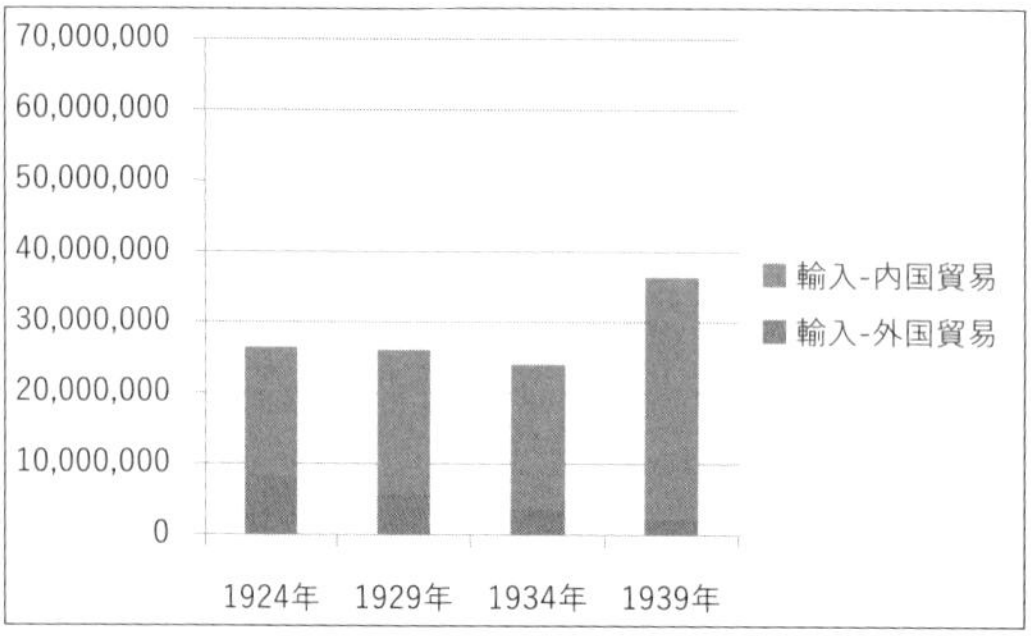

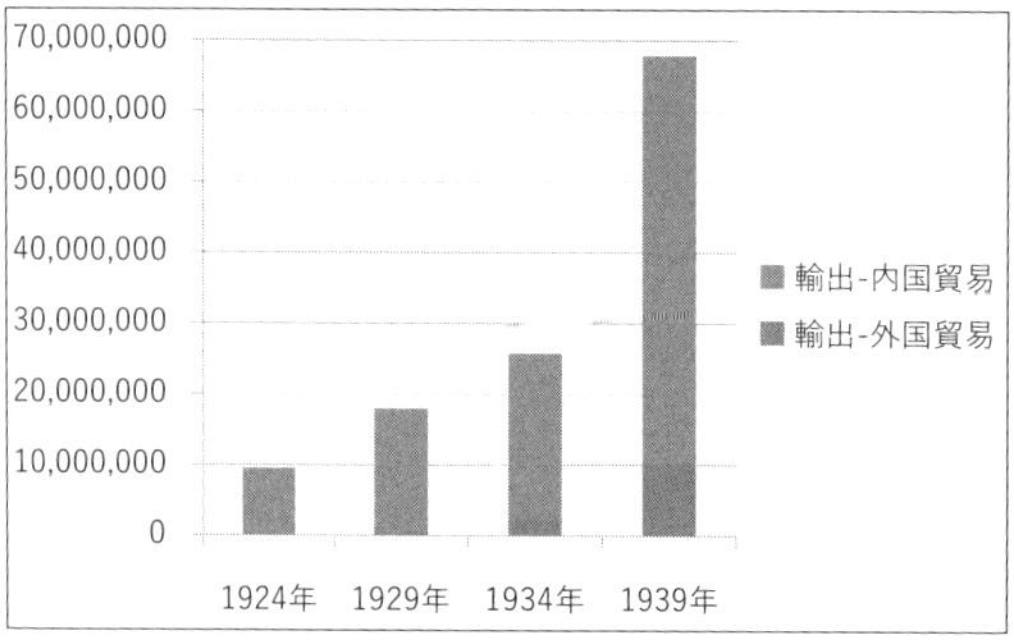

大正13年(1924)
博多港　外国貿易(輸出)

	品目	貿易額	相手先1位		相手先2位		その他	
1	石炭	192,367	中国	150,617	香港	33,500		

博多港　内国貿易(輸出)

	品目	貿易額	相手先1位		相手先2位		その他	
1	石炭	7,063,650	釜山	1,516,750	呉	1,410,550	大阪、横須賀、徳山、名古屋と続く	
2	和酒及洋酒	384,064	対馬	256,764	壱岐	111,404		
3	製造煙草	285,827	対馬	169,269	壱岐	116,558		
4	薬品	226,278	神戸	176,778	大阪	35,640		
5	砂糖	160,290	対馬	91,650	壱岐	54,990		

表3　博多港の貿易統計

		大正13(1924)年		昭和4(1929)年		昭和9(1934)年		昭和14(1939)年	
		輸　入	輸　出	輸　入	輸　出	輸　入	輸　出	輸　入	輸　出
外国貿易	普通貿易	3,835,670	195,349	5,601,552	594,427	3,627,840	2,185,894	2,087,072	10,044,977
	仲継貿易	324,380				23,714	23,714		
	漁業貿易	4,304,482							
	其他貿易							11,006	285,179
	小　計	8,464,532	195,349	5,601,552	594,427	3,651,554	2,209,608	2,098,078	10,330,156
内国貿易		18,005,352	9,373,817	20,440,235	17,418,026	20,395,686	23,591,020	34,306,592	57,541,891
計		26,469,884	9,569,166	26,041,787	18,012,453	24,047,240	25,800,628	36,404,670	67,872,047

※『大日本帝国港湾統計』より作成。

博多港の輸移出入金額の変遷

	1924年	1929年	1934年	1939年
輸入-外国貿易	8,464,532	5,601,552	3,651,554	2,098,078
輸入-内国貿易	18,005,352	20,440,235	20,395,686	34,306,592
輸入-合計	26,469,884	26,041,787	24,047,240	36,404,670
	1924年	1929年	1934年	1939年
輸出-外国貿易	195,349	594,427	2,209,608	10,330,156
輸出-内国貿易	9,373,817	17,418,026	23,591,020	57,541,891
輸出-合計	9,569,166	18,012,453	25,800,628	67,872,047

博多港の主要貿易品目の変遷

大正13年(1924)
博多港　外国貿易(輸入)

	品　目	貿易額	相手先1位		相手先2位		その他	
1	原　油	1,591,702	蘭領印度	846,590				
2	揮発油	1,289,827	蘭領印度	1,289,827				
3	灯　油	566,796	諸　国	566,796				
4	石　油	366,331	蘭領印度	366,331				
5	木　材	168,595	米　国	152,191	中　国	16,375		

博多港　内国貿易(輸入)

	品　目	貿易額	相手先1位		相手先2位		その他	
1	鮮魚介	3,518,420	対　馬	2,384,120	釜　山	678,300		
2	鉄　材	2,427,849	大　阪	2,025,713	神　戸	270,638	下　関	131,498
3	木　材	1,241,166	北海道	320,982	隠　岐	289,711	大　阪	242,971
4	衣類及同付属品	1,087,909	大　阪	1,056,388				
5	薪及木炭	997,625	対　馬	997,625				

昭和4年(1929)
博多港　外国貿易(輸出)

	品目	貿易額	相手先1位		相手先2位		その他	
1	履物	524,050	中国	524,050				
2	石炭	56,200	香港	47,925	中国	8,275		

博多港　内国貿易(輸出)

	品目	貿易額	相手先1位		相手先2位		その他	
1	石炭	7,756,518	呉	2,095,170	佐世保	700,260	名古屋・大阪・横須賀・徳山と続く	
2	重油	2,282,168	玉ノ浦	1,282,400	彦島	572,096	的山	
3	揮発油	1,143,216	彦島	449,424	大分	154,080	別府・下関・八代・三田尻と続く	
4	履物及同付属品	1,269,559	釜山	1,127,555	壱岐対馬	141,995		
5	和酒及洋酒	541,534	釜山	409,775	壱岐対馬	131,729		

昭和9年(1934)
博多港　外国貿易(輸出)

	品目	貿易額	相手先1位		相手先2位		その他	
1	布帛製運動靴	880,022	関東州	777,102	満洲国	102,920		
2	小麦粉	300,289	関東州	134,516	満洲国	84,508		
3	汽灌	189,722	関東州	134,516	満洲国	55,206		
4	足袋	116,036	関東州	106,913	満洲国	116,036		
5	紙類	100,961	関東州	100,961				

博多港　内国貿易(輸出)

	品目	貿易額	相手先1位		相手先2位		その他	
1	石炭	10,312,330	大阪	2,134,060	名古屋	637,300	釜山・境・神戸・坂出と続く	
2	揮発油	2,947,300	彦島	2,141,100	佐世保	317,520	鹿児島	
3	地下足袋	2,069,760	釜山	1,819,920	仁川	201,840	壱岐対馬	
4	金属及同製品	930,989	釜山	280,449	西條	183,105	仁川・壱岐対馬	
5	製造煙草	498,750	壱岐対馬	498,750				

昭和14年(1939)
博多港　外国貿易(輸出)

	品目	貿易額	相手先1位		相手先2位		その他	
1	木材	4,113,535	関東州	2,287,904	満洲国	1,201,202	中華民国	624,429
2	小麦粉	996,631	満洲国	447,188	関東州	373,692	中華民国	121,350
3	紙類	875,687	満洲国	528,271	関東州	373,692	中華民国	121,350
4	機械類	426,917	満洲国	278,406			其他諸国	148,511
5	菓子	368,909	満洲国	206,302	関東州	160,840	中華民国	1,767

博多港　内国貿易(輸出)

	品目	貿易額	相手先1位		相手先2位		その他	
1	石炭	22,825,891	大阪	4,913,913	名古屋	1,066,394	神戸・尼崎・釜山・木浦と続く	
2	木材	16,065,494	釜山	7,631,680	仁川	6,107,090	興南・雄基・馬山・清津と続く	
3	砿油	1,743,640	佐世保	274,950			其他諸港	1,468,690
4	ゴム底足袋	1,639,744	釜山	1,415,040			其他諸港	224,704
5	和紙及洋紙	804,172	釜山	720,000			其他諸港	84,172

昭和4年(1929)

博多港　外国貿易(輸入)

	品目	貿易額	相手先1位		相手先2位		その他	
1	揮発油	3,377,263	蘭領印度	288,805			其他諸国	3,088,458
2	原油	1,020,041	蘭領印度	651,978	英領印度	263,482	北米合衆国	104,581
5	木材	681,227	北米合衆国	681,227				

博多港　内国貿易(輸入)

	品目	貿易額	相手先1位		相手先2位		その他	
1	鮮魚介	6,018,300	朝鮮・台湾	3,090,600	壱岐対馬	2,927,700		
2	木材	3,527,608	大阪	1,997,700	和歌山	1,390,000		
3	朝鮮米	1,375,380	釜山	1,268,100	仁川	107,280		
4	大豆	1,269,360	清津	806,160	釜山	463,200		
5	鉄製品	1,125,750	大阪	1,116,300	神戸	9,450		

昭和9年(1934)

博多港　外国貿易(輸入)

	品目	貿易額	相手先1位		相手先2位		その他	
1	揮発油	2,029,913	英領ボルネオ	421,121	蘭領印度	361,693	其他諸国	1,247,099
2	砿油	624,047	蘭領印度	113,716			其他諸国	510,331
3	飼料	363,385	関東州	361,460			其他諸国	1,925
4	豆類	302,827	満洲国	302,827				
5	豆糟	113,873	関東州	113,873				

博多港　内国貿易(輸入)

	品目	貿易額	相手先1位		相手先2位		その他	
1	鮮魚介	5,089,669	漁獲物	4,870,313	壱岐対馬	118,800		
2	金属及同製品	2,187,826	大阪	2,187,826				
3	木材	1,414,993	大阪	1,303,782				
4	朝鮮米	1,269,360	釜山	1,089,384				
5	砂利	1,146,616	長浜	783,310	粟野	244,244		

昭和14年(1939)

博多港　外国貿易(輸入)

	品目	貿易額	相手先1位		相手先2位		その他	
1	豆類	454,746	満洲国	454,756				

博多港　内国貿易(輸入)

	品目	貿易額	相手先1位		相手先2位		その他	
1	鮮魚介	12,531,620	漁獲物	6,137,040	那覇	118,800	対馬	
2	米	2,675,595	釜山	2,344,000	仁川	178,245		
3	金属製品	2,390,087	大阪	2,369,602				
4	砿油	1,910,041	門司	454,830	西戸崎	211,990	川崎	彦島
5	金属	1,138,193	大阪	1,129,090	仁川・鎮南浦	9,103		

表4　昭和12年(1937)の博多港の輸出品

№.	品名	頓数	金額(円)	主な荷先	輸出先
2	ゴム製履物類	15,567	3,758,299.96	久留米産 福岡産	大連、釜山、仁川、清津、鎮南浦、営口 大連、釜山、仁川、清津、城津、鎮南浦、雄基
1	ゴム底地下足袋	3,598	1,096,191.23	久留米産 福岡産	大連、釜山、仁川、鎮南浦 大連、清津
43	タイヤ及チューブ	402	367,685.28	久留米ブリヂストンタイヤ会社	仁川、大連
28	焼紙	5,021	332,148.93	八女郡	大連、仁川、営口、城津、鎮南浦、清津
7	食料缶詰類	820	187,092.10	山門郡 福岡市(福岡県物産貿易協会)	仁川、鎮南浦、大連、清津、城津
34	ビール空壜	4,030	155,876.88	日本麦酒株式会社(竹下)	大連、仁川、鎮南浦
50	木材類	4,680	137,163.84	福岡市、箱崎町、八代市、佐賀、朝倉	大連、仁川、鎮南浦、営口、釜山
5	麦粉	638	103,000.00	木徳製粉工場(竹下)	大連、鎮南浦、仁川
21	打綿	846	99,023.91	おたふく綿	清津、釜山、大連、仁川、鎮南浦、雄基、城津
32	石炭	4,970	71,801.38	糟屋炭	旅順
17	脱脂綿	487	61,387.70	おたふく綿	大連、仁川、釜山、鎮南浦
42	ボイラー	363	57,439.16	昭和鉄工会社	大連、仁川、鎮南浦
44	其他の機械類	251	56,733.79	福岡市、久留米市	大連、鎮南浦、仁川、釜山
15	菜種油類	151	43,848.65	山門郡、久留米市	仁川、鎮南浦、大連
52	再輸出品	592	42,822.00	ライジングサンの礦油・空槽	新嘉坡、大連、仁川
11	麦酒	600	42,000.00	日本麦酒株式会社(竹下)	大連
41	其他の金属製品	220	37,660.44	ライジングサンの空槽(新嘉坡)	大連、釜山、仁川、清津、新嘉坡
8	飴類	238	33,822.10	参松製飴株式会社(竹下)	大連、上海(門司港経由)
24	古麻、錦袋	171	33,390.00	福岡山口商店	大連、仁川、鎮南浦
36	銅	32	30,770.76	福岡市高口商店	大連、仁川、鎮南浦
3	其の他の履物衣類	72	30,381.25	久留米ほか	大連、釜山、仁川
9	醤油	501	27,825.00	日本調味料会社(古賀)	大連、仁川
37	農具	176	25,633.45	福岡市磯野鋳造所	大連、清津、鎮南浦、釜山、仁川
49	藁縄(菰)	1,129	20,935.54	神埼町、三潴郡、山門郡、大阪市、久留米市	大連、釜山、仁川、鎮南浦
51	其の他	241	18,225.85	福岡市、久留米市、糸島郡	大連、仁川、釜山、営口、鎮南浦、清津
39	琺瑯鉄器(調度品)	109	17,304.75	博多鉄器エナメル会社	大連、仁川、鎮南浦、清津、神戸、釜山
27	其他布帛製品	23	14,938.20	日本ゴム久留米工場出のズック靴材料	大連、清津、釜山
46	茣蓙	112	14,033.49	福岡県物産貿易協会	大連、釜山、鎮南浦、清津、仁川、城津
45	玩具花火	113	12,654.74	久留米市、八女市	大連、営口
26	襤褸	83	7,162.02	熊本市、筑紫郡	大連、営口
31	其他の紙及紙製品	28	6,870.08	販売上の印刷物	大連、釜山、仁川、鎮南浦、営口
6	其他の穀物、穀粉類	42	5,230.10	福岡市、糸島郡	大連、仁川、鎮南浦
30	紙器(折箱ナフキン)	35	4,303.31	田中屋本店	大連、釜山、仁川
13	椎茸	13	3,458.25	福岡県物産貿易協会	大連、仁川、鎮南浦
18	繃帯、ガーゼ	7	2,543.60	おたふく綿	鎮南浦、仁川、大連、釜山
25	タオル類	5	2,411.50	久留米牛島商店	大連、釜山、清津
4	植木、苗木類	54	2,324.68	筑後地方、朝倉郡	大連、鎮南浦、仁川
14	其他の飲食物	6	2,274.80	福岡市、糸島郡	大連、仁川、釜山、鎮南浦
29	塵紙	9	2,135.60	八女郡	大連、清津、釜山
20	塗料類	6	2,106.81	福岡市、久留米市、竹下	大連、仁川

38	鉱山用具		1,624.00	福岡市高口商店	大連、鎮南浦
47	博多人形	17	1,562.39		大連、釜山、仁川、鎮南浦、営口
19	薬類	2	1,306.46	福岡市、久留米市	大連、釜山
22	真綿	7	1,097.60	おたふく綿	釜山、鎮南浦、仁川
40	放熱器	6	910.03	国産放熱会社(天神)	大連、仁川、鎮南浦
10	酢	23	725.00	福岡酢造株式会社(福岡市内)	大連
23	糸類	1	652.98	久留米市、福岡市	大連、仁川
12	酒	3	621.00	久留米富安、宇美小林	羅津、大連
48	樽材	10	589.80	久留米市	釜山、大連、仁川
33	礦物及同製品	7	435.86	福岡市、羽犬塚町	大連、清津、仁川、釜山
16	機械油類	2	373.00	福岡市	仁川、大連、釜山
35	其他の陶磁器、硝子類	3	212.40	福岡市付近	大連、仁川、釜山
		46,522	6,981,021.65		

大連港	30,673	4,768,308.60	68.3%
釜山港	4,431	1,214,327.82	17.4%
仁川港	3,403	492,998.04	7.1%
鎮南浦港	1,381	195,657.85	2.8%
清津港	814	141,974.06	2.0%

に論じた柴多一雄氏は次のように評価する〔柴多二〇一七〕。

明治末から大正期にかけて、福岡市は日本経済、福岡県経済の発展を背景に大きく発展してきたが、昭和に入ると民間航空の発展によって国による積極的な空港整備が行われ、管区気象台・簡易保険支局など九州を管轄する国の出先機関が福岡に設置されるようになり、全国的にもその存在感を高め、そのことがさらに福岡市を発展させていくことになったのである。

付け加えると、福岡市の「空都」としての発展については前述した博多港や博多湾の築港と合わせて考える必要がある。北九州工業地帯の発展を背景として国際貿易港として繁栄した門司港は第一種重要港湾となり、さらに国によって整備が進められた。一方の福岡市は工業都市とはならず、博多港の築港も進展しなかった。そうした中で、「狭義の博多」を超えた「広義の博多」、つまり博多湾全体と後背地までを視野に入れた大規模な開発構想が登場した。大正時代の博多湾築港株式会社の設立はその先駆けである。同社の築港事業は結果的には挫折したが、大正九年(一九二〇)には名島火力発電所が開業している。同発電所は二万キロワットの発電量を誇る「東洋一」の発電所となった〔九州電力株式会社二〇〇七〕。実現こそしなかったが、博多湾築港と関連させて、博多湾東部への東洋製鉄株式会社の工場誘致も企図された（麻生家文書「東洋製鉄ニ関スル書類」）。

昭和に入ると、博多港が第二種重要港湾（昭和二年）、さらに第一種重要港湾（昭和十四年）となるとともに、博多湾東部に名島水上飛行場や福岡第一飛行場（雁ノ巣陸上飛行場）が開設された。「雁ノ巣」もまた「東洋一」の飛行場だった。福岡市は昭和戦前・戦時期にかけて交通や情報流通の拠点として存在感を高めた。それは博多湾全体として、さらに言えば博多湾東部に大規模施設が建設されることにより、海・空の両方から進行した。前述したように「国防」「国策」の拠点としての北部九州の重要性が高まった結果、その「中心」としての福岡市の位置が「上昇」したと言えよう。

前掲**表3**でもう一つ注目すべきは外国貿易における輸入品として、蘭領印度（インドネシア）、英領印度（インド）、英領ボルネオ（マレーシア）の揮発油・原油・礦油が上位を占め、内国貿易における石炭に次ぐ移出品となり、玉之浦（五島）、彦島（下関）、大分、佐世保などへと出されていることである。外国・内国貿易ともに博多港の主要な輸出・移出品は（門司港・若松港・三池港には到底及ばないものの）石炭だったが、石油類が外国貿易の輸入品の主力となり、内国貿易の輸出品でも石炭に次いでいる。しかし**表3**で博多港の石油類の貿易額を見ても福岡―博多湾の飛行場に対する航空燃料の供給という点で所見を得ることはできない。この点は今後の重要な課題だが、まずは博多港の貿易における石油類の重要性（門司港などでは石油類の比率は高くない）に注目しておきたい。

四、糟屋郡の「郡都」から福岡市の箱崎へ

江戸時代の博多は城下町福岡に組み込まれながら、商業都市としての性格は残ったが、「鎖国」と呼ばれる幕府の海禁政策によって国際貿易港としての性格を喪失した。狭義の博多を支え、広義の博多を構成していた博多湾岸の港町も浦として再編された。箱崎も箱崎浦となり、農村や漁村として存在するとともに、唐津街道の箱崎宿となり、福岡藩の御茶屋が置かれた。明治時代になると箱崎村となり、明治十一年（一八七八）には糟屋郡役所が置かれ、箱崎は糟屋郡の「郡都」となった。明治二十二年（一八八九）には町制施行して箱崎町となった。

明治三十三年（一九〇〇）一月の第一四帝国議会で「九州・東北帝国大学設置建議案」が可決され、長崎県や熊本県との誘致合戦を経て、九州帝国大学が福岡県に建設されることになった。福岡藩の医学教育学校「賛生館」の流れを汲む福岡県立福岡病院を母体として、京都帝国大学の分科大学

表5　福岡市の町村合併

合併年月日	旧町村名
大正元年(1912)10月1日	警固村
大正4年(1915)4月1日	豊平村大字豊富 (大字金平は堅粕村に編入)
大正8年(1919)11月1日	鳥飼村
大正11年(1922)4月1日	西新町
大正11年(1922)6月1日	住吉町
大正15年(1926)4月1日	八幡村
昭和3年(1928)4月1日	堅粕町
昭和3年(1928)5月1日	千代町
昭和4年(1929)4月1日	樋井川村
昭和4年(1929)4月1日	原村
昭和8年(1933)4月1日	姪浜町
昭和8年(1933)4月1日	席田村
昭和8年(1933)4月5日	三宅村
昭和15年(1940)12月26日	箱崎町
昭和16年(1941)10月15日	残島村
昭和16年(1941)10月15日	今宿村
昭和16年(1941)10月15日	壱岐村
昭和17年(1942)4月1日	今津村
昭和29年(1954)10月1日	日佐村
昭和29年(1954)10月1日	田隈村
昭和30年(1955)2月1日	香椎町
昭和30年(1955)2月1日	多々良町
昭和30年(1955)4月5日	那珂町
昭和35年(1960)8月27日	金武村
昭和35年(1960)8月27日	和白町
昭和36年(1961)4月1日	周船寺村
昭和36年(1961)4月1日	元岡村
昭和36年(1961)4月1日	北崎町
昭和46年(1971)4月5日	志賀町

として福岡医科大学が開学した（後に九州帝国大学医学部、筑紫郡千代村）。さらに同四十四年（一九一一）に九州帝国大学工科大学（後に工学部）が糟屋郡箱崎町に開学した。以後の箱崎は「大学町」となって現在に至っている〔藤岡二〇一八〕。なお北九州を代表する企業家で、「筑豊御三家」の一人である安川敬一郎が開校した「私立明治専門学校」は遠賀郡中原に建設されたが（大正九年国に寄付、現在の九州工業大学）、糟屋郡箱崎松原も候補地だった（『安川敬一郎日記』明治三十九年十月十日、北九州市立自然史・歴史博物館編二〇〇九）。さらに福岡市の都市化が進展・拡大する中で都市近郊型農業が発展し、堺・下関（安岡）と並ぶ日本三大蔬菜産地と言われることもあった〔古田二〇一四〕。

　福岡市は明治二十二年（一八八九）の市制施行当初より「市域拡大」を市政の重要課題の一つとしていたが、実際に周辺町村の合併が行われたのは大正時代以降である（**表5**）。箱崎町には明治後半から合併論が存在したが、それは福岡市の「片思い」であったようである。箱崎町は大正十年（一九二一）の「箱崎町役場事務報告」（糟屋郡箱崎町役場『町会決議録』自大正十年至大正十一年）が「本年五月突如トシテ町市合併問題起リ」と述べているように、あくまで受け身であり、消極的だった。

福岡市は「市域拡大」による「大福岡市」の実現を追求したが、それは博多湾岸全体つまり「広義の博多」を福岡市とするということを意味した。中でも九州帝国大学が立地する箱崎町の合併は「大福岡市」誕生を象徴する意味を持ったと思われ、福岡市にとっては必然だった。しかし箱崎町は糟屋郡の「郡都」、九州帝国大学が所在する「学都」としての存在感と、農漁村としてのゆたかな実態を有していた。また博多湾築港株式会社が開発した埋立地からの不増産取得税や共有財産（若杉山）に伴う収入もあって町財政に恵まれていたため、福岡市との合併は必然ではなかったと言われる（福岡市議会事務局一九九一）。それゆえに福岡市と箱崎町の合併は遅れ、実現したのは昭和十五年（一九四〇）十二月のことだった。

前述したように、福岡第一飛行場は博多湾最東部の雁ノ巣に開設されたが、計画段階では名島水上飛行場の東側の香椎海岸と西側の箱崎海岸が建設候補地に挙げられていた。箱崎海岸は博多湾築港株式会社による埋立地だったが、「福岡市には現在箱崎町の合併問題があることとて、飛行場敷地問題は此の合併問題と非常にデリケートな関係を有し、市の一部には合併問題を考慮し、市は敷地を是非箱崎地先埋立地にし度いと云ふ意見を持ってゐる者もあ」った（『九州日報』昭和七年七月二十日）。「デリケートな関係」がどのような「関係」か検討を要するが、少なくとも福岡市と箱崎町の統合については、博多湾築港株式会社の埋立地や飛行場の建設問題と密接に関わって議論されていたのである。

昭和十年前後には福岡県の都市計画官僚が北九州の都市計画を策定・実施しようとする中で北九州五市の合併機運が高まっており（徳本一九九一）、それに対抗するため福岡市は箱崎町との合併を急いだという指摘もある（福岡市議会事務局一九九一）。福岡市と箱崎町の合併については、福岡市だけではなく箱崎町の主体的な意識や動向を検討する必要があろう。それは箱崎町だけでなく福岡市に統合された周辺町村についても同様である。福岡市の都市発展については博多湾という視野で、また北九州との関係性を重視して考えられてきたが、その中で合併問題は重要な検討課題であると言えよう。

おわりに

以上、明治時代から昭和十年代前半までの福岡市の都市形成・発展の足跡を追ってきた。福岡市が近代都市としての自画像を追求する際に博多湾という視野と北九州との関係性が重視された。福岡市は工業都市・港湾都市としての「停滞」を強く意識し、その打開のため博多築港を「悲願」とした。

しかし工業都市や港湾都市として福岡市はなかなか「上昇」せず、それゆえに博多築港は「悲願」であり続け、繰り返し提唱されたのである。

昭和五年（一九三〇）に福岡市は長崎市を抜いて九州第一位の人口を有する都市になったが、ちょうどその頃から福岡市の「中心」「玄関」としての存在感・重要性が高まった。比喩的に言えば、石炭―蒸気船・蒸気機関車の時代に発展したのが北九州であるとすれば、昭和十年代における福岡市の浮上は石油―飛行機の新時代の到来を表現していた。しかし戦争が激化、戦局が悪化して、昭和二十年（一九四五）六月十九日の福岡大空襲で福岡市は著しい被害を受けた。一方の北九州は合計十三回の空襲により大きな被害を出したが、小倉市が同年八月九日の原子爆弾投下を免れたことを考えると、市中心部の壊滅の程度という点で福岡市の方が大きかったと言えるかもしれない。さらに戦後復興では重工業を優先した「傾斜生産」政策が採用されたから、「石炭と鉄が作った工業都市」北九州の産業経済が再び活況を呈した。戦後復興において福岡市は北九州に後れを取り、昭和十年代と比べて福岡市は「後退」を余儀なくされたと言える。

昭和三十八年（一九六三）に門司・小倉・若松・八幡・戸畑の五市が合併して「北九州市」が誕生し、九州最初の政令指定都市となった。その際に新市名が公募されたが、一位は「西京市」であったという。「西京市」は実現しなかったが、大都市の出現として「北九州市」の誕生は大いに注目された。福岡市は再び「停滞」感を募らせた。

しかしその後のエネルギー革命の進展によって、筑豊の石炭を輸送・積出を基礎として、八幡製鐵所を中心に発展した北九州の産業経済は後退を余儀なくされた。筑豊の「雪崩閉山」は北九州の「鉄冷え」に連動した。福岡市は五市合併で誕生し、政令指定都市となった北九州市を意識し続け、その後を追いかけたが、エネルギー革命の影響が顕著となる一九六〇年代になると工業都市の夢を追うのを止めた（石橋二〇一四、石橋二〇一七）。北九州市の後退は顕著であり、人口も減少した。一方の福岡市は人口増加を実現し、昭和五十四年（一九七九）に北九州市を追い越した。その後福岡市は「九州の中心都市」という位置を一層強固にするとともに、「アジアに開かれた玄関都市」としての実質を高めていった。

昭和十九年（一九四四）に帝国陸軍航空部隊の飛行場として建設された板付飛行場（現在の福岡空港）が昭和戦後になると雁ノ巣の福岡第一飛行場と交代したが、市の中心部から極めて近い空港として現在まで利便性を誇っている。また昭和五十年（一九七五）に山陽新幹線が博多駅まで開通し、博多駅は発着駅となった。さらに平成二十三年（二〇一一）三月十二日に九州新幹線が全通すると、博多駅はその発着駅にもなった。

昭和四十八年（一九七三）博多湾最大の箱崎埠頭が完成した。その後香椎パークポートが開設した（平成六年一部供用開始）。近年の博多湾は国内最多の「クルーズ船」来航地となっている。博多港は博多湾東部の大規模開発を伴うことによってその機能を高めてきた。そのような福岡市・博多港と博多湾との関係は直接的には大正時代に端を発していた。

博多港は北九州港と競争したが、やがて韓国の釜山港や中国の上海港などと競合するようになった。しかし、かつては都市発展の言説であった「九州の中心都市」「アジアに開かれた玄関都市」という実質を福岡市が獲得して、現在も強化し続けていることは間違いない。このような陸海空の「玄関」としての役割と九州の「中心」「拠点」としての機能の両方を獲得・発揮していることが福岡市の独自な発展の一つの、しかし大きな原動力となったと言えよう。

福岡市は博多部＝「狭義の博多」と福岡部から成る旧城下町福岡を中心として、都市としての機能を博多湾＝「広義の博多」を視野に整備・拡充していくことによって、独自な発展を実現した。「大福岡市」という言説はそのような歴史的・地理的蓄積に裏付けられていたのである。

出典

麻生家文書「東洋製鉄ニ関スル書類」（九州大学記録資料館産業経済部門寄託）

太田資料「明治初年博多港資料」（福岡県立図書館所蔵）

海軍省「公文備考」大正十一年巻四官職四（防衛省防衛研究所所蔵、アジア歴史資料センター C08050389100）

糟屋郡箱崎町役場『町会決議録』自大正十年至大正十一年（福岡市議会事務局所蔵）

北九州市立自然史・歴史博物館編 二〇〇九『安川敬一郎日記』第二巻（北九州市立自然史・歴史博物館）

「公文雑纂」明治四十一年第三十七巻貴族院衆議院事務局・帝国議会（国立公文書館所蔵、国立公文書館デジタルアーカイブ纂01102100）

「公文雑纂」昭和十四年第五十一巻帝国議会一（決議・建議一）（国立公文書館所蔵、国立公文書館デジタルアーカイブ纂02460100）

坂本敏彦編 一九七二『資料博多湾築港史』（博多港振興協会）

福岡市役所産業課 一九三八『博多港輸出品の概況』

参考文献

石橋知也 二〇一四「戦後期の福岡市政における臨海部開発の計画経緯と影響に関する研究」（九州大学提出博士論文）

石橋知也 二〇一七「戦後期の福岡市政における臨海部開発の計画」（『市史研究ふくおか』一二、福岡市）

伊藤幸司 二〇一八「港町複合体としての中世博多湾と箱崎」（『九

州史学』一八〇)
遠城明雄 二〇一五「近代都市福岡の始動」(『新修福岡市史』資料編近現代二・解題、福岡市)
梶嶋政司 二〇一八「近世城下町の形成と箱崎・博多湾」(『九州史学』一八〇)
川添昭二 二〇〇八『中世近世博多史論』(海鳥社)
九州電力株式会社 二〇〇七『九州地方電気事業史』(九州電力株式会社)
柴多一雄 二〇一七「戦前期における民間航空の発展と福岡市」(『市史研究ふくおか』一二、福岡市)
柴多一雄 二〇一八「コメント 九州史学創刊六〇周年記念シンポジウム「箱崎と博多湾——都市の重層性と時代性」」(『九州史学』一八〇)
高田茂広 一九七六『筑前五ヶ浦廻船』(西日本新聞社)
東條正 二〇〇三「明治前期における小型旅客汽船の定期運航」(『福岡県史』通史編近代・産業経済(一)第十一章、福岡県)
徳本正彦 一九九一『北九州市成立過程の研究——合併論・合併運動を中心として』(九州大学出版会)
永江眞夫 二〇〇七「大正期の筑前参宮鉄道株式会社と河内卯兵衛」(迎由理男・永江眞夫編『近代福岡博多の企業者活動』九州大学出版会)
永江眞夫 二〇一四「大正期「早良炭田」における炭鉱業——福岡炭坑の事例」(『福岡大学経済学論叢』五八—三・四)
中島昭 一九八八「博多湾鉄道株式会社の成立」(『西南地域史研究』六)
中村尚史 二〇〇三「物流の動き」(『福岡県史』通史編近代・産業経済(一)第十六章、福岡県)
西田博 一九九五「福岡城の歴史を構造」(『西南地域史研究』一〇)
日比野利信 二〇〇五「太宰府博覧会と菅公一千年祭」(太宰府市史編集委員会編『「古都太宰府」の展開』『太宰府市史』通史編別編、太宰府市)
日比野利信 二〇一三「近代の福岡城」(『福岡城——築城から現代まで』『新修福岡市史』特別編、福岡市)
福岡市議会事務局 一九七九『福岡市議会史』第二巻大正編(福岡市)
福岡市議会事務局 一九九一『福岡市議会史』第三昭和編(一)(福岡市)
福岡市史編集委員会 二〇一五『新修福岡市史』資料編近現代二、福岡市)
福岡市役所 一九六五『福岡市史』第三巻・昭和前編(上)(福岡市役所)
福岡市役所 一九六九『博多港の歩み』(福岡市役所)
藤岡健太郎 二〇一八「近代の箱崎と博多湾——大学町の形成」(『九州史学』一八〇)
古田鷹治 二〇一四『箱崎に生まれて』(古田スエ子ほか)

九州帝国大学と箱崎

藤岡健太郎

本稿では、一九一一年創立の九州帝国大学（九大）とその所在地である箱崎がどのような関係にあったのか、三つの観点から歴史的に考察する。その第一は九大はなぜ箱崎に設置されたのか、第二は箱崎はどのような「大学町」であったのか、そして第三は九大生は箱崎の町とどのような関係を築いていたのか、である。

はじめに

九州帝国大学（九大）は一九一一年、福岡県糟屋郡箱崎町に創立された。本書の他の論考が明らかにしているように、箱崎は古くからの門前町・商業都市・漁師町・農村であり、もともと多くの人口を抱え、小規模ながら都市としての体裁をすでに整えていた。そうした場所に九大がやって来たことで、箱崎には「大学町」としての性格が後から加わることとなった。

「大学町」という言葉から想起されるイメージは、大学が町の中心として存在し、大学生や教員・職員が居住し、地域の社会・経済等が大学を中心に動いている、というものであろう。ヨーロッパの古い大学都市はそのようなイメージを代表するものである。また、一九二〇年代以降の日本では、国立に代表されるように、大学を郊外に誘致し、大学を中心とした都市形成が東京や関西で行われてきた〔木方十根二〇一〇〕。これらの「大学町」に対して箱崎は、前述のように、すでに多様な性格をもった地域に大学が創立され、そこに

ふじおか・けんたろう――九州大学大学文書館准教授。専門は大学史・日本近代思想史・アーカイブズ学。主な論文に、「戦間期日本の「国際主義」と「地域主義」」（『日本歴史』六四七号、二〇〇二年）、「「容喙拒否」の論理――国際連盟・ワシントン会議と「門戸開放主義」「モンロー主義」」（『史学雑誌』一一六編一〇号、二〇〇七年）などがある

「大学町」という性格が新たに加わったという点で異なっている。とはいえ、箱崎には多くの学生が居住し、大学が所在していることが町のあり方に大きな影響を与えていたという点は、他の「大学町」と同様であろう。そこで本稿では、九州帝国大学と「大学町」箱崎がどのような関係にあったのか、いくつかの観点から歴史的に考察してみたい。

ここでの考察は次の三つの観点から進めていく。一つめは、九州帝国大学はなぜ箱崎に設置されたのか、ということである。「九州」帝国大学であることからもわかるように、その設置場所は箱崎である必然性はもちろん、福岡である必然性すらなかったのである。ではなぜ福岡の箱崎に九大がつくられたのだろうか。二つめは、箱崎はどのような「大学町」だったのか、ということである。「大学町」はどれもが同じようなものであるというわけではない。箱崎という、長い歴史をもつ場所に九大ができたことによって、その「大学町」としての性格がどのように形成されたのかを検討する。三つめは、九大の学生は箱崎大学町とどのような関係を築いていったのか、である。「大学町」は大学とその学生が存在することによって形成されるものであるが、九大生が箱崎の町をどのように見ていたかということを中心に、両者の関係を考察する。なお、箱崎町は福岡市の郊外に所在し、両者の関係は歴史的にも非常に深いものがある。したがっていずれの観点の考察においても、箱崎だけではなく福岡市と九大の関係や箱崎と福岡市との関係についても考慮に入れていくこととする。

一、九州帝国大学の創立

(一) 九州帝国大学創立の決定

九州帝国大学は一九一一年に創立されたが、その直接の前身となったのは京都帝国大学福岡医科大学である。福岡医科大学は一九〇三年、熊本・長崎両県との激しい誘致合戦の末、福岡市と箱崎町の間にある筑紫郡千代町に創設された。福岡設置の決め手となったのが、当時日本でも有数の設備と人員を有した県立福岡病院の存在であった。福岡県は病院の敷地・建物・設備すべてを寄付するとして医科大学の誘致に成功したのである。単科大学は帝国大学として認められていなかったため、京都帝国大学の分校というかたちにはなったが、こうして九州帝国大学の前身となる大学が創設された（九州大学百年史編集委員会二〇一七、第一編第二章）。

福岡医科大学は京都帝国大学の分校というかたちをとっていたものの、さらに分科大学を増設して九州帝国大学の医科大学とすることは当初から想定されていたものであった。文部省としても東京・京都に次ぐ第三・第四帝大を増設すべく、一九〇七年度予算に東北帝国大学理科大学・札幌農科大学・福岡工科大学の創立費を要求した。しかし大蔵省査定ですべて削除されてしまう。そこに救いの手を差し延べたのが古河財閥であった。古河は当時足尾鉱毒事件で世間の批判にさらされており、古河鉱業元副社長で内務大臣であった原敬の助言もあって、三大学の建築費寄付を申し出たのである。くわえて福岡工科大学については福岡県・福岡市も敷地買収費の寄付を申し出た。これにより三大学創立費が復活し、工科大学の創設が決定されたのである〔九州大学百年史編集委員会二〇一七、第二編第一章〕。

工科大学の敷地の候補地とされたのは、福岡市近郊の東西二か所、すなわち糟屋郡箱崎町と早良郡西新町であった。この二つの町はいずれも海沿いで、広い砂地があり、熱心に誘致活動を行った。結局、真野文二文部省実業学務局長（のちに九州帝国大学第二代総長）等の視察により敷地は箱崎町に決定された。その理由は何よりも箱崎町が医科大学に近接している地域である、というところにあった。西新町は医科大学から約六キロメートル離れており、途中に福岡市の中心部を挟んでいるのに対し、箱崎町は約二キロメートルと、より近かったのである。

（二）九大創立と箱崎町

九大の創立にあたっては、福岡県が創立費二十五万円のほか敷地六万坪を寄付することとなったが、その敷地買収費は福岡市が六万五〇〇〇円余の起債を行って県に寄付するというかたちをとったものであった。また、糟屋郡から四〇〇〇円、箱崎町から一万八〇〇〇円余と敷地一二〇〇坪余が寄付されることとなった〔九州大学百年史編集委員会二〇一七、第二編第一章〕。

しかし、箱崎町への設置が決まったものの、創立準備は必ずしもスムーズには進まなかった。それは敷地の買収が難航したからである。敷地とされた土地には砂地の松林のなかに優良な畑地が形成されており、箱崎は日本三大蔬菜地帯のひとつとも称されたほどのものであったため、地主が買収に強く抵抗した。最終的には土地収用法を適用して強制収用することとなった。前述のように箱崎町では西新町との間で誘致合戦を行ったが、箱崎町でそれを主導していたのは漁業組合長の山崎親次郎であった。一方、工科大学予定地の地主らは誘致自体に反対であった。このように箱崎町の内部では、その漁師町としての性格と農村としての性格が併存していたために、九大をめぐる対立を生じさせることとなったのである〔梶嶋政司 二〇一三〕。

ともかくも、こうして一九一一年、医科・工科の二分科大学からなる九州帝国大学が創立された。こののち一九一九年には工学部の北隣に農学部が、一九二四年には工学部の南隣に法文学部が創設された。さらに一九三九年には理学部が、工学部と農学部の間の場所に創設され、これにより九州帝国大学は総合大学としての一応の完成をみた。

二、箱崎大学町の形成

(一) 九大創立時の箱崎町

前章で見たような経緯で九州帝国大学は箱崎の地に創立され、その後の学部の増設により発展していった。それでは九大創立当時の箱崎という町はどのような場所であったのだろうか。

九州帝国大学の創立が決まった一九〇七年頃に編纂されたとみられる『糟屋郡箱崎町々是』(以下「箱崎町是」と略)によると、一九〇六年現在の箱崎町の状況は次のようなものであった。現住戸口は九〇九戸、人口は四八七四人。**図1**に見るように主要産業は農業であり、その他の産業については漁業は衰退しており、商工業は振るわない状態であった。主要産業の農業についても生産は漸減傾向にあるが、将来的にも農業が重要であることは変わらないとしている。前述のように、九大が設置されることになったのは箱崎町市街地北端に接する松林と蔬菜の優良な畑地があった場所であった。九大設置により蔬菜農家は鹿児島本線と宇美川の間の土地約四〇町歩を買収し、そこに畑を移転して蔬菜栽培を継続したようである(古田鷹治 二〇一四)。一方、箱崎町是では、今後見込みがあるのは工業では綿糸織物業で、商業では行商と宿屋業であるとし、宿屋業については以下のような方策の必要性を述べている。

　近ク大学ヲ始メ諸学校又ハ会社ノアルアリテ他府県ヨリ

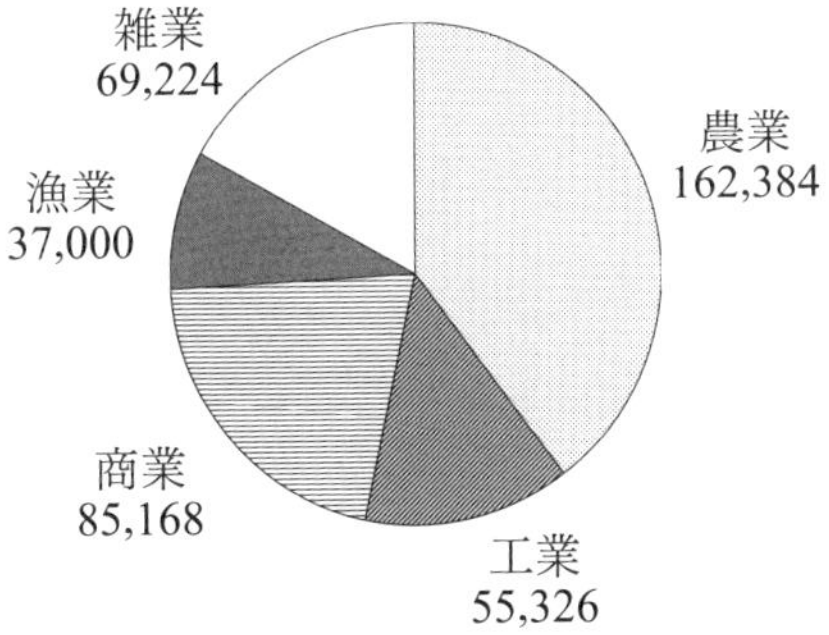

図1　箱崎町産業別生産額(1906年、単位円。箱崎町是による)

来集スルモノ日ニ多キヲ加ヘ目下下宿屋ノ不足ヲ告クルハ顕著ナル状況ナレハ今直チニ三十戸ノ増置ヲナスモ設備ニ需要ニ決シテ難事ニアラサルヘシ而シテ是等営業者間ニハ最モ弊害ノ生シ易キモノナレハ営業ノ最初ニ当リテ充分ノ予防方法ヲ定結セシメ置クハ後来ノ繁栄策トシテ最モ必要ナリトス

九大が箱崎町に設置される前から下宿が不足しているということが見て取れる。今後九大生の下宿が増えることも見越した「繁栄策」の必要性が認識されていたと言えよう。このように箱崎町では、九大創立に伴う町の「繁栄策」についての検討が行われていた。

(二) 箱崎町と福岡市

九州帝国大学が創立された一九一一年、福岡市の人口は八万六〇〇〇人余で、九州では人口で長崎市に次ぐ第二の都市となっていた。同年に筑紫郡警固村を編入したのを皮切りに、福岡市はこののち周辺の町村を次々に編入して市域・人口を拡大させていく。一九二八年には九大医学部のある筑紫郡千代町を編入した。また、一九一七年からは博多湾築港が開始されるなど、都市としての基盤整備が進められていった。

都市の交通基盤として港湾と並んで重要な鉄道については、すでに一八九〇年九月九州鉄道(のちの鹿児島本線)博多〜赤間間が開通し、箱崎町内には筥崎宮の門前に箱崎駅が設置されていた。もっとも、九州鉄道の主要な役割は都市間の長距離輸送であり、箱崎と福岡市(博多)という近距離輸送(都市内や、都市中心部と郊外との間の輸送)は主たる役割ではなかった。また、九州鉄道が箱崎とつないでいたのは古くからの商業都市である博多のみで、城下町以来の行政の中心であった福岡とはつながっていなかった。近距離輸送でこの時期に主要な役割を果たしたのは軌道(路面電車)であった。

九大に関わる軌道の整備は大学創立よりもやや遅れている。まず一九一〇年三月に福博電気軌道の黒門橋〜大学前(医科大学前)間が開業した。これは同年八月箱崎まで延伸され、箱崎町内に達している。しかしさらに九大工学部付近まで路線が延びるのは、一九二一年六月に九州電灯鉄道が箱崎〜工科前間を開業させるまで待たねばならなかった。一方、鉄道として一九二四年五月に博多湾鉄道汽船の新博多〜和白間が開業し、筥崎宮前駅・箱崎松原駅が設置された(西日本鉄道株式会社百年史編纂委員会 二〇〇八)。こうして鉄軌道により福岡市中心部と箱崎町(九大)がつながっていくこととなった。

また、一九二五年に策定された福岡都市計画の計画区域には、福岡市のみならず周辺の箱崎町をはじめとした町村も含まれていた。この計画で箱崎町は、当初は工業地区として想定されていた（「福岡都市計画区域決定ノ件」『公文雑纂』大正十四年第二十二巻・都市計画、国立公文書館所蔵）が、一九三五年に九大の工・農・法文学部敷地は筥崎宮とともに風致地区に

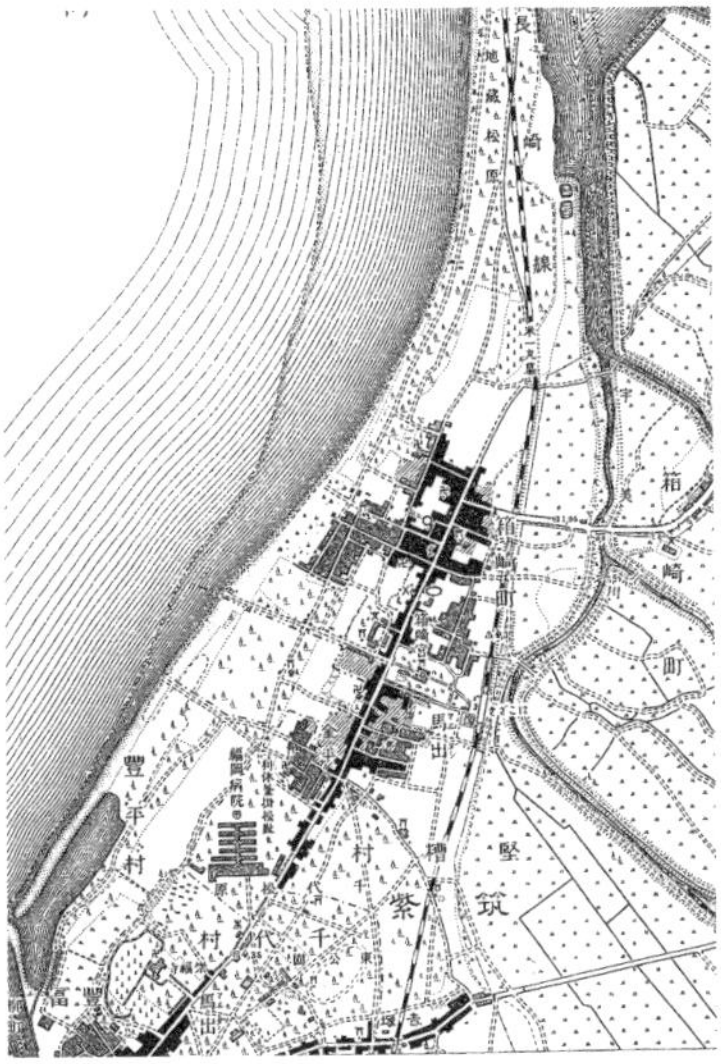

図2　1900年の箱崎（「二万分一地形図福岡」）
九大の敷地となる部分は空白または針葉樹林（松）・墓地となっている。左下の櫛の歯状の建物が県立福岡病院で、後に福岡医科大学となる。

図3　1926年の箱崎
（「二万五千分一地形図福岡」）
箱崎町の市街地が拡大している様子が見て取れる。博多湾鉄道汽船線が開通し、箱崎浜の一部が埋め立てられている。

指定された（「福岡都市計画風致地区決定ノ件」『公文雑纂』昭和十年第三十七巻・都市計画二、国立公文書館所蔵）。さらにその後博多湾築港に伴い箱崎浜の埋立が進むと、埋立地は工業地区に、埋立地と九大を除いた地域は商業地区に指定されている。

このように、福岡市は箱崎町をはじめとする周辺地域を都市計画に組み込み、合併による都市としての一体化を早くから望んでいた。しかし箱崎町の側は財政上の問題等から合併に対する賛否は長らく割れており、両者の合併が実現するのは一九四〇年のこととなる。

（三）箱崎大学町の形成

九大が創立され、学部の増設等により発展していくと、それに伴って箱崎町の市街地は拡大していった。それにより箱崎に大学町としての性格が形成されていく。その主要な要因は九大生の多くが箱崎町に居住したことであった。九大は戦前期を通じて寄宿舎等の整備が遅れたため、自宅や大学近隣の親戚宅等から通学する学生以外は下宿せざるをえなかった。こうして箱崎町は、多くの学生が住む町、という意味で「大学町」となっていったのである。

では具体的に九大生の居住状況はどのようなものであったのだろうか。九大法文学部教授（行政学）であった宇賀田順三が一九三三年に法文学部一年生の入学時点での居住地につ

いて調べたところによると、箱崎町に住んでいたのは一一二名で全体の五〇パーセントであった。馬出に設置された医学部を除けば、他学部の状況も大きな違いはないであろうから、九大生のおよそ半数は箱崎町に住んでいたものと思われる。一方、福岡市に住んでいたのは七十九名で、全体の三五パーセントと、こちらも少なくない割合である（宇賀田順三「大学町としての箱崎」『九州大学新聞』第一一一号、一九三四年六月二十日）。なお、同年の教官・職員の居住地については、教官（教授・助教授・講師）が箱崎町二十八名（一一パーセント）、福岡市一九八名（七六パーセント）と大半が福岡市に住んでいる。判任官以上の職員では箱崎町二十三名（三八パーセント）、福岡市三十名（五〇パーセント）で教官ほどではないが、福岡市居住者の方が多い。このように福岡市居住者が多かったのは、福岡市中心部と箱崎を結ぶ交通が整備されており、通勤や通学が容易になっていた、ということがひとつの大きな要因であろう。

『九州大学新聞』（一九三五年の第一二六号から『九州帝国大学新聞』に改題）に掲載された記事には「箱崎馬出の殆どの家の二階に学生の三四人置かぬ所はない」とあり、多くの九大生が箱崎町に住んでいたことは確かである（「繁栄の夢は破れた　学生層の行詰り」『九州大学新聞』第四八号、一九三〇年十月五日）。しかしその割合は全学生の半分程度に過ぎない、とみることもできる状況であった。また、この記事はおそらく誇張があり、下宿が多かったのは博多湾鉄道汽船の路線と路面電車の路線の間にあった漁師町の地域で、商家の多い筥崎宮前の地域で九大生を住まわせていた家は少なかったとみられる。箱崎町是に示されていたとおり漁業は衰退の一途をたどっており、漁家の中には下宿業に転じる者も多かったようである。したがって、箱崎町のうちでも、大学町へと変貌していったのは漁師町が中心であった。

三、九大生から見た大学町箱崎

（一）箱崎への不満

以上のように九大生が多く居住する町としての大学町が箱崎に形成されていったのであるが、では当の九大生は箱崎の町をどのように見ていたのであろうか。

まずあらためて確認しておかねばならないのは、大学町であることが箱崎町の唯一の性格ではなかったことである。箱崎町は筥崎宮の門前町であり、商業都市であり、漁師町であり、また農村でもあった。大学町であることは、そうした複合的な性格の一部に過ぎなかった。そうしたこともあり、箱崎町には下宿・食堂と撞球場以外の学生向け施設は少なかった。同じ箱崎町の中でも、大学町らしさは下宿・食堂が集中する漁師町の一帯以外ではあまり感じられなかったもののようである。

このような「大学町」箱崎のあり方に対して、九大生はしばしば不満を漏らしていた。ここでその事例を見てみよう（逝水生「住みにくい箱崎町だ！」『九州大学新聞』第三三号、一九二九年十一月十日）。

箱崎と云ふ処は学生からは金を搾り取るものと思つてゐる。この箱崎が箱崎町として存在し得る根拠は帝大なる学園の存在に依つてゞあり、文化の向上も少くとも帝大学生大衆に依つて有形無形に於いてなされて居る。試みにあの塵と埃の茅屋の箱崎より聳ゆるあの殿堂と学生大衆を拉し去つて見よ。残るは何にか、文化に浴せない昔のさびれた漁師町を見出す外に何もないであらう。

ここに見られるのは、箱崎町は九大の存在によって成り立っているのであり、それゆえ箱崎町は学生の要求に応えられるようなものでなければならない、という主張である。自らを「大衆」と呼びながらもエリート意識に満ち、その意識ゆえに箱崎は九大・九大生を中心とした町になるべきというのが、おそらくは少なからぬ九大生に通底する意識あるいは要求であったと思われる。

また、九大生の間でとりわけ不満が多かったのが、下宿の問題であった。時期によっては福岡市内よりも家賃が高いこともあり、下宿問題はしばしば『九州（帝国）大学新聞』で取り上げられたほか、家賃値下げ運動が起きたこともあった。

（二）大学町箱崎への要求

では学生たちは具体的にどのような「大学町」であればよいと考えていたのであろうか。『九州大学新聞』の記事では、「道路を改修せよ！／下水工事を完全にせよ！／下宿料、間代を値下せよ！／大衆的娯楽場を造れ！／町営の簡易食堂を設けよ！／其他大学と大学生の利便の為に凡ゆる設備を完全にせよ！」という要求が掲げられている（「箱崎町に望む」『九州大学新聞』第四七号、一九三〇年九月十七日）。ここに見られるのは、清潔で、生活費が安く、学生のための施設が整った町、というイメージである。このような「大学町」のイメージは学生だけでなく教官も共有するものであった。前出の宇賀田順三は次のように述べている（「箱崎町の行くべき道」『九州帝国大学新聞』第一五六号、一九三六年十一月六日）。

裏街に入ると、どの道も曲折して、まつすぐに歩めない、不経済な家の建方、デコボコした道路、雑草の遊ぶ空地――そこには町としての何等の装飾もない、町の飾りとしては恐らくあの鈴蘭燈位だらう。

学生たちが散歩しようにも、一つの公園もないではないか、静かなホール、図書館、娯楽場、食堂、入浴場そのいづれもがどこにあるだらうか。そうした所では、学生が楽しく勉強すると云ふことは殆ど不可能だ。箱崎町は、先づ町内の整頓から始めなければならない。

このように、九州帝国大学創立から約二十年が経過してもいまだ箱崎は大学町として不十分、というのが学生や教官の意識であり、自らのイメージする大学町をつくるよう、彼らは箱崎町に要求していたのである。

(三) 九大生にとっての「大学町」

前述のように、九大生にとって箱崎という町は、食住の場であるが、不満も非常に多い場所であった。彼らの望む娯楽施設等（食住以外の施設）は、箱崎町には撞球場以外はほとんどなく、福岡市の諸施設を利用していた。こうしたところから、次のように福岡市こそ「大学町」という意識を、多くの九大生はもっていたようである（法文大西生「福岡市と大学」『九州大学新聞』第九八号、一九三三年十一月二十日）。

今迄の福岡市と大学との関係は大部分経済的なものに限られてゐた。年々市に落ちる六百万円の金と学生二千の図書、新聞、服、電車、キネマやデパートでの消費、大学病院と諸先生の生活上の消費等が主たる連鎖であつた（全く大学のおかげで町らしくなつた箱崎や大学通り等は例外である。それに些々たる利害のために市に合併しない箱崎町は何と云ふことであらう！）

一般市民は大学とは関係がなかつたと云へよう。大学の音楽会や運動会、各種スポーツの催しは一小部分の青年、少女の関心に過ぎず、又、此れ等とは全然異なつた層との接触をめざして生れ出たセツルメントは御覧の通りの始末。（中略）『大学とは一体何をして居る所だらうか』それは永遠に解けない市民の謎であるかも知れない。大学＝医学部であると考へてゐる市民の如何に多きことよだ。

これでいゝだらうか？そうではあるまい。

福日（『福岡日日新聞』）の家庭欄の水準を少し引上げると非難が起ると云ふ福岡市。気持よい住宅、下宿、電車、バス等なしに、又社会から遊離して学問ができると思つてゐる（少なくとも現象的には）大学。お互にあたゝかい理解の手を差延べてはどうだらう。特に有識市民と大学との相互理解こそ文化水準の高まつた大学町福岡市へのパスポートであるのだから。

この記事が掲載された一九三三年、福岡市の人口は二十七万人となり、熊本市を抜いて九州最大の都市となっていた。

箱崎町からは電車で容易に福岡市中心部に行けるようになっており、九大生にとって食住以外の消費活動は、福岡市内で主に行われていたようである。九大生にとっては福岡市もまた九大の大学町であったわけである。しかしこの記事に見られるように、九大生は福岡市を「大学町」と思っていても、福岡市民は必ずしも福岡市を「大学町」と思っていない、と九大生には映っていた。それは九大が市外の箱崎町にあるがゆえに、経済的には九大・九大生と福岡市との関係は深くても、福岡市民との間の精神的なつながりが稀薄である、という感覚のゆえであった。九大生にとっては、福岡市民にも福岡市が九大の大学町であると思ってほしいのであった。

（四）箱崎浜の変容と九州帝国大学

一九一七年に着工した博多湾築港は、一九二九年から内務省直轄事業となり、これ以降工事が進展した。一九三一年には箱崎浜の埋立てが完了した（図4）。

この埋立てによって、白砂青松の箱崎浜の美観は損なわれることとなった。埋立て後の一九三五年に福岡を訪れた法政大学教授野上豊一郎は、「九州帝国大学所在地に連接する海岸の埋立も無意義であり、箱崎の宮を汚ない陋屋街に包囲させたまゝに拋棄することも無思慮であり、旧博多市街のより完全なる保存方法を考究しないことも無頓着であると云はねばならぬ」と批判している（「福岡を殺す者」、『九州帝国大学新聞』第一三八号、一九三五年十一月二十日）。宇賀田順三もまた埋立てを批判した上で、埋立地にはグラウンド等の大学の福利施設を置くべきであると主張している（「大学町としての箱崎」、『九州大学新聞』第一一一号、一九三四年六月二十日）。

しかし結局、箱崎浜の埋立地は工業用地化されることとなる。特に一九三七年に日中戦争が始まると、軍需景気により箱崎浜には多くの工場が進出した。それに伴い多くの若年労働者が流入し、彼らが九大生が住んでいた下宿等に入居して学生が追い出されるという事態が起こった。さらに、収入ある労働者の住居需要増加と物価上昇により業者側も下宿料の引き上げを目論むようになり、九大生はさらなる下宿難に直

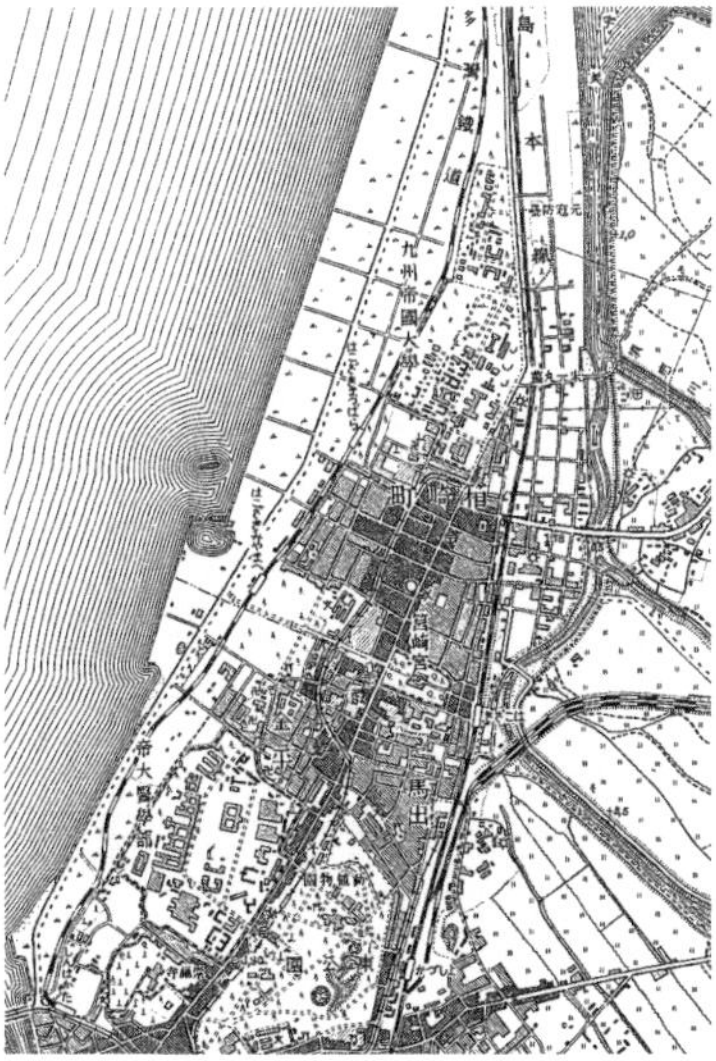

図4　1936年の箱崎
（「二万五千分一地形図福岡」）
箱崎浜は埋め立てられ、九大の敷地は海岸線から離れている。埋立地への工場等の立地が進むのはこののちのことである。

面することとなった（「学生の悩み〝下宿難〟解消に」、『九州帝国大学新聞』第二三四号、一九四一年三月二十五日）。

博多港築港は箱崎町と福岡市の一体化を進める要因となり、一九四〇年十二月両者は合併する。箱崎は九大生が望んでいたように福岡市の一部となったのである。しかしながらそれは、大学を取り巻く環境が悪化するなかでのことであり、九大生にとってはむしろ住みにくさが増すこととなった。

おわりに

以上見てきたように、箱崎には九州帝国大学の創立によって「大学町」という新たな性格が加わった。しかし「大学町」は箱崎町だけで完結するものではなく、福岡市も含めて「大学町」である（または、そうあるべき）というのが九大生の意識であった。したがって、一九四〇年に箱崎町・福岡市が合併したことにより箱崎・福岡の「大学町」としての枠組みが完成したとも言えよう。しかしそれからまもなく太平洋戦争が始まり、一九四三年からは文系は学徒出陣が行われ、理系も勤労動員が強化されていき、「大学町」からほとんどの学生が姿を消すことになったのである。

箱崎のイメージが第一に「大学町」となったのは戦後の高度経済成長期ではないかと思われる。この時期までに漁師町のイメージはほとんどなくなり、門前町・農村としての性格も急激に縮小していった。代わって九州大学の学生数は急増し、それに伴って箱崎には学生向けのアパートや学生を主要な顧客とする店舗等が増えていった。また、福岡市の経済的発展に伴って、郊外住宅地としての性格も強めていく。この点について詳しくは、本書伊東・シェパード論文を参照されたい。

参考文献

梶嶋政司 二〇一三「山崎家文書にみる箱崎の歴史と九州帝国大学工科大学」『九州大学附属図書館附設記録資料館ニューズレター』vol.7

木方十根 二〇一〇『「大学町」出現――近代都市計画の錬金術』河出書房新社

九州大学百年史編集委員会 二〇一七『九州大学百年史』第一巻通史編Ⅰ（九州大学、http://catalog.lib.kyushu-u.ac.jp/recordID/1801084）

西日本鉄道株式会社百年史編纂委員会 二〇〇八『西日本鉄道百年史』西日本鉄道

古田鷹治 二〇一四『古田鷹治遺稿集　箱崎に生まれて』古田スヱ子ほか

箱崎に学んだ留学生の戦前・戦中・戦後

――林学者・玄信圭の足跡を辿る

永島広紀

ながしま・ひろき――九州大学韓国研究センター教授・共創学部教授。専門は近代満鮮史・朝鮮近現代史・日韓関係史。主な著書に、『戦時期朝鮮における「新体制」と京城帝国大学』（ゆまに書房、二〇一一年）、『寺内正毅と帝国日本』（共著、勉誠出版、二〇一五年）などがある。

九州大学には、旧制時代から数多くの「留学生」が学んでいた。数的には「清国・中華民国」が最も多く、朝鮮・台湾がこれに続いた。とりわけ朝鮮半島出身者の動向は、戦前期日本の「進学」「立身」等の在り方を検証するに際しては、興味深いデータを提供してくれる。本稿では九大出身のある韓国人林学者の遍歴に注目して、その一端を素描してみたい。

一、国立樹木園の銅像

韓国ソウル市の北郊・京畿道抱川市には「国立樹木園」なる山林庁所管の機関が設置されている。四季折々の美しい景観で人々を魅了しつつも、環境保全の観点から一日の入園者数には制限が課され、事前の予約なしでは入場が難しい、いささか穴場的な人気スポットとなっている。一方、同園は歴代の韓国大統領が就任後の「植木日（植樹の日、四月五日）」に記念植樹を行うことでも知られている。筆者の訪問したのは、ちょうどその日の朝に前々任の大統領が収賄容疑で収監された当日（二〇一八年三月二十三日）であったが、もちろん彼の「御手植え」の木も立っており、またその近くには背任容疑で公判中の前任大統領が植えた木もあった（現職大統領のそれはまだなかった）。

そのことはともかく、この国立樹木園はかつて旧朝鮮総督府林業試験場の「光陵試験地」が置かれていた場所であり、また「光陵」の名が示す通り、近くには李朝第七代国王である世祖（位：一四五五〜一四六八）の陵墓がたたずんでいる。陵墓の周りには一種の御料林が形成されていたことによって、林野への入会が厳しく制限されており、山林の荒廃が急速に進んだという朝鮮王朝後期においても、一定の森林が保全されていたのであった。そして、園内のほぼ中央にはとある人物の銅像が建てられている。韓国緑化の父として名高い香山・玄信圭（一九一一〜一九八六）の像である（**図1**）。

図1　玄信圭の胸像（国立樹木園）

像の台座前面に埋め込まれた銘文（原文は韓国語、筆者試訳）は以下の通りの内容である。

我が国が生んだ世界的な林木育種学者であられ、教育者として万人の尊敬を受けられた香山・玄信圭博士は、禿げ上がった山林を元に戻すための執念でもって生涯を研究に捧げられ、東洋においては初めて林木育種事業を開始し、優れた品種を開発することによって、我が国の山林緑化において輝かしい業績をお残しになられた

また左記の通り（**図2**）、背面の銘板には彼の略歴が刻まれている。やはり原文は数字を除いてほぼハングル表記の文章であるが、筆者の責任で漢字に起こしてある。

1911.12.9(陰)	平南 安州 出生
1933	水原高等農林学校 林学科 卒業
1936	日本九州帝国大学 林学科 卒業
1944-1945	水原農林専門学校 教授
1945	中央林業試験場長(初代)
1949	日本 九州大学 農学博士 取得
1946-1977	ソウル大学校農科大学林学科 教授
1954-1986	学術院 会員
1959	学術院 学術功労賞 受賞
1962	大韓民国 文化勲章 受勲
1963-65	農村振興庁長(2代)
1964	3･1文化賞(技術本賞)受賞
1977-1986	林木育種研究所 顧問
1978	5.18民族賞(学芸部本賞)受賞
1982	国民勲章 無窮花章 受勲
1986.11.21	逝去

図2　図1の裏面にある玄信圭の略歴

さて、この略年譜を読む際には、いくつかのポイントがある。まず、出生地。玄は現在では北朝鮮に属する平安南道安州郡の出身である。「平」壌とともに「安」州は「平安」道なる地域呼称の由来となったとされる古邑であり、平壌の北

方約七〇キロに位置する。平安道を中心とする朝鮮半島の「西北地域」は伝統的に多くの知識人を産み出した地域であり、近代に入ると各地に「進学校」が出現し、数多くの若者たちが上級学校を目指して鎬を削る状況となっていた。

玄信圭自身による回顧[1]によれば、「中流の漢学者」の家に六人兄弟中の三男として出生し、地元の安州公立普通学校(小学校)を卒業したのち、長兄も通った平安北道定州の五山学校に進学した。定州は安州から四〇キロほど西北に位置する町である。五山学校は韓国近代文学の父と称される春園・李光洙も教鞭をとったことがある朝鮮の私立中等学校としては老舗の一つであり、多くの民族主義運動家を輩出したことで知られる。

> 平安北道の定州というところですが、そこに行って、私はそこが小オクスフォードだと気がついて驚きました。そこに有名な学者がいて――何という名前だったか、なにしろ古い話で忘れてしまったが――当時その人はもういなくなっていましたが、なくなっても、その人の建てた学校を中心にして村の人々は生きているんです。たとえば、学校の鐘が鳴って、それで村の人は時間を知る。学校の鐘が鳴った。さあ昼食を食べようとか、そろそろ畑仕事をやめようとかいった風なんだ。小さいながらに一つの独立した学都ですね。韓国王が専制政治を行おうと、日本の総督府が植民政治を布こうと、学都は平気に生活している。[2]

右は京城帝国大学に勤務し、のち九州帝大に移籍した国文学者・高木市之助による回顧からの一節である。高木によれば、定州は英国のオックスフォードにも比すべき静謐な学都であったとされ、実際に高木は戦後、広瀬淡窓の咸宜園を擁した大分の日田を定州に見立て、同地に女子専門学校を設立するに至っている程である。ともあれ、穏健派の民族運動家にして朝鮮のガンジーとも目された校長の曺晩植が学園経営のゴタゴタに巻き込まれて辞職したことに悲憤した玄信圭は、五山を退学し、京城にある私立徽文高等普通学校(旧制中学)の三年次に編入することになった。

やがて、さらなる進学の段に及んで、玄は「内地」の山口高等学校(旧制)に入学願書を出すまではしたものの、故郷の父親から家計の厳しさを理由に慰留され、結果、京畿道・水原の高等農林学校・林学科に進むこととなった。林学科の定員二十五名中、朝鮮人は二人きりであった。また、在学中に無教会主義キリスト教の信仰に触れ、内村鑑三の全集を耽読する日々であったともいう。

二、水原高等農林学校

二番目のポイントは、玄信圭が学んだ「水原高等農林学校」である。同校は大韓帝国時代に韓国の学部（文部省）が一九〇六年に設立した「農商工学校」にその沿革を有する学校であり、間もなく農商工部が所管する勧業模範場に付置される「農林学校」として漢城（ソウル）南郊の水原に移転している。そして、韓国統監・伊藤博文の肝煎りで東京帝大教授から招聘された本田幸介（一八六四～一九三〇）が初代の勧業模範場長に補職されるともに、間もなく農林学校長を兼ねることとなった。

この学校は、韓国併合に伴いあらためて朝鮮総督府農林学校として勧業模範場に付置されることとなり、一九一八年にいったん朝鮮総督府水原農林専門学校に改編された後、あらためて一九二二年に「専門学校令」に基づく官立高等農林学校として再出発している。以降、一九四四年には「水原農林専門学校」に改称され、そのまま一九四五年八月を迎えている。なお、この水原農林専門学校は米軍政下でそのまま存続し、一九四六年秋にソウル大学校が開設されるとともに、同大の農科大学に昇格し、在校生徒たちはまず農科大学「専門部」に収容された。玄信圭は、まさに終戦（韓国の「解放」）直前に母校の教員となり、日本人引揚げ後の学校を再建するとともに、ソウル大学校農科大学の初期教授陣の一人となったのである。

ただし、前掲の年譜にはやや不正確な部分がある。すなわち「一九四四～一九四五」にかけて水原農林専門学校の教授を務めたことになっているが、正確には一九四五年五月末日付で助教授に採用されているからである。

さて、水原高等農林学校と九州帝国大学農学部には浅からぬ縁が存在する。なんとなれば、一九一九年に第三番目の学部として福岡市外・箱崎松原の地に設置された九州帝大農学部の初代学部長に補されたのは他ならぬ本田幸介その人である。また本田以降の歴代高等農林学校長と、これを兼ねる勧業模範場（のち農事試験場・農業試験場）の長は、第二代の橋本左五郎を除き、第三代の大工原銀太郎、第四代の加藤茂苞、第五代の湯川又夫まですべて九大教授からの異動ないしは兼務であった。大工原にいたっては、退任後に九大総長に就任している。こうした密な人事交流は、やはり本田が基本的な路線を敷いたこと、あるいは福岡と朝鮮半島の地理的な近接性に負うところが多かったからと考えられる。特に朝鮮総督府の農政当局は水稲の改良に力を入れており、熱帯農学分野に強い九大農学部との提携や連絡は頻繁なものとならざるを得なかった。そもそも、九州帝大は農学部設置に先立ち、大々的な植林事業を行おうとしていた朝鮮総督府から東大・京大とともに半島南部の智異山一帯に広大な演習林用の敷地を無償貸与されていたのであった。

そして、このような緊密な関係性は、ひとり教員のみならず、学生たちにとってもそれは同じであった。

三、帝大「傍系」入学

続いて第三番目のポイントは「九州帝国大学」である。すでに述べたように、水原高農（勧業模範場）と九州帝大農学部との間にはいつしか太いパイプが形成されていた。そして、おそらく自然な流れとして優秀な高農の卒業生を帝国大学に送り込もうという機運が高まっていったことは予想に難くない。

実際、早くも一九二一年には農芸化学科に朝鮮人学生が入学している。名を趙伯顕といい、九大を一九二五年に卒業後はすぐさま母校の教員に採用され、戦後はソウル大学校農科大学の初代学長に就任している。現在、ソウル大学校農業生命科学大学（農科大学を一九九二年に改組）の研究棟エントランスには趙伯顕の胸像（**図3**）が、「九州大学」を卒業している旨を記した銘板とともに設置されている。

さて通常、帝国大学への進学に際しては、事実上はその予科的な存在であった「高等学校」の理科を卒業することが必須であった。そして農学部志望者であれば、その多くは「理科乙類」に学ぶことが多かった。乙類、すなわち独語が第一外国語であるクラスである。帝国大学で農学部を設置していたのは、北海道・東京・京都・九州・台北（当初は理農学部）の五校のみであるが、実のところ「正系」入学者、すなわち旧制高校卒業者だけで常に定員を満たしていたのは東京帝大のみである。なお、北海道帝大は札幌農学校として出発し、途中、東北帝国大学農科大学として一種の分校化がなされた時期を経ての独立であったが、基本は「予科（農類）」からの進学が原則であり、他大学とはいささか様相を異としていた。

そして、後発組の京大・九大・台大においては、正系組だけで定員を埋めることが出来なかった。これは東北帝大の法

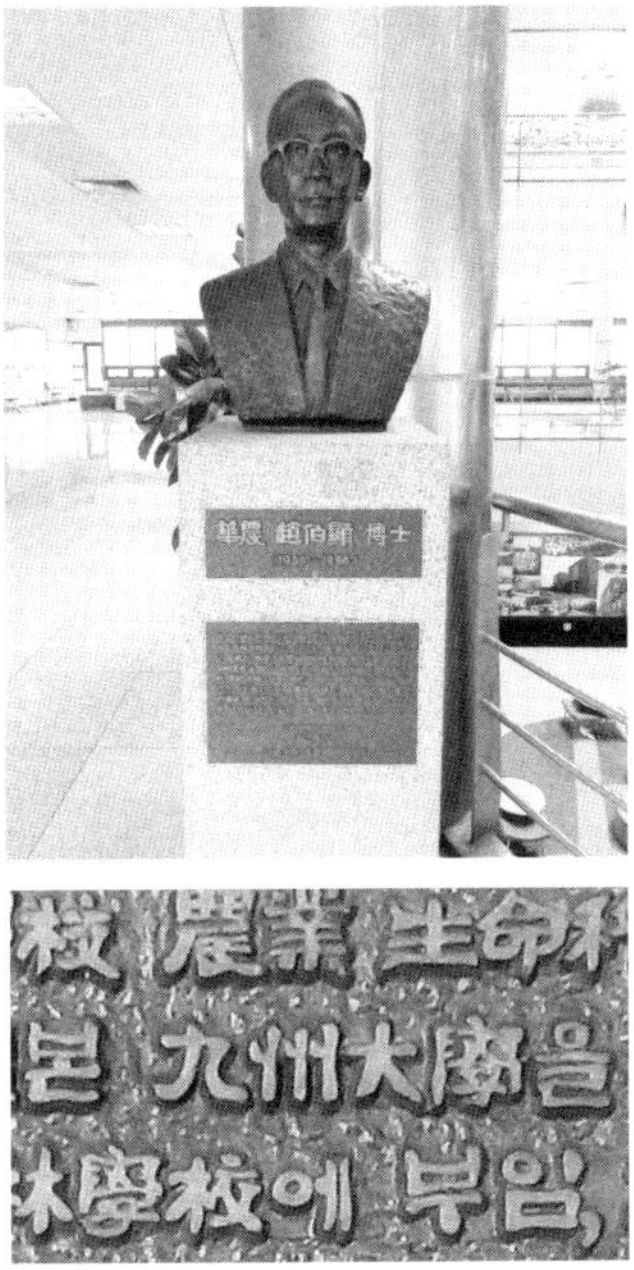

図3　趙伯顕の胸像とその銘板（部分）

文と理、九州帝大の法文と理、京城帝大の理工、台北帝大の文政・理・農などの各学部に見られる共通の現象であった。そして、「正系」で満たされない部分を埋めていったのが「傍系」、つまり各種の専門学校（高商・高農・高工・高師など）の卒業生、あるいは私立大学の予科・専門部の出身者たちであった。さらには当然のこととして、ここに「外地」たる台湾や朝鮮の人々も含まれていったのである。当初は、定員充足の方便に過ぎなかったにも拘わらず、制度が現実を追い越していく事態が間もなく訪れる。つまるところ、正系では拾いきれなかった有為な人材を、内外地を問わずリクルートすることになったのであり、この言わば制度上の利便を最大限に活用したのが、外地出身者、とりわけ朝鮮半島の人々であった。

なお、旧制期から新制期の九州大学（および包括校）が多くの「留学生」、特にアジア地域からのそれを受け入れてきたことは、再言を俟つまでもない。九州大学大学文書館の調査によれば延べ数にして、中国・三九三名、朝鮮・一三三五名、台湾・八十六名、満洲・三十名といった留学生が九州帝国大学に学んだという。ここに、朝鮮における「創氏改名」と台湾における「改姓名」による氏名表示の混乱、あるいは一九四三年秋以降における「学徒出陣」に伴う中退・除籍者までを含めると、右の数字はやや上方に書き直されるであろう。

四、「正系」と「傍系」

ここで参考までに九州帝大農学部における「正系」と「傍系」の数的な状況についても触れておきたい。同窓会名簿をベースに確認してみると、旧制期における入学者総数に対する高等学校出身者（正系）の比率は六二七／一三〇三であり、百分率にして約四八％である。学科別でみれば、農学科が二三二／四九四（四六％）、農芸化学科が三一〇／五五二（五六％）、林学科が六九／二一二（三三％）、そして農業工学科が一六／四五（三六％）である。

出身校別に見れば、外地出身者が在籍する一九四五年までの数字ではあるが、上位の五校を示すと、①佐賀高（106）・②福岡高（86）・③五高（76）・④成城高（28）・⑤七高造士館（27）とやはり九州の旧制高校の数が群を抜いている。ちなみに旧制高校経由で九大農学部に入学した朝鮮人学生は高知高と佐賀高からそれぞれ一人ずつにとどまっている。一方、傍系入学としては、①鹿児島高農（124）・②東京帝大実科／東京高農（68）・③盛岡高農（57）・④鳥取高農（56）・⑤宮崎高農（51）という順である。九州内の高等農林学校が多いのは納得がいくが、それ以外の地域からの進学が多いところは、やはり当時の九大が外地を含む日本全国の高農生たちの有力な進学先と目されていたからに他ならない。ちなみに水原高等農林学校からの進学者数は二六であり、うち朝鮮出身者数は九である。

なお、女子入学が認められていた法文学部・理学部とは異なり、農学部には女子の在籍者は戦前期には存在しなかった。ただし、他大学の出身ではあるものの、九大で研究を行い、最終的に農学博士を授与された韓国人女性が存在する。北海道帝大理学部植物学科卒業の金三純（一九〇九～二〇〇一）は、東京女子高等師範学校の選科を卒業後、広島文理科大学入学を志すも果たせず、恩師である黒田チカ（佐賀出身、日本初の女性帝大理学士）の斡旋で新設から間もない九大理学部化学教室において雇員として籍を置いたのち、[3]札幌に進学していた。そして、戦後は母国でしばし教鞭をとっていたものの、一九六一年に再来日して北大農学部と九大農学部においてそれぞれ研究生となり、一九六六年七月、五十七歳にしてついに九州大学より農学博士の学位を受けている。

玄信圭に話を戻したい。玄はまさに「傍系」入学者の一人として一九三三年に九州帝大農学部林学科に入学した。在学中の玄は、指導教員にも恵まれ、また三年次には卒業を目の前にして故郷の女性と婚約を行うなど、大学近くの下宿を起点とする満足のいく学窓生活を送ったことを前述の回顧文でも繰り返し語っている。あるいは、林学科の学生であるだけに、九大が樺太に保有していた演習林に実習で赴くことがあり、原住民族との交歓の様をも書き残している。まさに「帝国」の領域を股にかけた行動ぶりであったと言えようか。

五、再びの箱崎へ

さらに第四番目のポイントについてである。それは前掲の年譜では空白となっている一九三六年から一九四四年の間のことに他ならない。一九三六年の大学卒業後、玄は朝鮮総督府の林業試験場に技手として採用されていたが、外地加俸がある日本人同僚よりも半額程度の給与であったことに不遇感をかこち、林業試験場が位置した清涼里に構えた新婚家庭の家計やり繰りも決して楽ではなかった。それでも熱心に研究活動を続け、継続的に成果もあげていた矢先、上司である某技師（のち京都帝大教授）との研究業績をめぐるトラブルが元で林業試験場技手を辞職することになった。そして、玄信圭は妻を伴い、幼子の手を引いて再び福岡の土を踏むことになった。

九大に残る公的な記録を繙くと、玄の去就は次の通りである。

一九四三年九月三十日　九州帝国大学農学部副手嘱託
（林学教室、月手当金三十円）[4]

一九四三年十一月一日　農学部附属演習林業務嘱託
（月手当金七十五円）(5)
※授業嘱託として「森林土壌学」を担当(6)
一九四五年五月三十一日　副手を依願解嘱(7)

さすがに副手の給与では生活が困難であることを見越して、恩師であり演習林長の佐藤敬二教授（林学第三講座）は、本務に加えて演習林事務と授業担当の嘱託業務をあてがった。このことによって、玄は林業試験場時代と同等の収入を得ることが出来たという。また、佐藤の斡旋により医学部での実験設備の使用が許され、また充分な研究費も支給されていたと玄は回想している。

さて、玄信圭の福岡暮らしと切ってもきれないものの一つが「教会」であった。日曜日毎の礼拝は、箱崎から少し離れた吉塚にあった朝鮮人教会で行っていた。この教会にはわざわざ下関から牧師が派遣されており、九大に通う朝鮮人学生たちの、言わば憩いの場ともなっていた。なお、この教会は現在、在日大韓基督教会の福岡教会となっている。前出の金三純も足繁く通ったとのことである。

ただし、戦局も押し迫り、まず家族を先に帰したのち、玄本人も一九四五年の五月には朝鮮に戻り、母校の助教授に任用された。間もなく戦争が終わり、米軍政の下で水原農専は新たに趙伯顕を校長とする新たな体制を整えていった。なお、玄信圭は米軍政の命によって中央林業試験場長に就任したのは、前出の年譜通りである。そして、玄は新体制の試験場の研究陣を整えた上で、かつての林業試験場での同僚であり先輩格の金東燮（旧制広島高―東京帝大林学科出身）に後事を託して水原に戻っている。またこの間において、故郷に帰していた家族を南に連れてくるために、北緯三十八度線を越え、命からがら妻子を連れ戻すという一幕もあったという。

六、学位取得

最後に第五番目のポイントを述べたい。年譜にある一九四九年七月における農学博士号の取得である。一九四九年といえば、大韓民国の建国（一九四八年八月）から間もない時期であり、当然のごとく日韓に国交はまだない。ただし、東京には駐日代表部が置かれるとともに、韓国銀行の支店も営業しており、かつ福岡にも領事が常駐していたことから、必ずしも外交上の連絡が途絶していたわけもなかった。

そもそも玄信圭は、一九四五年五月に朝鮮へ戻る際、背嚢の中に「樹木の血清学的遺伝関係」に関する試験データを入れて持ち帰っていた。そして、これに修正を加えた上で恩師たる佐藤敬二教授に論文を送ったのが一九四七年九月であったとされる。

そして、さらなる修正が加えられた上で学位請求論文として農学部教授会での審査を通過し、一九四九年七月二十五日付で学位記が授与される運びとなった。ちなみに論文名は、「クエルクス属及びカスタニア属樹木の血清学的類縁関係」である。

なお、旧制期における九大が朝鮮半島出身者に授与した博士学位数は、玄信圭を含めて農学博士は二、医学博士は十九を数える。特に医博の場合、その多くが医学専門学校出身の非医学士である医師たちに対する授与である。これは京大の六十二に次ぐ数字である。

そうすると、「外地」の人々、とりわけ朝鮮半島出身者のキャリアパスの形成過程を考える際、むしろ学術にまつわる「帝国」のシステムが、彼ら／彼女らによって縦横に利用されていたと言うことが可能である。そして、それは希釈されながらも「戦後」にまで及んだのであった。

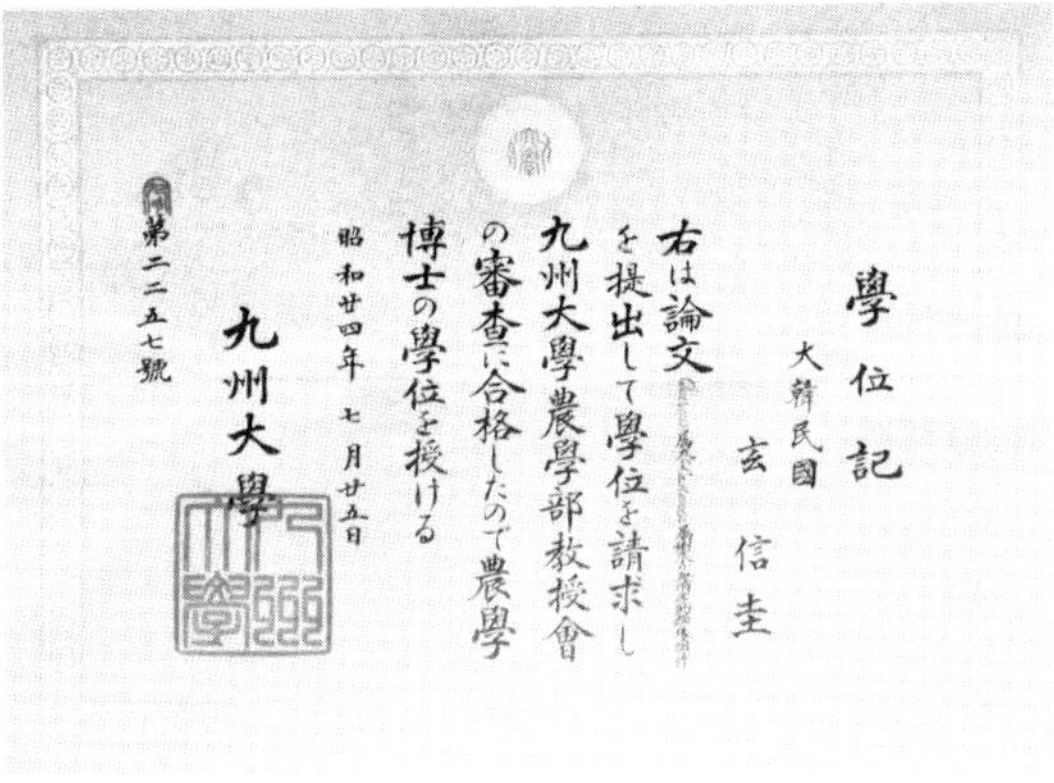
學位記
大韓民國
玄信圭
右は論文
を提出して學位を請求し
九州大學農學部教授會の審査に合格したので農學博士の學位を授ける
昭和廿四年七月廿五日
九州大學
第二二五七號

図4　玄信圭に授与された農学博士の学位記（1949年）

おわりに

その後における玄信圭と福岡・箱崎とのかかわりを素描することでもって、この小文を締めくくることにしたい。

まず、一九五六年に東京で開かれたＦＡＯのアジア太平洋地域林業会議への参加の途次に福岡に立ち寄り、佐藤敬二をはじめとする恩師たちと再会している。また、一九六五年の日韓国交正常化を挟んで、一九七一年の九月から十一月までの短期間ながら日本学術振興会の支援によって九州大学の招聘教授として福岡に滞在している。

現在、玄信圭にまつわる縁故・事績の記録物に関して述べれば、まずソウル大学校の農大図書館内に「香山文庫」として玄信圭の手拓本コレクションが、一室を設けた上で丁重に保存されている。さらに、冒頭で紹介した国立樹木園の銅像の外、同じく山林庁所属の研究機関である水原の「国立山林科学院」の中に彼の書斎を再現した記念室、あるいは彼の号である「香山」の名を冠したホールや育種園が設置されている。

　また同院敷地内には、玄信圭が北米原産のリギダマツ（Pinus rigida）とテーダマツ（Pinus taeda）を人工交配して開発した新種の松が「香山木」と名付けられてひっそりと屹立している（**図5**）。彼が学んだ箱崎にはかつて美しい松原の海岸が広がっていた。移転を控える九州大学の箱崎キャンパス内のところどころには、今でも松林に囲まれていたころの痕跡が残っている。これらもやがては切り倒されてしまう運命かもしれない。ただ、遠く韓国・水原の地に、箱崎の松原を愛でた（かもしれない）九大出身の韓国人林学者由来のマツが佇んでいる光景は、これもまた一種のよすがであると言っても、あながち的外れではないと思っている。

図5　国立山林科学院の「香山木」

注

（1）　玄信圭「나의 이력서（我が履歴書）」／『韓國日報』一九八一年四月三日～七月二十二日付に全八十八回で連載。また、このダイジェスト的な内容のものとして「林業試験場在職時의追憶」（『林業試験場六十年史』山林庁林業試験場、一九八二年八月）も併せ参照した。

（2）　高木市之助『国文学五十年』（岩波書店、一九六七年一月）一六四～一六五頁。

（3）　一九四〇年四月三十日付（『九州帝國大學時報』五五四号、一九四〇年五月十五日）。なお、同年六月二十九日付で無給の研究補助員に異動している（『九州帝國大學時報』五六〇号、一九四〇年七月十五日）。なお、北大には一九四一年四月に入学し、一九四三年九月に繰り上げ卒業となっている。

（4）　『九州帝國大學時報』六六七号（一九四三年十月十一日）。

（5）　『九州帝國大學時報』六七〇号（一九四三年十一月二十五日）。

（6）　『昭和十九年 九州帝國大學職員錄』（一九四五年五月）三五七頁。

（7）　『九州帝國大學時報』七〇八号（一九四五年六月二十五日）。

◎コラム◎

箱崎松原と近代文学

――久保猪之吉と文学サロン、その広がり

赤司友徳

あかし・とものり――九州大学大学院医学研究院学術研究員、兼職西南学院大学非常勤講師。専門は日本近代史。主な論文に、「明治中期における監獄費国庫支弁問題とゆるやかな制度変化」（『九州史学』一六九号、二〇一四年）、「第一次世界大戦下におけるある知識人の日記――波多野培根と大戦報道」（『西南学院史紀要』一〇号、二〇一五年）などがある。

かつて博多湾岸には果てしなく白砂青松が広がっていた。とりわけ箱崎松原は石堂橋から筥崎宮にいたる部分を指し、千代松原あるいは十里松原などとも呼ばれ、古くから詩歌に詠まれてきた。

一九〇三年、この松原に京都帝国大学福岡医科大学が創立された。そして一九一一年に工科大学の設置が認められると、医科大学とあわせて九州帝国大学となった。医科大学の教授陣は一流の医学者・医師であったのはもちろん、文学、美術、考古学、歴史、音楽など文化面においても高い教養と優れた才能を有していた者が少なくなかった。そうした人々が媒介となり、福岡内外の文化人が交流を盛んにし、当地の文化水準は大いに向上した。

ここで取り上げる福岡医科大学耳鼻咽喉科学初代教授の久保猪之吉《いのきち》（一八七四～一九三九）と妻より江（一八八四～一九四一）はその好例として、魅力的な対象である。詳しい紹介は後段に譲るが、夫婦ともに文芸活動に精励しただけでなく、自邸をサロンとして開放し、ここに集った人々とともに活動をなした。

本コラムでは、箱崎松原と近代文学との関わりから、久保猪之吉の文学活動と彼のサロンに着目し、そうした場が文学史および文化史上にどのような役割を果たしたのかについて見てみたいと思う。

一、久保猪之吉の文学活動

まずは久保猪之吉が文学と出会い、妻より江とともに文芸活動を行ったあらましを述べておこう。

一八九一年、福島県二本松に生まれた猪之吉は第一高等中学校（九四年から第一高等学校へ改称）へ進学した。この頃は、正岡子規が『日本』紙上において「歌よみに与ふる書」を発表した頃で、短歌革新運動が真っ盛りであった。一高には歌人、国文学者として知られた落合直文が教鞭をとっていた。また落合は与謝野

図1　久保猪之吉

図2　久保猪之吉・より江（一九三一年、自邸に新築した離れにて）

鉄幹らと「浅香社」を結成し、短歌革新にも努めていた。猪之吉は落合の感化を受け、和歌にのめり込んだ。一八九七年、東京帝国大学医科大学の二年生になると、猪之吉は友人らと「いかづち会」を結成し、自らの短歌革新運動に乗り出した（小島吉雄「歌人としての久保猪之吉博士をしのぶ」『久保猪之吉先生と文学』四三会、一九六〇年）。

一九〇〇年、大学を卒業した猪之吉は一時文学活動を離れ、医学研究に没頭することになる。翌年、同大耳鼻咽喉科学教室で副手となり、すぐに助手に昇任、さらに一九〇三年にドイツ・フライブルク大学に留学するなど順調にキャリアを積んだ。

一方、後に久保夫人となる宮本より江は、愛媛県松山に生まれた。出生してまもなく、父の仕事の都合で東京に移った。夏目漱石が愛媛県尋常中学校教師時代の下宿先（上野義方宅、「愚陀仏庵」として有名）の外孫で、より江が帰郷した折、漱石や正岡子規と知遇を得て、文学をたしなむようになった。東京府立第二高等女学校を卒業するとすぐ、ドイツ留学を控えた猪之吉と結婚した。結婚後も漱石らとの親交は続き、後に高浜虚子に師事して『ホトヽギス』などで句作を発表するようになる。

妻の影響で俳句を始めた猪之吉は、自宅とその周辺、そのほか学会出張やしばしば避暑に訪れた雲仙など旅先で花鳥風月を主題によく詠んだ。そうして詠みためられた句は、教室開講二十五周年を記念してまとめられ、「ゐの吉」名義で『春潮集』（京鹿子発行所、一九三二年）として出版された。箱崎に関する俳句は多くないが、「放生会」を主題としたものを紹介しておこう。

草臥れて背にね入る子や放生会
月いでて友来ぬ庭を逍遙す
コスモスの白々とある月夜かな

木犀や吾門近き曲り角
懸崖の菊揺られ行く車かな
呼びとめて仏の花を買ひにけり
吾門のいてふ落ち葉どこ迄も
一せいに傘さしいでし時雨かな

猪之吉の句は、放生会の様子を読者の眼前に浮かび上がらせると同時に、彼の主観の働きも感じさせてくれる。参道に列を連ねた物売りや見世物の屋台、見物客がごった返す様子、その雑踏を少し離れたところにある静寂。放生会の今も昔も変わらぬ様子とその余韻が今なお我々にも鮮明に伝わるのは、猪之吉の感性の確かさの所以であろう。

二、文芸誌『エニグマ』とサロン、その広がり

一九〇六年、ドイツ留学を終えて帰国した猪之吉は福岡医科大学耳鼻咽喉科学教授に就任した。教授としての仕事が少し落ち着いた頃、猪之吉は教室で文芸雑誌の編集事業を始め、他の雑誌にも和歌や随筆、文芸批評を寄稿するなど文芸活動を再開した。より江もまたこの頃から文筆活動を本格化させている。次第に久保夫妻を慕って多くの有名無名の文化人が夫妻の自宅に集うようになり、サロンが形成されていった。

一九一三年、猪之吉は教室内に編集部を置き、文芸雑誌『エニグマ』を創刊した。エニグマはギリシャ語を起源とする「謎」という意味を持ち、文芸作品以外にも評論、心理学、医学、歴史などに関する多彩な記事が誌面を飾った。執筆者にはサロンに集った人々を中心に、加藤介春《かいしゅん》、相馬御風《ぎょふう》、川路柳紅《りゅうこう》、柳原白蓮《やなぎわらびゃくれん》、若山牧水《ぼくすい》などの錚々たる面子を揃えた。発行された期間は三年ほどと短く、二十号前後出された。

久保猪之吉の門下であり同誌の編集兼執筆者であった曽田共助は、医学部の学生が自分たちで文学同人誌をつくろうとなって、「何時とはなしに文学に対しなみなみならぬ関心を示し、中央にも連りのあった少壮の久保先生並びに夫人がこのグループの核心になっておられる様に感じ、又実際中心になって頂いたのであるが誇りに感じていた」(曽田共助「五十年前――久保先生の周辺から」前掲『久保猪之吉先生と文学』)と述べているが、久保夫妻の文芸活動は単に一過性のものではなく、次世代へと確かに引き継がれていった。

詩人や小説家として活躍し、『九州文学』(第二期)の編集発行人だった原田種夫の談話はその証左といえる。原田は大正末頃、文学仲間の山田牙城とともに久保邸を訪れた際、「『エニグマ』創刊号を、山田牙城と私が、久保邸で見せてもらったのは、60余年も昔のことですが、いまでも、冬の寒い日で庭のバラが見事だったのを、おぼえています」(西日本シティ銀行編「福岡と文学」『博多に強くなろうシリーズ』第三〇号、西日本シティ銀行、一九八四年。以下特に注記がなければ同じ)と振

り返っている。原田の文学史の語りから、『エニグマ』の位置付けがよくわかる。

　『エニグマ』は一九一五年一月に終刊になり、博多詩社から国藤武という人物が詩誌『みなと』を刊行した。創刊号(同年二月)には久保猪之吉や加藤介春、紙塑人形師で文人の鹿児島寿蔵《じゅぞう》などの和歌が寄せられた。同誌は同年十月まで九号発行され、のち加藤七三(九大医卒。久保の弟子の一人と思われる)が復刊させたが十二号で途絶えた。原田は「『みなと』は、『エニグマ』から一歩文学作品としての趣きをふかめたもの」と評している。

図3 『エニグマ』創刊号(一九一三年)

　この『みなと』を継承したかたちで、鹿児島寿蔵が『ハカタ』(一九一九年『南方芸術』に改題)を刊行した。同誌も長くは続かなかったが、原田は「福岡文壇の黎明期にあたって、その文学運動の中心が医者と新聞記者であり、そのきずかれた基盤をひきついで、私たちの世代が活動することになった」という認識は重要であろう。戦前期から九州全域の文学活動を牽引し、戦後は九州文壇の重鎮になっていた原田は、『エニグマ』を自らの文学活動の淵源に位置付けていたことは興味深いことである。

　なお紙数の都合もあるが、曽田共助についても少し触れておかなければならない。曽田は北九州の地において、師の猪之吉と同様の活動を行った。九大を離れた曽田は一九一九年に小倉で耳鼻咽喉科医院を開業すると、自宅を文化サロンとして開放した。ここには岩下俊作、杉田久女、火野葦平、劉寒吉、松本清張などの文人だけでなく、政治家、実業家、教員など多種多様な人々が集ったという。また曽田は民俗学にも傾倒し、小倉郷土会を結成して郷土史の裾野を広げる貢献もなした。

　久保猪之吉の文学活動やサロンが福岡における文学史、文化史上に果たした役割は、原田や曽田の活動から跡づけると、実に多大なものだったといえる。

三、箱崎松原を詠んだ句
——若山牧水、長塚節《たかし》

　本コラムを締めるにあたり、久保猪之吉との関わりから箱崎松原を訪れ、その情景を俳句に詠んだ若山牧水、長塚節の作品をいくつか紹介しておきたい。

　若山牧水は『エニグマ』創刊直前に、打ち合わせのためか久保のもとを訪れていた。その際、猪之吉は曽田共助に牧水の案内役を命じた。二人はまず筥崎宮を詣で、そこで買った蜜柑を食べながら、箱崎浜の松林をぬけ、そこから東の多々良川の浜まで歩いたという（前掲曽田）。その時、牧水が箱崎松原の周辺を詠んだ歌が次の三首である。

箱崎の浜のしら砂ふみさくみ海のなかみち見ればかなしも

窓おほき医科大学の教室に松のかげこそいとさはにさせ

松原は海にかも似むそのかげの医科大学の赤き煙突

（若山牧水『牧水全集』第二巻、改造社、一九三〇年）

牧水は筥崎宮の浜の辺りから、西の方を眺め、広漠たる白砂青松とその中から顔をのぞかせる医科大学の瀟洒な青白色の西洋建築群、大きな赤煉瓦の煙突などの色の対比に興趣を感じたのだろう。

一九一四年六月上旬、長塚節は久保猪之吉のもとにいた。長塚は咽頭結核を患っており、夏目漱石とより江を介して、耳鼻咽喉科医として名高い猪之吉に診てもらっていたのである。長塚はより江から『エニグマ』への寄稿を依頼されていたようだが、長塚が九州滞在中、あるいは九大病院受診および入院中に詠んだ句は『エニグマ』ではなく、『アララギ』に「鍼の如く」として連載された。

久保猪之吉の医師としての腕の確かさと心づくしは長塚の書簡を見れば一目瞭然であるが、ただ病室に空きがないのはどうしようもなかった。その間、旅館から九大病院に診察に通わなければならなかったのは不安だったようである。

すみやけく人も癒えよと待つときに夾竹桃は綻びにけり

（長塚節『長塚節全集』第三巻、春陽堂、一九二六年。以下も同じ）

と詠んだのは、病身を梅雨にさらすことなく治療に専念して快癒したいとの願いであろうか。六月末、ようやく入院できた長塚は、院内や病院を取り囲む松原の情景を詠むようになる。

たまたまは絣のひとへ帯締めてをとめなりけるつつましさあはれ

この句は、自身が病院の生活に徐々に馴れていく中で、慌ただしく行き交い、甲斐甲斐しく働く看護婦たちの姿を詠んだものである。急患への対応だろう、白衣ではなく「絣のひとへ」に帯を締めただけの服装の、一瞬男性のようにも見えた看護婦の働きぶりに感心し、詩情をそそられたものと思われる。

月見草萎まぬほどと蛙鳴くこゑをたづねて松の木の間を

朝まだきまだ水つかぬ浴衣だに涼しきおもひ松の間を行く

といった句は、早朝に病室を抜け出し、

松原や海の近くを散歩しながら涼む様を詠んだものである。その後、八月に退院し、宮崎青島や大分別府などで静養しながら、時折、久保に診てもらいながら闘病を続けた。

一九一五年一月、再び九大病院に入院していた長塚は、翌月八日、病状が悪化しそのまま不帰の人となった。享年三十七歳であった。翌日、九大病院隣の崇福寺で猪之吉をはじめ九大病院の医師らが参会し、しめやかに葬儀が執り行われた。

　白銀の鍼うつごとききりぎりすいく
　夜はへなば涼しかるらむ

「鍼の如く」に収められたこの句は、後に九大病院構内に歌碑として残され、今なお長塚節を偲ぶよすがとなっている。

◎コラム◎

箱崎の職人

井手麻衣子

一、箱崎の人々と生活

西日本新聞の「ふくおか探検」コーナーでは、昭和六十年（一九八五）十二月から翌六十一年三月にかけて、箱崎に住む人々を取材した「箱崎に生きる」（全五十回）が連載された。そこには様々な年代・職種の住人の生活があり、その語り口から箱崎の様相が描き出され、当時、或いはそれ以前の箱崎を知る記録として良質な史料である。五十余人の話者からは様々な「箱崎」を切り取ることができるが、その中心となっているのは筥崎宮である。

筥崎宮は延長元年（九二三）に創建され、以来、時代と共に変貌する箱崎のなかで地域の中心としてあり続けた。正月の玉せせりや九月の放生会《ほうじょうや》などの祭礼行事では、積極的に参加する箱崎の住人の姿が見受けられる。その多くは筥崎宮の旧社家や氏子である。

筥崎宮の祭礼組織には、神職の他に旧社家と氏子がある。社家は明治初期の神仏分離や神職の世襲廃止に伴い解体されたが、錺職《かざりしょく》と伶人《れいじん》は現在でも氏子組織のなかにありながら祭礼で固有の役に就いている。その他、御炊《みかしき》にも世襲の家があったがいずれも役を辞退し、その後は神職が務めているという（「箱崎に生きる」第三十回）。氏子は旧社領（社領六町）と旧来からの氏子地域（海門戸《かいもんと》・米一丸《よねいちまる》等）、その他の氏子地域がある。この組織は主に放生会の神幸祭で機能し、旧社家の錺職は神輿の飾り付け等を、伶人は奏楽を、御炊は神饌の調整を担当する。氏子の旧社領は駕輿丁《かよちょう》を受け持ち、旧来からの氏子地域は鐘・太鼓・獅子等を、その他の氏子地域は白幣・小榊等を担当する〔佐々木二〇一七〕。

この特集にも、伶人座の人々やそのリーダーを務める男性、御炊の家の男性、駕輿丁を担う一家、神幸祭では錦の旗を

いで・まいこ――九州大学大学院比較社会文化研究院学術研究者。専門は日本中近世史。主な論文に、「細川文庫「藤孝事記」について」（『古文書研究』七五号、二〇一三年）、「織豊期公家の集団的参礼にみる身分秩序構造」（『織豊期研究』一七号、二〇一五年）などがある。

持ち、玉せせりではせり子を務める消防団の氏子などが登場する。他にも、献花展を取り仕切る女性、子供にわかを奉納する男性、交通整理にあたる男性、拝殿で琴の演奏を奉納する女性など、放生会で活動する住人の姿が確認できる。祭礼に関わらないところでは、大正期以来の筥崎宮の指定写真店、同宮の本殿・楼門の屋根替えに代々携わってきた家の男性、同宮末社の「宇佐殿」再建に尽力した男性などがあり、箱崎の住人が筥崎宮と様々な関わり方を持ってきたことが分かる。

このように、筥崎宮は箱崎の住人の拠り所であり、筥崎宮も箱崎と周辺地域に支えられている。そのなかで、今回は職人に着目したい。この特集に登場する曲物職人の大神章助氏・柴田玉樹氏、ガラス職人の小川勝男氏、また、特集には登場しないが曲物職人の柴田徳五郎氏は、箱崎とその周辺に居住していた。以下、この四人について詳しく見ていく。

二、曲物職人

博多曲物は杉やヒノキの板材を曲げて桜の皮で綴じた製品で、飯びつ・弁当箱などの生活用品や茶道具がある。昭和五十六年（一九八一）に福岡市無形文化財に指定され、大神章助氏・柴田徳五郎氏・十七代柴田玉樹氏が市の無形文化財技術保持者に認定された。ただし二〇一八年現在、すでに三名とも亡くなられ認定解除となっている。

大神章助氏は曲物の中でも主にひしゃくを作っていた。筥崎宮手水場のひしゃくは氏の作という。また、氏は筥崎宮の祭礼の際に、境内でかがり火を炊く庭燎《ていりょう》奉仕者八人衆の一人で、大神家は代々その役を務めた。そのような大神家のルーツは、大分の宇佐神宮の神職という（「箱崎に生きる」第三十一回）。

柴田徳五郎氏は錺職であった柴田家の分家筋にあたり、氏はその五代目であった。約七十種の製品を扱い、大手業務用厨房メーカーとの取引もしていた。同家作成のパンフレットでは、曲物職人は筥崎宮へ皇族及び勅使が参拝・参向の際、曲物を器として松葉飴を献上したらしい（『博多曲物　柴田徳五郎のあゆみ』）。

柴田玉樹氏は錺座（錺職）柴田家の本家で、四〇〇年以上の歴史を持つ。本来柴田家は吉右衛門や伊右衛門を長男が名乗って継いでいたが、十七代を継ぐはずの長男が戦争で亡くなったため、次男の玉樹氏が十七代を継いだ。放生会神幸祭での錺職の務めは同家が担う。昭和四年（一九二九）、「筥崎宮文庫係」であった筑紫頼定氏が柴田家の由緒書を作成している。錺座三家のひとつで代々務めを果たしてきたこと、時の領主に神領を下賜されてきたこと、明治六年（一八七三）の太政官令により錺座の職を解かれたが、同二十年に復職したことなどが記されている（『博多曲物　柴田玉樹』）。

元々この三家は箱崎の隣接地馬出《まいだし》にあり、同地には筥崎宮の神人《じにん》が住んでいた。

彼らは屋根づくりや祭具（曲物）づくりで奉仕したという。これが博多曲物職人の系譜につながるが、三家とも筥崎宮との由緒を独自に持つ。これらの由緒は各家が曲物を生業にする上で重要なものである。筥崎宮への務めや同宮における活動を生活の一部にし、そこにアイデンティティを見出す点は、先述の箱崎の住人と同じである。

三、ガラス職人

博多ちゃんぽんは放生会の名物である。この作り手として紹介される小川勝男氏は、長年、九州大学にガラス職人として勤めた。以下、氏の自伝『人生の万華鏡』に拠りながら、考察を加える。氏は東京都文京区本郷の理化学ガラス器具の製作所で働いていた際、東京帝国大学に在籍していた医化学の児玉桂三氏に腕を認められた。児玉氏の九州帝国大学への異動後、小川氏は児玉氏に招かれて福岡へ移った。昭和六年（一九三一）のことである。小川氏はこの時「国家公務員」になり、同十八年に文部技官の辞令を受けたと語るが詳細は不明である。戦前、小川氏は何らかの形で九州帝国大学に勤めていたのであろう。

戦後の『九州大学職員録』には氏の履歴を随時確認することができる。氏は昭和四十六年（一九七一）に定年で退職するが、その前年の『職員録』には医学部生化学教室（昭和四十一年に医化学講座から生化学講座へ改称）の教室関係職員の項目に「ガラス工　技官」と記載される（昭和四十五年九月付『九州大学職員録』）。氏は「ガラス工」として医学部の各講座や附属病院、時には他学部からの注文を請け負っていた。製作した実験器具は二万点ほどあり、その種類は多岐に亘った。中でも気管支の模型（**図1**）の仕上がりは注文者から喜ばれたと語り、注文者の回想録を引用している。このように、氏は注文者の要望に応じた実験器具を作り、多分野の研究を支えていた。

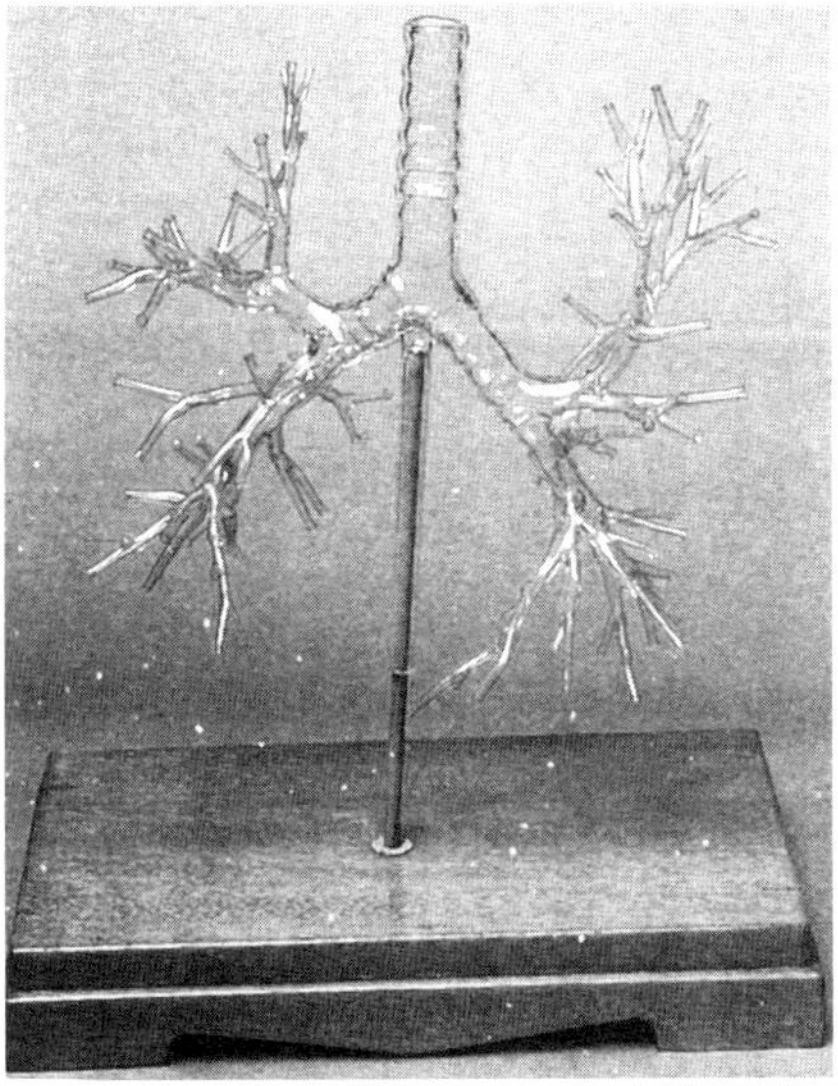

図1　小川氏製作の気管支樹（『人生の万華鏡』、55頁）

そのような氏の技術は実験器具以外にも必要とされた。在職中、筥崎宮宮司の田村克喜氏から博多ちゃんぽんの製作依頼があった。博多ちゃんぽんとはビードロのことで、吹いて音を鳴らすガラス製の玩具である。江戸末期から大正期にかけて筥崎宮の放生会で売られていたものを復活させたいという。氏は退職後、博多ちゃんぽんの製作に専念し、試行錯誤の末完成に至り、放生会で販売が始められた。今では博多の民芸品として親しまれ国際交流にも役立っている。

小川氏はガラス職人として大学に勤め、その後博多ちゃんぽんの製作に従事した。西日本新聞の特集では、氏を筥崎宮の博多ちゃんぽんの職人として紹介するが、氏の事蹟は、古代からある筥崎宮と近代になって設置された大学を結んでおり、その接点としての職人という視点を提供している。

四、大学と職人

大学と職人の関係は小川氏の事例に留まらない。博多人形師や画家の事例が挙げられる。大正元年（一九一二）、博多人形師は精巧な博多人形づくりのため、九州帝国大学医学部解剖学講座の桜井恒次郎氏に美術解剖学の講師を依頼した。そこで桜井氏は人形師たちに十九回に亘る講義・実習をおこなった。人形師たちは解剖実習において実物に接し学んだ。その成果について桜井氏は次のように述べる。「果シテ聴講者諸氏ノ云ハル、通リニ利益ガアッタカドウダカ知ラナイガ、兎ニ角先頃ノ博多人形原型品評会ニ行ツテ見タラ、餘程筋ヤ骨ノ見エル作品ガ並ンデ居タノデ、自分ハ少ナカラズ嬉敷感ジタノデアッタ」（『美術解剖学ノ栞』）。桜井氏の指導は非常に効果があったということであろう。

博多人形師の事例は医学を芸術に取り入れる動きであるが、逆に芸術を医学に活用する動きもあった。画家による皮膚科のムラージュ（蠟製皮膚病模型）や解剖図の掛図製作である。画家の新島伊三郎（嘯風《しょうふう》）氏は、一九一〇年頃から九州帝国大学医学部皮膚科で七〇〇体ほどのムラージュを製作したと言われる（古江二〇一六）。また、画家の矢田善造氏は解剖図の掛図製作に携わった。氏は同医学部解剖学講座の描画嘱託として勤め（『九州帝国大学職員録』）、大正期から掛図製作に取り組んだ。大正八年（一九一九）に桜井氏が著した『體操科教授用解剖掛圖』の図画は矢田氏が担当している。新島・矢田両氏は画家であり芸術家ではあるが、大学からは教材開発のために技能

図2　桜井恒次郎氏（前列左より2番目）と博多人形師（『博多人形沿革史』、23頁）

を買われ、専ら職人として必要とされた。

　このように大学と職人は、大学の創設期において深い関係にあった。寺社は地域に職人を養成したが、その務めは専ら由緒によって支えられているところが大きい。一方、大学は地域の職人を活用し、職人も大学教育を求めるなど、技能を重視する点で寺社と職人との関係とは異なる。この関係性の変化は職人をとりまく地域構造の変化と関連しており、職人は重層的な地域の歴史を映す存在と言える。

　箱崎には筥崎宮と大学という二つの代表的なシンボルがある。時代の変遷とともに地域は様々な顔を持つが、それをつなぐ一つに職人があると考える。地域史を考える上で職人に目を向けることは、時代を超えて地域を俯瞰する重要な視点となろう。

参考文献

小川勝男 二〇〇〇『人生の万華鏡』『人生の万華鏡』編集委員会

桜井恒次郎 一九一三『美術解剖学ノ栞』南江堂書店

桜井恒次郎 一九一九『體操科教授用解剖掛圖』都村有為堂出版部

佐々木哲哉 二〇一七「筥崎宮の御神幸」（『福岡祭事考説』海鳥社、初出一九八六年）

『博多曲物　柴田玉樹』（『職人の手仕事 Vol.2』株式会社ゼネラルアサヒ かたりべ文庫、二〇〇九年）

『博多曲物　柴田徳五郎のあゆみ』（企画・制作：株式会社エイアンドコミュニケーションズ、二〇〇九年）

博多人形沿革史編纂委員会 二〇〇一『博多人形沿革史』博多人形商工業協同組合

古江増隆 二〇一六「九州大学の皮膚病ムラージュ」（後小路雅弘・松久保修平編『九大百年　美術をめぐる物語【論集】』九州大学総合研究博物館）

◎コラム◎

学生生活と箱崎

伊東かおり　ハナ・シェパード

はじめに

箱崎は、歴史ある筥崎宮の門前町として発展するとともに、漁業と農業が営まれる町であった。正月三日に筥崎宮で行われる玉取祭（玉せせり）が「陸（おか）組」と「浜組」に分かれて行われているのは、箱崎の町の構成を象徴している一例である。一八八一（明治十四）年、糟屋郡役所が設置され、箱崎はこの地域の行政の中心となり、一九一一年に九州帝国大学ができたことで、箱崎は門前町、漁村、農村に加え、大学町という複数の「顔」を併せ持つことになる。

一方で、箱崎は一九四〇（昭和十五）年に福岡市に編入し、福岡市の郊外地としての性格も徐々に強めていく。箱崎の交通基盤の整備は戦前から進められていたが（藤岡論文参照）、一九六九から七三年にかけて行われた第二次博多湾埋め立て事業による箱崎埠頭建設と、それに伴う海岸線の前進、港湾関連施設の充実によって、箱崎は運輸・倉庫の中心地としての都市の性格を新たに担うことになる。その反面、埋め立て事業により漁業やのりの養殖、また蔬菜の供給地としての畑地の規模は縮小し、交通の利便の良さなども相まって、七〇年代半ばを境に、箱崎は付近の筥松・松島とともに急速な市街化が進んでいく。

こうした箱崎の市街化を念頭に、本稿ではマクロな視点から九州（帝国）大学の学生（以下、「九大生」と呼称）と箱崎の町や住民との関わりについて、戦前から戦後にわたる実態を聞き取り調査や当時の学生新聞などを素材に検討し、時代や町の移り変わりと学生生活の変化が相互に与えた影響を考えてみたい。

いとう・かおり――西南学院大学非常勤講師。専門は議会史・日本政治外交史。主な論文に、「第一次世界大戦前における議員外交の萌芽と帝国議会――列国議会同盟（IPU）日本議員団に関する基礎研究」（『九州史学』一七三号、二〇一六年）、「戦間期の列国議会同盟と日本――中村嘉寿の活動を中心に」（『国際政治』一九三号、二〇一八年）などがある。

ハナ・シェパード――ケンブリッジ大学トリニティカレッジ・ジュニアリサーチフェロー。専門は都市史・日韓関係史。主な論文に、Cities into Empire: Fukuoka, Pusan, and Japan's Imperial Urbanization, 1876-1953（学位論文、二〇一八年ハーバード大学提出）、"Writing Home: Settler Women in Japan's Empire" *History Today*, Volume 68 Issue 1, January 2018 などがある。

①1930年（昭和5）　②1951年（昭和26）　③1973年（昭和48）

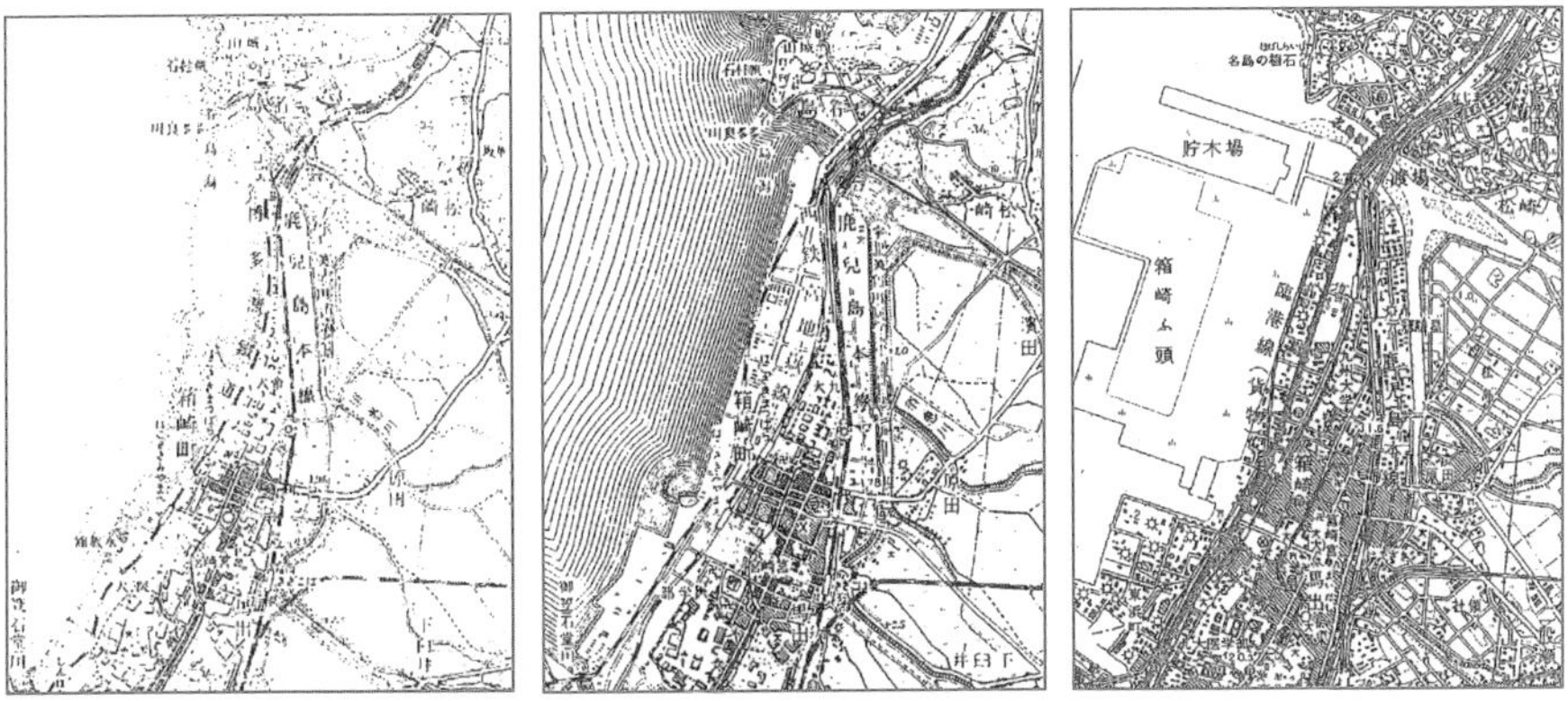

図1　箱崎の変遷（「箱崎まちづくり計画」箱崎まちづくり協議会、2006年3月、「大学移転に伴う箱崎地区の変容と地域づくりに関する研究Ⅰ　報告書」財団法人福岡アジア都市研究所、2009年3月）

一、下宿屋「池田学校」と学生生活

（一）「池田学校」への入居と待遇

九大生の暮らしはどのようなものだったか。筆者らは二〇一六年に三回にわたり、現在の箱崎三丁目で下宿を営んでいた池田ツチエ氏（一九〇七年生、一九八二年没）の子息・善朗（一九三三年生）氏と、その妻・節子氏（一九三四年生、一九六二年池田家に嫁ぐ）にインタビューを行った。もともと農家だった池田家の下宿業は、ツチエ氏によって一九二七年に始められた。入居した学生を勉学に励ませたことから、通称「池田学校」と呼ばれた。子息の善朗氏は教職に就き、「池田学校」は主にツチエ氏と節子氏によって切り盛りされ、ツチエ氏が亡くなるまで営まれた。まずは、池田家の証言をもとに、多くの九大生が下宿・間借りしていた昭和初期から一九八〇年代初めまでの学生生活を覗いてみよう。

「池田学校」への「入学」は、多くは先輩や教授、大学事務からの紹介によった。「池田学校」は特に工学部事務室に知られた下宿屋だったようで、工学部生の入居は多かった。また「池田学校」の評判を聞き、直接入居の希望を伝えに来た学生もいたという。留学生のほか、既婚の学生が妻とともに入居したこともあった。九大生だけでなく他大学の学生や、夏休み期間中は短期で教員学校の学生も受け入れていた。

ただし、どんな学生でも受け入れたわけではなく、たとえば法文学部生は入居を拒否された。生活のリズムが一定で毎日昼の間研究室に拘束される理系学生が受け入れやすかったのに対し、授業時間が曜日によって異なる傾向にあり、講義がない日は下宿にいて、仲間を呼んで麻雀などに明け暮れがちな文系学生を、ツ

図2　「池田学校」とツチエ氏・善朗氏（昭和12年撮影、個人蔵）

チエ氏が嫌がったからだという。なお、戦前戦後を通じ、箱崎界隈の下宿屋や間貸しの間では法文学生は不評だった。戦前、九大の学生新聞が「源氏翁」なる箱崎住民に聞き取りを行った記事にも、「併し箱崎にも法文学部が出来て以来急に下宿屋が多くなった。然し法文科の学生は一体に学校に行く事が少ないのでまあキツイですな。」という住民の「本音」が確認出来る。（『九州大学新聞』一二九号、一九三五年五月十二日付）。箱崎の町には広く「文系忌避」が存在していたようである。

話を「池田学校」の入居条件に戻すと、法文学生のほかには病弱な学生も必ず入居を断られていた。おかゆを別に炊かなければいけないからというのが理由だった。その代わり、飯をよく食べる運動部は歓迎された。後述のとおり、ツチエ氏は食事を大切にし、学生に与える食事を惜しまなかった。また三食の食事を提供することで、毎日食事時に学生と顔を合わせることになり、下宿代がきちんと入りやすくなるというメリットもあった。ツチエ氏は学生の親からは部屋代をもらわず、「うちはお宅の息子さんと契約しましたから」と、学生から直接下宿代を受け取っていた。ただし、下宿代はそれでよく遣り繰りできるなと人にいわれるぐらいのもので、部屋代がちゃんと入れるなら儲ける必要はないと考えていたという。前述の学生新聞の記事からすれば、学生思いの良心的な下宿であったことが窺える。

このように待遇や条件の良い住まいを箱崎に得ることは、学生にとってある種競争であったらしい。例えば戦後の九大は、カリキュラム上二年生の九月から専門課程に入り、教養部のある六本松から箱崎に移り住むのが一般的であったが、成績に自信がある学生は、進学に要する単位が出そろう前の二年進学と同時に箱崎の部屋探しを行った。部屋を貸す方も、下宿が半年空室になるのを避けるため、入居希望の学生の成績を把握して契約していたという。成績に自信のない学生は、二年間六本松に住まなければならないケースもあった。

（二）学生と暮らす

　では、箱崎の町での学生の暮らしはどのようなものだったのか。善朗氏によれば、箱崎の町は、昼間は住民が漁業や農業に勤しみ、夜は学生が勉強の明かりを灯していたため「不夜城」と呼ばれていた。特に試験期間中の十月は、学生の勉学の邪魔をしないよう箱崎一帯が静かだった。住民は若い学生を「しぇんしぇい」（先生）と呼び、敬意を払った。学生の多くは裕福な家の出だった。また教員は箱崎の町では「有名人」扱いされ、何学部の何教授というように、顔と肩書きがよく知られていたという。

図3　「池田学校」の様子（昭和30年頃撮影、個人蔵）

　次に「池田学校」での生活を見ていこう。まず食事は「池田学校」では朝と夕の二回と、昼の弁当が提供されていた。学生は池田家とともに食卓を囲んだ（**図3**）。ツチエ氏は学生のためによく食事を工夫し、例えば「味の素」が頭にいいと聞いたときには、沢山使用したりしたこともあった。米は一人二合、一度に五合から一升ほど炊かれ、学生はよく食べた。戦後の闇市時代は、古賀まで学生を連れて買い出しに行き、食料を確保していた。ただ、時代が下るにつれ、食べ物の好き嫌いが多い学生が増えて困ったという。

　学生が家を出ると、ツチエ氏や節子氏は掃除をした。箱崎で下宿を専門に営んでいた家の多くは、学生部屋の二階のガラス戸が戸を開けると塵を直接外に掃き出せる造りになっていた。節子氏によれば、学生の部屋の掃除には特に注意を払った。学生は、研究のアイデアなど思いついたことを何にでも書いた。タバコの箱に書いていたこともあったという。掃除の際には、大切なもの、必要なものの区別がつかなかったため、ツチエ氏は節子氏に、埃を取る以外は何も捨てるな、他のものに手をつけるなと厳しく言われていた。また、医学部の学生は、ときどきホルマリン漬けの標本を持って帰ったりしており、部屋に入るときに怖い思いをすることもあった。苦心しつつ、学生部屋の秩序維持には細心の注意が払われていた。

　では、学生と過ごすのはどのような時だったか。前述の通り、「池田学校」では理系の学生ばかりを受け入れていたため、学生は昼間大学に行き、池田家が学生と過ごすのは基本的に朝夕の食事時だった。もっとも、善朗氏は幼少期に学生によく可愛がられ、学生食堂に連れて行ってもらったり、学生が持って帰ってきた学生新聞を回覧したりした。時には航空教室（佐藤博教授）のグライダーのワイヤー牽引を手伝ったこともあったという。休日や夏休みになると、学生と過ごすことも多かった。当時、呉服町の交差点近くにあった丸善書店に、学生が注文したドイツ語や英語の原書の受け取りについて行き、中洲の喫茶店でコーヒーを奢ってもらうこともあった。輸入食品の明治屋で、コーヒーや紅茶など戦前では贅沢品だったものも、よく九大生は購入していたという。名島の飛行場に魚釣りに連れて行かれたり、学生が撮った写真の現像を手伝ったりもした。当時学部ごとに行われていた九大の体育祭では、入寮者の出る体育祭に池田氏も参加した。箱崎住民が九大の催し事に参加することはそれほど珍しいことではなく、さまざまなイベントに住民が足を運んでいた。

　善朗氏が九大ないし九大生と親密だったのは、無論、下宿屋の息子だったことが大きいことは言うまでもないが、九大生とともに暮らす生活を送ってなくとも、例えばキャンパス内の松林の管理を箱崎住民が行ったり、箱崎の青年団が九大の防火を行ったり、九大生がよく趣味にしていたヨットが転覆すれば箱崎の漁師が救助に向ったりするなど、戦前から七〇年代頃までは、箱崎住民と九大には日常的に様々な繋がりがあったという。

　以上、池田家のインタビューからは、九大生の生活が多くの面で箱崎住民によって支えられていたことがわかる。ただ、こうした箱崎住民と九大・九大生の関係は、学生の生活スタイルの変化と共に少しずつ変容して行く。次章でそれについて見ていきたい。

二、学生新聞にみる八〇～九〇年代の九大生の生活空間

（一）下宿からアパートへの移行と箱崎

　戦前の『九州大学新聞』には、九大生の「大学町」としての箱崎に対する不満が散見される（詳細は藤岡論文参照）。それでも、九大キャンパスまでの福博電気軌道沿いや正門と裏門周辺には、娯楽施設や簡易食堂がつくられていく。『九州大学新聞』には、箱崎の麻雀店やビリヤード店、喫茶店が多く広告を出している。生活に必要な銭湯や洗濯店、食堂も確認される（食堂については手書き地図（図４）参照）。こうして、学生相手の店が集まる「大学町」が箱崎に形成された。

　一方、一九三八年に教学局によって実施された学生の生活調査によれば、九大生は、大学の創立から三十年近くが経過した当時においても、半数以上が下宿に住んでいた。間借していた九大生も、他の帝国大学の学生の平均の二倍以上と

なっており、下宿・間借する割合の高さは、九大生の生活の大きな特徴であった。戦後においても、九大生の下宿・間借りは減少していったとは言え、他大学と比べれば高い割合であった。この割合の変動は、それまで下宿・間貸し先を供給していた漁村や農村の、七〇年代半ば以降の縮小とは必ずしも一致しないようである。例えば、『九大学生新聞』（『九州大学新聞』とは異なる新聞）の一九九〇年の記事には、九大生の住まいは「アパート五割、間借り三割、食事付下宿二割弱という割合」という文言が見える（三月十五日付）。記事の数字の正確さにはやや目を瞑らなければならないが、同じ年に全国大学生協連事務総括室が行った調査（『学生の消費生活に関する実態調査　第二六回』一九九〇年）によれば、全国的には食事付の下宿に住む学生は三・七％、食事なしの下宿の場合は一六・七％であり、食下宿・間借りする九大生の多さは依然際立っていたと言えよう。

とはいえ、下宿・間借りからアパートへの流れは九大生も免れなかった。学生新聞紙上の広告や新入生へのガイダンスに不動産屋の紹介も散見される。例えば、一九八〇年に『九大学生新聞』に掲載された新入生に向けて描かれた手書き地図には「ありとあらゆるおへやがいっぱい」（大洋商事不動産）、「お部屋のことなら、もう安心なんでも相談できます」（マルヤ不動産）、「親切にあなたの住まいのお役に立ちますよ」（丸井不動産）、「あなたに合ったお部屋も探してくれます」（東部不動産）などという紹介文が並んでいる（**図5**）。こうした居住スタイルの変化は学生の生活と大学町の生活空間への認識に顕著に現れる。例えば、一九八一年の『九州大学新聞』の記事からは、いわゆる大学の「テーマパーク」や「レジャーセンター化」の事実とその批判を読み取ることができる。この記事では大学が高校時代の勉強疲れと、実社会に出てからの体制順応主義の間の「休養の場」と化している点を嘆き戒めている（「新入学生への提言：大学生活って何？」『九州大学新聞』一九八一年二月二十五日）。

では、昭和末から平成の始まりにかけての「大学のテーマパーク化」は、九大生と箱崎のつながりにどのような変化・影響をあたえたのであろうか。一九八〇年に受験生向けに出版された『九州大学総合研究　その歴史・学生生活』（以下『研究』と略記）は、序文でこの本の企画を次のように説明している。

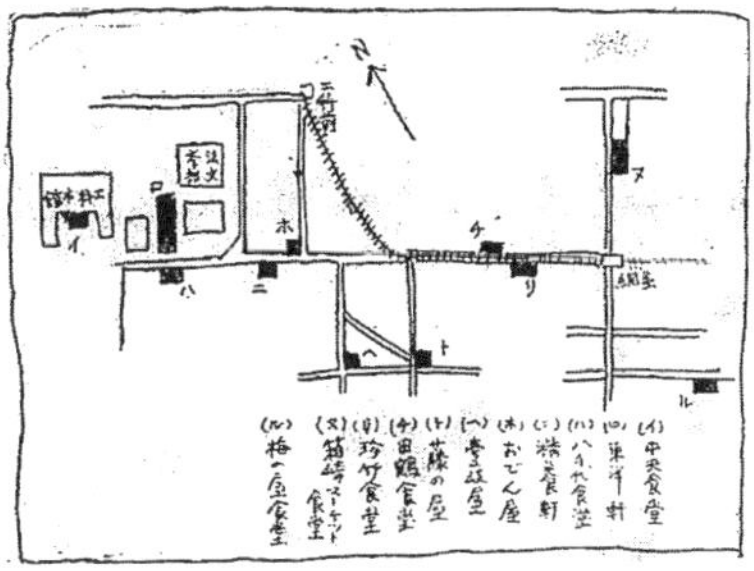

図4　戦前の手書き地図
（『九州大学新聞』1932年1月13日付）

今や同年齢層の三人に一人が大学へ進学しており、その学生総数は二百万人を超え、大学・短大の数は全国で九百余校に達しております。〔中略〕大学には、それぞれ固有の建学精神、学風、教育内容・方法、学生生活があり、それらを十分に理解した上で、真に自分に適した進学先を決定することが望まれます。〔傍点筆者〕

右の九大案内では、学生の生活が受験の際に進路先を選ぶ上での総合的条件として加味されている。これに合わせるかのように、『九州大学新聞』や『九大学生新聞』にもこの頃からしばしば新入生に向けて箱崎の町を紹介する手書き地図が掲載されるようになる。『研究』に掲載された「九大生の生活実態ルポ」と、この三つの手書き地図を使いながら、八〇年代初めの九大生の箱崎への関心を読み解き、生活や町の変化が九大生に与えた影響について考察したい。

(二) 九大生の学生生活の変容と特徴

学生の生活スタイルの変化をよく表す一例としては、銭湯が挙げられる。手書き地図を見ると、銭湯は「フロ付き」アパートの増加を受けてか、多くは記号のみで示されたり、省かれたりしている。一方、例えば図5とは別の新入生向けに描かれた地図を見てみると、特に目をひくのが深夜に営業する店の紹介の多さである。「ここは二四時間営業の店や映画館パチンコ屋があって九大生の遊び場」

図5　戦後の手書き地図①(『九大学生新聞』1980年4月20日付)

や、「深夜二時までの店。なんでもある」（スーパーマーケット「ユアーズ」）、「二四時間営業食べ物多種アイス、本、文具、下着etcなんでもある」（コンビニ「サンチェーン」）、「ここらではピカ一にうまい。夜は一二時ぐらいまで」（ラーメン屋「だるま」）など、「門限なし」の生活をしている学生向けと取れる店の情報が多い。自炊している学生に向けた「このあたり市場です。新鮮で安値！！お店が勢揃い」という書き込みもある（図6）。学生の生活スタイルの変化に応じた店が充実していることがわかる。

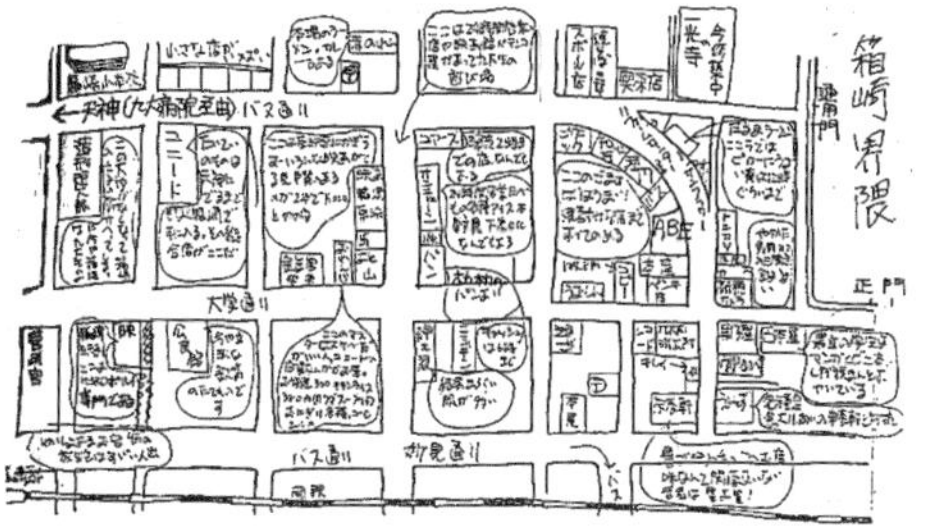

図6　戦後の手書き地図②
（『九大学生新聞』1981年2月25日付）

　こうした生活様式の変化は、日常的な消費活動だけでなく、娯楽にも見て取れる。例として、戦前から九大生の間で人気の高い娯楽だった麻雀を見てみる。八〇年代初期には、多くの学生がまだ下宿に住んでいたが、「池田学校」の事例にも見たように、規則が厳しい下宿に住んでいる学生は、部屋で麻雀するのを憚られることもあった。趣味や娯楽に宛てる自由な時間を求める学生の増加は、下宿や間借りよりもアパートに関心が向けられる要因のひとつになったと考えられる。例えば『研究』には工学部三年N・Mは、箱崎の雀荘を紹介している。

> 箱崎地区には「だるま」「和」「雀平」「九大」といった店がある。特別なサービスがないわりに、料金はやや高め。〔中略〕学校の近くにみんな下宿していますからね。麻雀やるのも、手近な友だちの部屋へ集まってやればいいんで、何もわざわざお金を払って雀荘にいくこともないわけです。それに九大生は、余り麻雀をやりませんから。
> （「九大生の生活実態ルポ」『研究』一八三～四頁）

九大生の麻雀そのものへの関心の低下はさておき、右の記事は、値段の高い雀荘より「友人の部屋」で麻雀卓を囲むことが、九大生に好まれていたことを示している。同宿人や家主に気兼ねしない生活スタイルの浸透もここから窺える。

（三）九大生のアイデンティティと箱崎

　こうして学生の生活様式が変化し、それにともだって消費活動や娯楽が変容するかたわら、箱崎には長きにわたって箱崎で営業を続ける店もあった。こうした店は、時に箱崎と九大生のアイデンティティの一部として考えられた。例えばラーメンの「珍竹林」は「やっぱりラーメンはここですね」（『研究』一八六頁）と、九大生に愛された。箱崎三丁目にあった焼そば屋「三平」は、『研究』には、「この店をしらない九大生はモグリ」、「ここの焼きソバ食べて、ああ、ぼくも九大生になったんだと、しみじみ思った」、「焼きソバの上に玉子焼きをのせた『基金玉焼』というメニューもあって、これを『金玉焼』と大声で注文している若い人がいたら、九大生にまちがいない」という工学部三年T・Hの紹介文が見える（『研究』一八六頁）。

また、学生相手の居酒屋は、「九大生は酒が強い」というイメージ形成に一役買った。

> 酒をくみかわし、昂然たる気分で人生を、世の中を語る、いまでは「古風」とすらいえる学生気質が、九大にはまだ色濃く残っているようだ。そんな九大生たちにぴったりの飲み屋というと、やはり安くて気取らない店ということに落ち着きそうで、箱崎周辺だと「舎」「家康」「本陣」などが、いつも学生たちでにぎわっている。いずれも焼き鳥が主力の店だ。
>
> （『研究』一八四～五頁）

新入生向けの地図にも箱崎の飲み屋は紹介された。手書き地図にも「コンパもできます。お友達といっしょにどうぞ」（宴会「梅嘉」）、「焼鳥は、ここが一番！お友達といかがですか」（焼鳥「陣太鼓」）、「一〇〇〇円で食べ放題。出血大サービスです」（肉のあと山）（以上図5）、「ここのごまさばはうまい！焼酎から酒まですべてのめる」（居酒屋「海門」）（図6）など、情報が豊富である。

こうした店に対する九大生のまなざしは、九大生の「プレイゾーン」としての箱崎を顕在化させる。試みに『研究』に書かれた次の記事を参照する。

> 福岡の盛り場といえば中洲界隈が有名だが、こちらは社用族向けのバー、クラブなどが多く、あまり学生向きとはいえない。酒を飲むにしても、中洲より天神のほうが割安で、九大生のプレイゾーンの筆頭は天神ということになりそうだ。ただ、九大生は、ほとんどが下宿、アパート暮らしで、家からの仕送り、バイトで遊び代をまかなうのが一般的。それだけに、天神あたりへくり出すのは、金に余裕のあるときに限られている。大学周辺の六本松、箱崎も、彼らの手近なプレイゾーンといえる。
>
> （『研究』一八九頁）

九大生にとって、天神をはじめとする福岡の繁華街は「プレイゾーン」の認識の範囲でありつつも、普段の「手近なプレイゾーン」は大学がある六本松や箱崎であった。箱崎固有の学生生活の空間を通して、箱崎と九大生のアイデンティティは結びつきを深めたのである。

さて、これまで手書き地図をもとに、学生の視点から八〇年代の「大学町」箱崎を読み取ってきた。最後にこうした新たな「大学町」において、伝統的な箱崎の「顔」はどのように捉えられていたか確認したい。市街地化の影響からか、あるいは学生の関心の外に置かれたからか、地図からは漁村や農村としての「箱崎」は読み取れない。一方で強調されるのが筥崎宮の存在である。「自然にふれて心をやすめる人々。朝のランニングでおなじみのコース」(図5)、「ゆいしょあるお宮、九月の放生会はすごい人出」(図6)などと肯定的な評価が並ぶ。これら手書き地図を見ると、箱崎の歴史と伝統は、セールスポイントとして学生へのアピールに使われている。箱崎の「非都市的」な「大学町」箱崎は、かつてのようなネガティヴな認識から、学生にとって住みやすいポジティブなイメージへと克服されたのである。

おわりに

以上見てきたとおり、「大学町」箱崎は、箱崎農村・漁村の中に学生が下宿するという特徴を持っていた。下宿・間借りの割合の高さは、他大学と比較して七〇年代まで維持されていた。だが、箱崎においても学生の生活スタイルが徐々に変化し、アパート暮らしの学生が増えていった。町の市街化が進むとともに、箱崎の漁業や農業も縮小した。こうした様々な変化のなかで、箱崎の町は九大生の生活空間であり続け、時に「大学町」として九大生のアイデンティティ形成の一端を担ったのである。

このままであれば、多様な「顔」を持っていた「複合町」箱崎は、筥崎宮と九州大学の町の色をますます強めていったであろう。だが、一九九一年の箱崎・貝塚キャンパスの元岡への移転決定によって、「大学町」としての箱崎は、他の「顔」に先んじてその役割に終わりを告げることになった。現在、移転後の九大跡地利用については様々な議論がなされているが、「大学町」としての要素を喪失した箱崎は、筥崎宮の門前町に回帰しつつ、福岡市の近郊として住宅街化・市街化がますます進んでいくと思われる。

こうした箱崎の将来について、本稿が目指したミクロな視点から、あえてひとつ展望を提示するとすれば、次のような現状を指摘しておきたい。中国や東南アジアなどからの外国人の増加である。日本政府が一九八四年に策定した、いわゆる「留学生受入れ一〇万人計画」などにより、九大でも八〇年代末から留学生の受け入れが急増した(『九州大学百年史』第七巻:部局史編IV、第三三編、五〜六頁)。九大は特にアジア諸国から多くの留学生を受け入れてきた。「九州大学ムスリム学生会」が中心となって箱崎に設立した「福岡モスク」(二〇〇九年開堂)は、箱崎の町の「国際化」の象徴である。金曜日には多くのムスリムが福岡市内外から集まり、九大移転後も箱崎には、ハラールやアジア食品を扱う商店のほか、エスニック料理店なども増えてきている。

九大移転に伴い新たな箱崎の町作りが模索される箱崎だが、ソフト面では九大の名残が未だ色濃いところも多い。右の事例からダイバーシティとしての箱崎の可能性を求めるのは性急かもしれないが、九大が箱崎に残したものとは何かを今一度改めて考える必要はあろう。今後の箱崎の町の活性化ために、本稿がその一助となれれば幸いである。

参考文献

『九州大学新聞』九大法文会、九州大学新聞部（画像データベースhttps://www.lib.kyushu-u.ac.jp/publications_kyushu/univshinbun）

『九大学生新聞』九大学生新聞会

『九州大学総合研究　その歴史・学生生活・就職先・入試ほか』（日本リクルートセンター出版部、一九八〇年）

◎コラム◎

箱崎の建造物

比佐陽一郎

ひさ・よういちろう——福岡市埋蔵文化財センター。専門は考古学・保存科学。主な論文に、「中世博多のガラスと対馬」（『中世の対馬　ヒト・モノ・文化の描き出す日朝交流史』勉誠出版、二〇一四年）、「福岡市における文化財保護の歴史と現状―非埋蔵文化財を中心に」（『市史研究ふくおか』一一号、福岡市博物館市史編さん室、二〇一五年）などがある。

はじめに

箱崎は、弥生時代後期からの本格的な人々の生活痕跡が認められ、平安時代の筥崎宮創建以降、中世には国際貿易都市として栄華を極めた博多の隣接地として共に繁栄していったことが、近年の発掘調査によって明らかとなりつつある。また、近世になると唐津街道の宿場町となり、近代には九州大学が誘致され、途切れることなく生活が営まれてきた地域である。そして平成三十年（二〇一八）現在、この地はまた大きな変革を迎えようとしている。平成十七年（二〇〇五）に九州大学が西区の伊都地区にキャンパス移転を開始し、跡地は売却、活用が進められている。

活発な埋蔵文化財調査は、地上の風景が変貌することの裏返しであり、地面に埋もれた過去の歴史が明らかになると、同時に地上に残された過去の痕跡が失われる。発展を続ける福岡という土地において、街並みは時代ごとにその姿を変えてきており、現在、我々が目にすることのできる歴史的建造物は、一部の寺社を除けば大半が近代以降のものとなっている。以下、箱崎地域に残るこれら歴史的建造物について概観していきたい。なお、ここでは隣接する馬出地区の建物も含めることとする。

一、中世末～近世

箱崎で現代の私たちが見ることのできる最も古い建造物は、筥崎宮の本殿、拝殿、楼門である。お宮の創建は延長元年（九二三）、穂波郡大分八幡宮から遷座されたことが始まりとされる（吉良一九八八）。

現在の本殿、拝殿は天文十五年（一五四六）、大内義隆が建立したもので、本殿は九間社流造、拝殿は、「宗像神社と同じく本殿の正面中央部にT字形をなして接し、妻を正面とした切妻造で、四方何らの仕切を設けず、四方吹き放ちになっている。構造は極めて簡素であるが、手法は雄大で、蟇股・虹梁等の絵模様は優秀で、室町末期の手法を残す」（福岡市一九八二）と評価されている。

また楼門は小早川隆景が文禄三年（一五九四）に建立したもので、三間一戸、入母屋造り、檜皮葺である。この楼門は「桃山初期の建築ではあるが、広大な屋蓋、扉の桐花紋の彫刻は、本殿、拝殿同様、むしろ室町末期の様式を残す」（福岡市一九八二）とされる。これらの木造建築は、福岡市内においても最古のもので、国指定重要文化財に指定されている。

更に県道二一号線、通称大学通りに面した一の鳥居（国重要文化財）は、「柱に「于旹慶長第十四太歳舎己酉季秋中旬」、「豊臣黒田筑前守長政建立」の刻銘が施されており、慶長十四年（一六〇九）福岡藩主黒田長政による建立であることがわかる」（福岡市一九八二）。

図1　筥崎宮一の鳥居から境内を望む景観

つまり、大学通りから一の鳥居、楼門、その奥の拝殿、本殿によって形成される景観は、十七世紀初頭以降変わっていないことになる。近世の景観をイメージすることのできる貴重な空間といえよう。

長く、そして広く崇敬を集める筥崎宮では、近代以降もお宮の整備が進められている。その中でも、本殿、拝殿を囲む回廊は、昭和初期の建築とされ、良質な材料を用い、設計、施工も素晴らしく、建築史家の中でも評価の高い近代和風建築となっている。また、国道三号線に面して建つ大鳥居は、一の鳥居を模して昭和五年（一九三〇）に造られた鉄筋コンクリート造のもので、高さは一六メートル。柱に埋め込まれた銘板には、設計者として福岡県営繕課長薄興荘《すすきよそう》、同嘱託是永雄、施工清水組といった名前が刻まれている。薄は昭和四年（一九二九）建築の県立福岡高校校舎（県指定文化財）の設計に携わったことでも知られる。

近世、箱崎の地には、小倉から肥前唐津に至る唐津街道が通り、元々、筥崎宮の門前町であった場所は、宿場町として栄えた。現在も、その名残である町家建築が各所に残っており、福岡市内でも数少ない歴史的な景観を形成している。黒田藩お茶屋跡と伝えられる地や多くの寺院も残るが、現存する建物は近代以降のものが中心であると思われる。

代表的な町家としては、馬出二丁目の

箱嶋家住宅が国登録有形文化財となっている。唐津街道に東面して建つ切妻平入の建物は明治期の建築とされ、外観もさることながら内部には漆塗りの高欄や荒神竈などが残り、見る者の目を引く。現在、所有者による活用が模索されている貴重な町家建築である。

二、近代以降

近代は何といっても九州大学の設置が大きな街並み形成の契機となったといえよう。まず、馬出地区に、明治三十六年（一九〇三）、京都帝国大学福岡医科大学が開かれる。現在は九州大学病院となり、大規模な再整備によって、現在残るのは東門（明治三十六・旧正門を移設か）、正門（昭和三）、門衛所（明治三十六）、医学部基礎研究A棟（昭和六）、耳鼻咽喉科教授であった久保猪之吉を顕彰して門弟が建てた久保記念館（昭和二）など限られた建物のみである（九州大学二〇一一）。

その後、明治四十四年（一九一一）、工科、医科の二分科大学からなる九州帝国大学が創立される。当初の工学部本館は開学から間もない大正十二年（一九二三）に火災によって焼失、大正十四年（一九二五）に新たな建物が建てられ、現在まで事務局本館として残っている。新たな工学部本館は昭和五年（一九三〇）に鉄筋コンクリート造として建てられ、こち

図2　箱嶋家住宅内部、漆塗りの欄間

図3　箱嶋家住宅内部の荒神竈

図4　九州大学工学部本館

らも現存している。表面を覆うスクラッチタイルや幾何学文様化されたオブジェなどが特徴的である。また、正門と門衛所は大正十三年（一九二四）の建築で、当時からの景観を今に残す。戦前期には、大正元年（一九一二）に九州帝国大学臨時建築掛長として赴任し、その後、長く建築課長を務めた倉田謙らによって多くの建物が設計され、さながら近代建築の博物館といった様相を呈していた。しかし、現在、箱崎キャンパスの建物は再開発に向けて解体が進んでおり、様相は一変しつつある。倉田は大学の建築以外にも熊本市庁舎（大正十三・玄関部分のみ残存）、西日本新聞社（大正十四・現存せず）、門司市庁舎（昭和五・門司区役所として現存）の設計を行っている（九州大学二〇〇三）。

現在、県庁が立つ東公園は、明治九年（一八七六）に開かれた近代公園の一つである。その北端、現在、馬出小学校となっている場所には、昭和八年（一九三三）、福岡市動植物園が開園した。象やヒョウ、ライオンなどの多くの動物を飼育し、当時の新聞には「東京、大阪、京都、名古屋、熊本の五大動・物園と同列に列し得る堂々たるものである。」と紹介された（福岡市一九六六）。しかし、昭和十九年（一九四四）、太平洋戦争の戦況が悪化する中、福岡市でも猛獣の殺処分が行われるなど、わずか十年余りで動物園は閉園を余儀なくされた。現在、跡地に建つ馬出小学校の南側には、当時をしのぶ門柱が残る（市登録文化財）。また、福岡城跡西側の大濠公園の池に建つ浮見堂は、かつてこの動植物園の海獣舎であった建物を、戦後に移築したものであることは意外に知られていない。[1]

図5　馬出小学校に残る旧動物園の門

また、福岡市では、キリスト教関係の古い建築物が比較的多く残っている。戦前まで遡るものとしては日本基督教団福岡警固教会（昭和二・中村鎮）や日本基督教団福岡社家町教会（昭和四・W・M・ヴォーリズ）、カトリック福岡司祭館（昭和八・J・J・スワガー）がある（市原ほか二〇〇八）。他にも戦後、昭和二十年代まで含めると、十例ほどになると思われる。しかしこれも特に保護の措置が講じられているものではなく、つい最近も解体された事例を目にしたところである。まずは全容把握の調査が望まれる。馬出のバプテスト東福岡教会もその一つである。昭和二十七年（一九五二）の建築で、設計はヴォーリズ建築事務所とされる（市原ほか二〇〇八）。

この他に、近代建築物の遺構ともいうべきものとして、かつて路面電車（福博電気軌道）が走っていた当時の電停の縁石や（長妻二〇〇八）、架線の鉄塔が残っている所が見られるが、それが何であったか知る人は限られるであろう。

おわりに

建造物は文化財においては有形文化財に区分される。有形文化財には他にも美術工芸品や考古資料などがあるが、これらと大きく異なる点は、建造物が不動産であり、風景、景観と密接に関わっている点であろう。仏像や絵画は所有者による保護が困難になった場合、博物館に収蔵されるという「逃げ道」があるが、建造物は、明治村など一部の例外を除けば、このような保護手段を講じることは困難である。

中世末から近代まで、そして寺社から町家、近代建築まで様々な時代の、そして幅広いジャンルの建造物が建ち並んでいた箱崎、馬出の風景は、今、また大きく変わろうとしている。過去の風景や景観が失われることへの抵抗を単なる感傷と捉えるか、文化財保護の観点で考えるかは、難しい選択肢である。平成三十年正月の西日本新聞朝刊では、九州大学箱崎キャンパスの歴史的建造物を三次元計測しデジタル情報として記録保存する試みが紹介されているが、様々な手法や多くの議論の中で、今後のまちづくりが進められることを期待したい。

注

（1）福岡市文化財保護課の文化財調査記録より。

参考文献

市原猛 二〇〇八「九州帝国大学医学部の歴史的建造物群――九州を代表する医療研究施設群」（『福岡の近代化遺産』弦書房）
市原猛・徳永博文 二〇〇八「福岡の教会建築群――商都に生きるキリスト教信仰九州を代表する医療研究施設群」（『福岡の近代化遺産』弦書房）
九州大学 二〇〇三『福岡市指定有形文化財 九州大学西新外国人教師宿舎第3号棟修理工事報告書』
九州大学大学文書館 二〇一一『九州大学百年史写真集』九州大学百周年記念事業委員会
吉良国光 一九八八「田村文書について」（『筥崎宮収蔵品並田村文書目録』福岡市教育委員会）
長妻靖彦 二〇〇八「福博電気軌道「馬出電停」跡――一世紀前の「市民の足」路面電車」（『福岡の近代化遺産』弦書房）
福岡市教育委員会 一九八二『福岡市の文化財（建造物・絵画）』一一―七頁
福岡市役所 一九六六『福岡市史』第四巻昭和前編（下）、三〇一頁

附記 文中で取り上げた筥崎宮の大鳥居は、脱稿後の平成三十年（二〇一八）四月、老朽化により解体された。

◎コラム◎

箱崎の民俗

松村利規

まつむら・としき――福岡市博物館主任学芸主事。専門は民俗学。主な論文に、「海のスラゴツ」（『市史研究ふくおか』四号、二〇〇九年）、担当した展覧会に、「ドンザ　知られざる海の刺し子」（福岡市博物館、二〇〇五年）、「釣道楽の世界――多彩なる水の趣味文化」（福岡市博物館、二〇一六年）などがある。

一、梨も柿も放生会

箱崎は筥崎宮の社前に広がる町であるから、当地の民俗が産土神としての同社の祭事に深く関連することは言うまでもない。しかし筥崎宮は八幡信仰の拠点として、広く信仰を集める大規模社であったため、その祭礼はただ箱崎だけのものではなく、同じ旧糟屋郡はもちろん、隣接する旧那珂郡に含まれる福岡・博多の人々にとっても身近でなじみ深いものであった。

筥崎宮の例大祭は放生会《ほうじょうや》の名でよく知られている。春の博多どんたく、夏の博多祇園山笠とともに、この箱崎の秋祭りが俗に言う博多三大祭のひとつに数えられ、その謂が近年すっかり定着しているのは、そうしたなじみ深さのあらわれと言えるだろう。

七日間（九月十二日〜十八日）にわたる放生会の期間中、海岸から社殿へとまっすぐに伸びる参道には数多の露店がならび、一〇〇万人にのぼるという参拝者の気分を否応なしに盛り上げてくれる。近年、その数は五〇〇を下まわる減少傾向にあるとはいえ、露店にかかわる人々にとって放生会は、秋祭りシーズンの始まりを告げる大切な節目である（図1）。

それは祭りに足を運ぶ人々にとっても同様で、参拝の折に買い求めた葉付きの新生姜をさげて歩く姿は、今も初秋の風物詩であり続けている。古くは参道に、生《な》り物をあきなう露店も出ていたようで、店頭に並ぶはしりの果実が、人々に秋の到来を告げていた。

博多に伝わる「梨も柿も放生会」という諺は、まさにそうした季節の節目としての放生会の性格をとらえたものだが、いっぽうでこの言い回しは、子供が「なし？なし？（どうして？どうして？）」とうるさいほどに聞いてくる時、「なしも柿も放生会たい」とその口を制した

図1　筥崎宮放生会

り、逆に「なし、そげなことするか！」と叱った時に、「なーしもかーきも放生会ーっ」と子供がはぐらかしたりするのに使われるような、豊かな言葉遊びの文化を象徴するものでもあった。

放生会については「人を見るなら宰府の祭り、着物見るなら放生会」という別の諺もよく知られている。明治時代、博多の呉服店の売上げは放生会を迎える時期に通年のピークを迎えていたという。その理由が放生会着物、すなわち放生会の参拝にあわせて女性の着物を新調する慣わしにあった。

大正時代の半ば頃まで、筥崎宮の放生会は個別に参拝するだけでなく、町内が寄り集い、あるいは大店が主宰して集団で参拝し、箱崎の松原に幔幕を張り巡らし賑やかに酒宴を催すことも多かった。これを博多では幕出《まくだ》しといい、恒例の遊山として人々が待ち遠しく思う娯楽となっていた。このとき商家の主人は、真新しい着物を誂えてやることで、妻の平素の労をねぎらい、娘への愛情を示したという。もちろんそこには世間に対する幾許かの見栄もあって、立派な放生会着物を揃えてやれないようでは、どうにも面目が立たなかったのである。

娘たちは幕出しに新しい着物をまとい、またそれらを幔幕の紐に掛け並べて披露するなどしたため、周囲はとても華やかな空気に包まれていたらしい。これは箱崎の人々にとっても、松原へと幕を出しにやってくる博多の連中を逆に見物する心やすい娯楽のひとつで、松原に幕が出てくる様子から、これを幕出《まくで》と呼んで楽しみにしていたという。

二、お御幸の行列

このように筥崎宮の放生会は、福岡・博多という大都市の人々をも惹きつける典型的な都市祭礼である。そしてそれをおもに支えてきたのは、箱崎（旧糟屋郡）や馬出《まいだし》（旧那珂郡）などの氏子であった。放生会の祭事の一つとして執行される神幸行事の運行を仔細に眺めれば、この地で受け継がれてきた旧来の祭祀組織のありようやその変遷の一端をうかがい知ることができる。

筥崎宮の氏子たちの間で「お御幸《みゆき》」と呼ばれる神幸は、西暦奇数年にあたる隔年の九月十二日から十四日にかけて行われる神霊渡御の儀式で、行列の構成が江戸期の姿を色濃く留めるとともに、夜間に三基の御輿（筥崎宮の祭神三座に対応する）が氏子地域を長時間かけて一巡し、それぞれ一ノ戸、二ノ戸、三ノ戸と呼ばれる）が氏子地域を長時間かけて一巡するところに特色がある。また巡行の最後に、頓宮あるいは本宮へと一〇〇メートルほどの距離を疾走する「走り込み」は大きな見どころとなっている。

現在、筥崎宮の氏子地域は、小学校の通学区域（校区）により、箱崎（東箱崎を含む）、筥松（松島を含む）、馬出、千代、吉塚、東吉塚に区分されているが、神幸行事においては、旧来の集落を単位とした役割分担が生きている。

すなわち最も重要な神輿の担ぎ手である駕輿丁《かよちょう》を受け持つのは、箱崎にあって社領六町と総称される上社家町、下社家町、宮前、馬場、前川、郷口の六町で、神輿に付き従う供奉の中心的存在である鐘・太鼓や獅子は、海門戸《かいもんど》、米一丸《よねいちまる》、帝大前、阿多田、小寺、寺中の各町が担う。また大榊・半月は網屋、小鉾・幡は水茶屋が持つと決まっている。

他地区の氏子が白幣・小榊・太刀・弓・金幣を交代で担当していることをふまえてみれば、これらの各町が時の経過とともに蓄積してきた神幸行事への関わりの深さとでも言うべきものを推し量ることができるだろう。

三、木玉の神威と玉せせり

神幸行事が神社祭儀一般に通じるのに対し、正月三日の玉取祭《たまとりさい》は、きわめて地域性に富み、また氏子が中心となって営まれる特色ある祭りである。「玉せせり」の名で知られるこの行事は、締め込み一つの男たちが、筥崎宮の末社・玉取恵比須神社を起点に、直径二六センチ、重さ八キロほどの木の玉を集団で奪い合うというものである。「せせる」とは、競い合う、あるいは繰り返し触れる、探り求めるといった意味で、玉を筥崎宮に奉納することで、その年の幸福、地域の豊饒が得られるという（図2）。

玉せせりは恵比須信仰と深い関連を持ち、筑前の沿岸地域だけに見られる特異な行事である。箱崎のように大人が争奪戦を繰り広げる形式は、同じ博多湾岸の福岡市姪浜地区に見られるものの、多くは玉を抱えた子供たちが集落の家々を巡るかたちをとる。

そこには、新年にあたり新たに迎えた恵比須神から各家に福を授けてもらおうとする意図が読み取れるが、箱崎の場合も、もとは自らの町内に玉を引き込み、できるだけ長く留めようとしていたらしく、争奪と奉納のみに力点が置かれていたわけではない。

あまり知られていないのだが、かつて博多でも多くの町で玉せせりが行われていた。これもやはり子供が家々を回る形式で、明治時代までに廃れてしまったら

図2　玉せせり

しいが、町によっては今もその玉が残されているのを見ることがある。
　筥崎宮の玉せせりは、古くは貝原益軒の『筑前国続風土記』の記述から、江戸時代の前期にはすでによく知られた祭りであったことがわかる。しかしその由緒について、そこに特段の記載はみられない。ところが興味深いことに、江戸中期になると玉そのものの由緒をめぐる語りが散見されるようになる。
　話の筋としてはいずれも、むかし博多の人が海から流れ来た二つの木の玉を手に入れ、そこに神威を感じ取り、一つを筥崎宮に奉納し、もう一つを博多で祀ったというもので、間接的に玉せせりの起源を説くかたちになっている。
　なぜこの時期にそうした語りが流布したか、ここでは詳らかにし得ないが、話のなかでは博多の商人、とくに魚問屋連中の存在がひときわ強調されており、彼らと筥崎宮との間に、恵比須信仰や玉せせりにつながる何か特別な交渉があったであろうことは想像に難くない。事実、玉取恵比須神社の鳥居はかつて、『博多記』にこの話を詳細に記した鶴田自反《じたん》の建立によるものだった。

＊

　箱崎という地域に受け継がれた祭事や暮らしぶりを概観すると、そこに博多との強いつながりを見出すことができる。これは決して箱崎の民俗文化が博多のそれに包含されていることを意味しない。箱崎と博多は、同様の文化的な基盤の上で互いに影響を与え、補完し合ってきたのである。

　小さな人形で箱庭をつくる夏の夜の小さな祭りは、箱崎で「人形飾り」、博多で「いけどうろう」と呼ばれ、また人びとの笑いを誘い、緊張をほぐす「にわか」の伝統がいずれの地域にも深く根付いている。このことは福岡と博多が行政的に結びついていたにもかかわらず民俗的な共通性をあまり持ち得なかったのと対照的なのである。

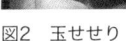

執筆者一覧（掲載順）

伊藤幸司	日比野利信	中尾祐太
重松敏彦	貴田　潔	末吉武史
佐伯弘次	山本隆一朗	稲田秀雄
林　文理	中野　等	梶嶋政司
有田和樹	藤井祐介	水野哲雄
下原美保	藤岡健太郎	永島広紀
赤司友徳	井手麻衣子	伊東かおり
ハナ・シェパード		比佐陽一郎
松村利規		

【アジア遊学224】

アジアのなかの博多湾《はかたわん》と箱崎《はこざき》

2018年10月15日　初版発行

編　者　九州史学研究会《きゅうしゅうしがくけんきゅうかい》
発行者　池嶋洋次
発行所　勉誠出版株式会社
〒101-0051　東京都千代田区神田神保町 3-10-2
TEL：(03)5215-9021（代）　FAX：(03)5215-9025

〈出版詳細情報〉http://bensei.jp/

印刷・製本　㈱太平印刷社

ISBN978-4-585-22690-1　C1321

221 世界のなかの子規・漱石と近代日本

222 台湾の日本仏教 —布教・交流・近代化

219 外国人の発見した日本

220 杜甫と玄宗皇帝の時代

朝鮮伝統文芸の日本語翻訳と玄鎭健の『無影塔』における民族意識　金孝順

ミハイル・グリゴーリエフと満鉄のロシア語出版物　沢田和彦

V　〈帝国〉の書物流通

マリヤンの本を追って―帝国の書物ネットワークと空間支配　日比嘉高

日本占領下インドネシアの日本語文庫構築と翻訳事業　和田敦彦

217「神話」を近現代に問う

総論―「神話」を近現代に問う　清川祥恵

I　「神話」の「誕生」―「近代」と神話学

十九世紀ドイツ民間伝承における「神話」の世俗化と神話学　植朗子

神話と学問史―グリム兄弟とボルテ／ポリーフカのメルヒェン注釈　横道誠

“史”から“話”へ―日本神話学の夜明け　平藤喜久子

近代神道・神話学・折口信夫―「神話」概念の変革のために　斎藤英喜

『永遠に女性的なるもの』の相のもとに―弁才天考　坂本貴志

【コラム】「近世神話」と篤胤　山下久夫

II　近代「神話」の展開―「ネイション」と神話を問い直す

願わくは、この試みが広く世に認められんことを―十八～十九世紀転換期ドイツにおけるフォルク概念と北欧・アジア神話研究　田口武史

「伝説」と「メルヒェン」にみる「神話」―ドイツ神話学派のジャンル定義を通して　馬場綾香

近代以降における中国神話の研究史概観―一八四〇年代から一九三〇年代を中心に　潘寧

幕末維新期における後醍醐天皇像と「政治的神話」　戸田靖久

地域社会の「神話」記述の検証―津山、徳守神社とその摂社をめぐる物語を中心に　南郷晃子

【コラム】怪異から見る神話（カミガタリ）―物集高世の著作から　木場貴俊

III　「神話」の今日的意義―回帰、継承、生成

初発としての「神話」―日本文学史の政治性　藤巻和宏

神話的物語等の教育利用―オーストラリアのシティズンシップ教育教材の分析を通して　大野順子

詩人ジャン・コクトーの自己神話形成―映画による分身の増幅　谷百合子

神話の今を問う試み―ギリシア神話とポップカルチャー　庄子大亮

英雄からスーパーヒーローへ―十九世紀以降の英米における「神話」利用　清川祥恵

【コラム】神話への道―ワーグナーの場合　谷本愼介

あとがき　南郷晃子

218 中国古典小説研究の未来 ―21世紀への回顧と展望

はじめに　中国古典小説研究三十年の回顧―次世代の研究者への伝言　鈴木陽一

I　中国古典小説研究三十年の回顧

中国古典小説研究会誕生のころ―あわせて「中国古典小説研究動態」刊行会について　大塚秀高

過去三十年における中国大陸の古典小説研究　黄霖（樊可人・訳）

近三十年間の中国古典小説研究における視野の広がりについて　孫遜（中塚亮・訳）

II　それぞれの視点からの回顧

中国古典小説研究の三十年　大木康

小説と戯曲　岡崎由美

『花関索伝』の思い出　金文京

中国俗文学の文献整理研究の回顧と展望　黄仕忠（西川芳樹・訳）

中国古典小説三十年の回顧についての解説と評論　廖可斌（玉置奈保子・訳）

III　中国古典小説研究の最前線

アジア遊学既刊紹介